Von Rechtsquellen und Studentenverbindungen, Lateinamerikanistikpionieren und politisch Unangepassten

Facetten Rostocker Universitätsgeschichtsschreibung (1)

Herausgegeben von
Gisela Boeck und Hans-Uwe Lammel

Rostocker Studien zur Universitätsgeschichte Band 27
2. Auflage Norderstedt 2016

Bibliografische Information der Deutschen Nationalbibliothek

Die Deutsche Nationalbibliothek verzeichnet diese Publikation in der Deutschen Nationalbibliografie; detaillierte bibliografische Daten sind im Internet über www.dnb.de abrufbar.

Herausgeber: Der Rektor der Universität Rostock
Redaktion: Kersten Krüger
Druckvorlage: Christoph Wegner
Einband: IT- und Medienzentrum der Universität Rostock

© 2016
Herstellung und Verlag: BoD – Books on Demand, Norderstedt.
ISBN: 9783743118010

Inhalt Seite

Vorbemerkung 5

Christian Halbrock 7
Verweigerung, Protest und Widerstand an der Universität Rostock.
Politisch abweichendes Verhalten in den Akten der DDR-Staatssicherheit.

Harald Lönnecker 39
„... auch das wackere und freie Burschenleben kam nicht zu kurz,
wie es von alters her den deutschen Universitäten eigen" – Zum
Rostocker Studentenvereinswesen seit dem späten 18. Jahrhundert
bis 1935. Ein Überblick

Susi-Hilde Michael 71
Wesentliche normative Rechtsquellen der Universität Rostock

Ralf Modlich 121
Adalbert Dessau (1928–1984), ein Pionier der deutschen Lateinamerikanistik

Über die Autoren 159

Vorbemerkung

Im November 2003 wurde der Arbeitskreis „Rostocker Universitäts- und Wissenschaftsgeschichte" gegründet. Er versteht sich als fakultätsübergreifendes Podium für alle diejenigen Angehörigen unserer Universität, die sich mit Fragen der Rostocker Universitätsgeschichte bzw. mit Problemen der Wissenschaftsgeschichte haupt- oder ehrenamtlich beschäftigen. Er wird seit Beginn durch uns, die Herausgeber dieses Heftes, geleitet.

Neben den Ringvorlesungen, die wir von 2005 bis 2012 durchgeführt haben und die zum Großteil publiziert worden sind, führt der Arbeitskreis zweimal im Jahr wissenschaftliche Sitzungen durch, auf denen neuere Forschungen zur Rostocker Universitätshistoriographie – seien sie nun noch nicht abgeschlossen, seien sie erst vor kurzem publiziert worden – vorgestellt werden.

Da auch auf diesen Zusammenkünften wichtige neue Einsichten in die Rostocker Universitäts- und Wissenschaftsgeschichte zutage traten, entschieden wir uns, ausgewählte Beiträge dieser Zusammenkünfte ebenfalls zu veröffentlichen. Diese haben nicht zwingend einen thematischen Zusammenhang, sie ordnen sich aber alle dem übergreifenden Thema des Arbeitskreises unter.

Zugegebenermaßen spricht dieser Band mit seinen vier Texten Thematiken an, die sich schwer unter einer Klammer zusammenbringen lassen. So haben wir einen Titel gewählt, der sich aus der Zusammenführung des jeweils wichtigsten Stichwortes der vier Beiträge ergab. Alle Beiträge basieren auf einer intensiven Durchsicht und Auswertung des jeweils vorhandenen Quellenmaterials und kommen jeweils zu neuen, spezifischen Zugängen und Einblicken in bisher wenig erforschte Bereiche. Die Referate sind auf der 17., 18. und 19. Sitzung des Arbeitskreises vorgetragen worden.

Wiederum danken wir Herrn Prof. Dr. Kersten Krüger für die Möglichkeit, unsere Texte in seiner Reihe drucken zu lassen ebenso wie Magister Christoph Wegner für das Layout und Alex Hintze für die Unterstützung beim Korrekturlesen.

Rostock, im November 2014

Gisela Boeck und Hans-Uwe Lammel

Christian Halbrock

Verweigerung, Protest und Widerstand an der Universität Rostock. Politisch abweichendes Verhalten in den Akten der DDR-Staatssicherheit

Ringen um die Vorherrschaft an der Universität

Die ostdeutschen Einheitssozialisten betrachteten die Universitäten als Kaderschmieden. Aus ihnen sollte ein linientreuer Nachwuchs – eine Dienstklasse und die zukünftige Funktionselite – hervorgehen. Dies gelang der SED anfangs nur bedingt. Mit den Hochschulreformen seit 1946 – vor allem aber der 3. Hochschulreform von 1967 bis 1969 – und dem Umbau des Bildungssystems kam die SED ihrem Ziel einen entscheidenden Schritt näher. Dessen ungeachtet gab es vereinzelt nach wie vor „*bürgerliche Restbestände*". Als virulent unangepasst galten lange Zeit die Veterinärmediziner in Berlin[1] oder auch die Studenten in einigen technischen Fächern. Hier entschied nicht nur ideologische Leistungen über das Vorankommen. Naturwissenschaftliches Können war ebenso von Bedeutung. Als Fremdkörper und mitunter auch Unruhefaktor erwiesen sich die theologischen Fakultäten/Sektionen, die den Pfarrernachwuchs der DDR unterrichteten.[2] Trotz des wachsenden Konformitätsdrucks und der gezielten Vorauswahl der Studenten nach ideologischen Kriterien kam es an den Universitäten zu politisch abweichendem Verhalten. Anderes als zum Beispiel im Raum der Kirche vollzog sich der Protest hier meist viel unterschwelliger und subtiler. Für die, die hier aufbegehrten und protestierten, ging es konkret darum, die Gefahren zu minimieren, da sie meist weder ihre Entlassung noch die Exmatrikulation riskieren wollten. Vereinzelt gab es aber auch offenen Widerstand. Nonkonformität, Verweigerung, Protest, Widerstand und Opposition blieben an den Universitäten aber stets die Ausnahme. Dies erst recht nach der 3. Hochschulreform. Bis dahin gab es immer wieder Professo-

---

[1] *Ilko-Sascha Kowalczuk*, Die Niederschlagung der Opposition an der Veterinärmedizinischen Fakultät der Humboldt-Universität zu Berlin in der Krise 1956/57. Dokumentation einer Pressekonferenz des Ministeriums für Staatssicherheit im Mai 1957. 2. Aufl. Berlin 2000.

[2] *Friedemann Stengel*, Die Theologischen Fakultäten in der DDR als Problem der Kirchen- und Hochschulpolitik des SED-Staates bis zu ihrer Umwandlung in Sektionen 1970/71. Leipzig 1998.

ren, wie den Physiker Gerhard Becherer,[3] denen es gelang, ihren Fachbereich als Insel des wissenschaftlichen Disputes und der gelebten Bürgerlichkeit von ideologischen Dingen weitgehend frei zu halten. Mit Dankbarkeit und Wertschätzung erinnern sich Absolventen, die Ende der fünfziger Jahre in Rostock Physik studierten, noch heute an das von ideologischen Beeinflussungen vergleichsweise relativ freie Klima unter Professor Becherer, das ihnen trotz der ideologischen Enge der DDR ein noch einigermaßen unbeschwertes Studium ermöglichte. Mit dem Erscheinungsbild der Universitäten und den Reglementierungen, denen sich die Studentenschaft nach 1967 ausgesetzt sah, hatte dies, so die Erinnerungen der Zeitzeugen, kaum etwas zu tun. Zwar gab es auch vordem schon den Marxismus-Leninismus und den gesellschaftswissenschaftlichen Unterricht mit seinen obligatorischen Prüfungen, und auch die FDJ drängte in die Studentenwohnheime und Seminare, doch bestand noch jener Geist fort, der ein Stück des universitären Bildungsideals konservierte.

Das Konzept der gelebten Bürgerlichkeit, das im Folgenden zur Umschreibung des Milieuumfeldes herangezogen werden soll, ist in der Forschung immer wieder als schwer zu fassendes Phänomen charakterisiert worden. An dieser Stelle geht es nicht um das Besitzbürgertum, sondern um die kulturellen Formen des Bildungsbürgertum und die vom ihm gelebte Bürgerlichkeit. Jene stellte sich neben der Schichtzugehörigkeit über einen kulturellen „*Überbau*" und ein kollektives Selbstbewusstsein her, das sich wiederum über die kulturelle Integration vollzog: Gezählt werden dazu ausgewiesene Umgangsformen, ein bestimmter Bildungshorizont, gemeinsam geteilte Werte und Lebensvorstellungen und das Bemühen, sich mit Gleichgesinnten über Netzwerke, Gesprächskreise und ähnlichem eine eigene Lebenswelt zu schaffen.[4] Seine besondere Rolle als Form der Andersartigkeit und Nonkonformität erhielt die so

---

[3] Prof. Dr. Gerhard Becherer leitete das Physikalische Institut der Universität Rostock und war zugleich Lehrstuhlinhaber für Experimentalphysik.

[4] U. a. hierzu *Thomas Großbölting*, Bürgertum, Bürgerlichkeit und Entbürgerlichung in der DDR: Niedergang und Metamorphosen, in: Aus Politik und Zeitgeschichte 58, 2008, H. 9–10, 17–25; *ders.*, SED-Diktatur und Gesellschaft. Bürgertum, Bürgerlichkeit und Entbürgerlichung in Magdeburg und Halle (Studien zur Landesgeschichte, Bd. 7). Halle (Saale) 2001, 19–29; *ders.*, Entbürgerlichte die DDR? Sozialer Bruch und kultureller Wandel in der ostdeutschen Gesellschaft, in: Manfred Hettling und Bernd Ulrich (Hrsg.): Bürgertum nach 1945. Hamburg 2005, 407–432; *Anna-Sabine Ernst*, „Die beste Prophylaxe ist der Sozialismus". Ärzte und medizinische Hochschullehrer in der SBZ/DDR 1945–1961. Münster 1997; *Günter Wirth*, Bürgertum und Bürgerliches in SBZ und DDR. Studien aus dem Nachlaß. Berlin 2011.

gelebte Bürgerlichkeit in der DDR angesichts des politisch normsetzenden „*Proletarierkults*". Gleichzeitig wurde der Begriff „*bürgerlich*" in Leitartikel und Parteitagsreden in denunziatorischer Absicht verwendet, was den Effekt der Bürgerlichkeit als Distinktionsformel unfreiwillig weiter verstärkte.

Der Begriff der Bürgerlichkeit befindet sich als solcher im steten Wandel abhängig vom historischen Verlauf, aber auch in Abhängigkeit zum analytischen Zugriff, dem er jeweils ausgesetzt ist. Geprägt wurde über die Bürgerlichkeit so ein Wert- und Leitbild, das sich nicht nur auf die klassischen Träger derselben – u. a. Ärzte, Professoren, selbstständige Unternehmer – beschränkte, sondern von anderen übernommen werden konnte. Gleichzeitig nahmen die Angriffe zu. Befördert durch die SED und die FDJ vollzog sich an den Fakultäten ab den fünfziger Jahren ein Ringen um die Durchsetzung der einen zuungunsten der anderen Identifikationskultur. Die SED und die FDJ strebten danach, die als anstößig und unzeitgemäß stigmatisierten Formen jeder demonstrativ gelebten Bürgerlichkeit zu überwinden. Als Leitbilder für die Studenten- und Professorenschaft hatten fortan andere, sozialistische Normen und Werte zu dienen. Zu ihnen zählte der Arbeitermythos, die Nähe zum arbeitenden Volk und eine stilisierte Aufbaueuphorie, verbunden mit einer klassenkämpferisch revolutionären Wachsamkeit, auch wenn häufig unklar blieb, wie dies in der Praxis Gestalt annehmen sollte.

Die meisten Studenten verhielten sich sowohl vor als auch nach 1967 in der Regel angepasst. Nicht wenige verstanden sich, so wie es die SED von ihnen verlangte, als „*Kampfreserve der Partei*" und griffen in den FDJ-Versammlungen weniger eifrige Studenten als ideologische Müßiggänger an. Auch fanden sich immer wieder Studenten, die die SED in ihren Kampagnen offen unterstützten. Deutlich wurde dies bereits in den Tagen rund um den 17. Juni 1953. Während in Rostock am 18. Juni auf der Neptunwerft und in anderen Betrieben der Stadt gestreikt wurde, meldeten sich an der Universität „*immer wieder Stimmen*", die forderten, „*mit den Arbeitern [zu] sprechen*", um ihnen klar zu machen, dass sie mit ihrem Streik „*den Klassengegner unterstützen*". Jede Arbeitsniederlegung im Sozialismus sei, so die Studenten, da die Arbeiter hier bereits die Macht hätten, nicht hinnehmbar.[5] Die Wirklichkeit ließ sich offensichtlich noch nicht mit den an der Universität vermittelten ideologischen Lehrsätzen in Übereinstimmung bringen.

---

[5] Ministerium für Staatssicherheit (künftig: MfS), Bezirksverwaltung (künftig: BV) Rostock, Abt. VI, Fernschreiben an das MfS Berlin, z. Hd. Staatssekretär Mielke, Rostock, 20.6.1953, betr.: Situationsbericht. BStU, MfS, BV Rostock, Leiter BV, Rep. 2, Nr. 396, Bl. 109f. Gestreikt wurde ebenso im VEB Isolier- und Kältetechnik Rostock.

Die Aktenüberlieferung der Staatssicherheit

Im folgenden Beitrag geht es nicht um Vollständigkeit. Die Zahl der aktenkundigen politischen Verstöße und Vorfälle ist als ungleich höher einzuschätzen, als sich dies in einem Aufsatz darstellen ließe. Ausgewählt wurden hier einige Beispiele, die aufzeigen sollen, welche unterschiedlichen Formen des politisch abweichenden Verhaltens es gab. Zum ersten soll das Spektrum politisch abweichenden Verhaltens exemplarisch an einem Ort, an dem sich vieles sehr subtil vollzog, in seiner Breite aufgezeigt werden. Zweitens ist zu fragen, was die Akten des Staatssicherheitsdienstes darüber auszusagen vermögen: Einiges deutet darauf hin, dass die Staatssicherheit von manch einem abweichenden Verhalten keinerlei Kenntnis erhielt oder darüber nur eher vage informiert wurde. Die Informationen erreichten nicht in jedem Fall oder auch nur in reduzierter Form die Staatssicherheit. Zum einen schritten beizeiten die Universitäts(partei)leitung, der Prorektor für Studienangelegenheiten, die FDJ und der FDGB ein und gingen gegen die vermeintlichen Delinquenten vor. Das MfS brauchte so oft nicht tätig zu werden; die Universität „*bereinigte*" beizeiten nicht wenige Vorfälle.[6] Zum anderen gewährleistete das großflächige Netz aus Geheimen/Inoffiziellen Informanten trotzdem keine allumfassende Kontrolle. Nicht immer war ein Spitzel zugegen und nicht jeder Spitzel meldete tatsächlich alles, was er wusste, pflichtergeben oder der Realität entsprechend weiter. Ausufernde, aber wenig konkrete Schilderungen, in den Vordergrund gerückte persönliche Animositäten und Wertungen der Spitzel bewirkten, dass vieles verfälscht wurde. Hinzu trat die Wertung durch die Staatssicherheit, die das Geschehen in der ihr eigenen Sprache protokollierte. Auch kam es vor, dass die „*operative*" Relevanz vom zuständigen MfS-Mitarbeiter nicht erkannt wurde; sprich das Frühwarnsystem der Staatssicherheit versagte. Andererseits – und im Widerspruch hierzu – konstruierte die Staatssicherheit, sofern ihr irgendet-

---

[6] Hierzu unter anderem *Günter Mühlpfordt/Günter Schenk*, Der Spirituskreis: eine Gelehrtengesellschaft in neuhumanistischer Tradition. Vom Kaiserreich bis zum Verbot durch Walter Ulbricht im Rahmen der Verfolgung an der Universität Halle 1957 und 1958. Halle/Saale 2001; *Marianne Müller/Egon Müller*, „... stürmt die Festung Wissenschaft!" Die Sowjetisierung der ostdeutschen Universitäten seit 1945. Berlin 1953; *Werner Fritsch/Werner Nöckel*, Vergebliche Hoffnung auf einen politischen Frühling. Opposition und Repression an der Universität Jena 1956–1968. Eine Dokumentation. Berlin 2006.

was auch nur verdächtig erschien, fortwährend negative, staatsfeindliche und Verschwörerkreise.[7] Die Hochschulgeschichtsschreibung hat sich bisher nur bedingt der systematischen Darstellung von politisch abweichendem Verhalten im akademischen Umfeld zugewandt. Vorrangig wurden entweder die akademische Lehrerschaft untersucht[8] oder hochschulpolitische Vorgaben dargestellt.[9] Lediglich Ilko-Sascha Kowalczuk geht auch auf Protest, Widerstand und Verweigerung in seinem Grundlagenwerk ein.[10] Die neueren universitätsgeschichtlichen Arbeiten versuchen eine integrative Darstellung von Studenten- und Professorengeschichte; der Schwerpunkt liegt hier aber auf den frühen 50er Jahren.[11] Ausgespart bleiben in diesem Aufsatz die Vorgänge um Arno Esch, die in der Vergangenheit andernorts hinlänglich erörtert worden sind.[12]

Vieles von dem, was die Staatssicherheit aufschrieb, untersuchte und später abheftete, diente der Prophylaxe und einem übersteigerten Sicherheitsinteresse. Zu verweisen ist auf die Unmengen an Akten, die im Zusammenhang mit der Reisekaderüberprüfung und mit Auslandreisen entstanden. Ebenso legte die Stasi eine nicht unerhebliche Zahl von Akten über Universitätsmitarbeiter und Studenten an, ermittelte und ging gegen diese vor, obwohl die Betreffenden sich weitgehend unauffällig verhielten. Bei der verdeckten Postkontrolle, dem

---

[7] Möglicherweise eignen sich andere Überlieferungen wie die der Universitätsparteileitung, der FDJ oder des FDGB weitaus besser, um etwas über das politisch abweichende Verhalten an der Universität zu erfahren. Dass hier die Akten der Staatssicherheit hinzugezogen werden, ist dem Arbeitszusammenhang geschuldet, an dem der Beitrag entstand: Gut drei Jahre beschäftigte sich ein Projekt der Forschungsabteilung der BStU mit dem politisch abweichenden Verhalten entlang der Ostseeküste und wertete dabei vorrangig die Akten des Staatssicherheitsdienstes aus. In der Summe bleibt genügend Bedarf für weitere, eingehendere Recherchen.

[8] *Ralph Jessen*, Akademische Elite und kommunistische Diktatur. Die ostdeutsche Hochschullehrerschaft in der Ulbricht-Ära. Köln 1999; *Gunilla Budde*, Frauen der Intelligenz: Akademikerinnen in der DDR 1945 bis 1975. Göttingen 2003.

[9] *Wolfgang Lambrecht*, Wissenschaftspolitik zwischen Ideologie und Pragmatismus. Die III. Hochschulreform (1965–71) am Beispiel der TH Karl-Marx-Stadt. Münster 2007.

[10] *Ilko-Sascha Kowalczuk*, Geist im Dienste der Macht. Hochschulpolitik in der SBZ/DDR 1945 bis 1961. Berlin 2003.

[11] *Ulrich Hehl* (Hrsg.), Geschichte der Universität Leipzig 1409–2009 in fünf Bänden. Bd. 3: Das zwanzigste Jahrhundert. Leipzig 2010.

[12] Vgl. z. B. *Hartwig Bernitt*, Arno Esch. „Mein Vaterland ist die Freiheit". Dannenberg 2010.

heimlichen Öffnen von Briefen, fanden die Schnüffler der Staatssicherheit vermeintlich Staatsfeindliches. Mit Widerspruch, Widerstand und Opposition im Sinne der Widerstandsforschung hat all dies wenig zu tun: Das Kriterium der Öffentlichkeit oder die Absicht, ein – wenn auch nur begrenztes – Publikum zu erreichen, scheint hier zumeist nicht gegeben. Zu Menschen, die das System kritisierten, wurden die Betreffenden erst, als die Staatssicherheit – anscheinend wider Erwarten – mitlas. Obwohl ein heimlich mitgelesener Brief strafrechtlich keine Relevanz hätte haben dürfen, wurde der, von dem die vermeintlich staatskritischen Zeilen stammten, als Staatsfeind eingestuft. Doch können die Zuordnungskriterien der Staatssicherheit nicht im Nachhinein zum Maßstab der Bewertung, was als Widerstand anzusehen ist, erhoben werden. Andererseits offenbaren die heimlich mitgelesenen Briefe einiges darüber, was Universitätsmitarbeiter, Professoren und Studenten tatsächlich dachten. Ersichtlich wird dabei die Diskrepanz zwischen Denken und Handeln, die viele Lebensbereiche der DDR durchzog. So wenn sich die Betreffenden in der Öffentlichkeit, in den obligatorischen Politversammlungen oder auch sonst, sobald es von ihnen verlangt wurde, positiv zur DDR und der Politik der SED äußerten, im privaten Kreis die Zustände in der DDR jedoch kritisierten.

Überwachung, Anpassungsdruck und der Versuch, sich dem zu entziehen

Mitgelesen wurde unter anderem die Korrespondenz des Historikers Heinz Herz.[13] Die Staatssicherheit erfuhr 1958 auf diesem Weg, dass er die sozialistische Umgestaltung der Universität ablehnte und dass es einen *„Dibeliuskreis"* an der Theologischen Fakultät gab.[14] Der in West-Berlin wohnende Bischof

---

[13] Prof. Heinz Herz, geb. 1907 in Chemnitz, der Vater war Pfarrer. Er wurde 1957 zum Professor mit Lehrauftrag für allgemeine Geschichte in Rostock benannt und war bis dahin Direktor der Universitätsbibliothek Rostock. 1959 wechselte er an die Universität Jena. Vgl. Eintrag zu „Heinz Herz" im Catalogus Professorum Rostochiensium, URL: http://cpr.uni-rostock.de/metadata/cpr_person_00002208 [abgerufen am 02.04.2014]; *Peter Schäfer*, Ein Universalhistoriker mit Humor und Freude am Gesang. Heinz Herz (1907–1983), in: Matthias Steinbach und Michael Ploenus (Hrsg.), Ketzer, Käuze, Querulanten. Außenseiter im universitären Milieu. Jena 2008, 340–354. Staatssekretariat für Staatssicherheit, BV Rostock, Beschluß, Rostock, 1.9.1958, BStU, MfS, BV Rostock, AOP 89/60, Bl. 5.

[14] Theologen der Universität in Halle/Saale trafen sich regelmäßig – allerdings schon seit dem 19. Jahrhundert – zum „Spiritus-Kreis", gegen den die Universitätsparteileitung und

Otto Dibelius galt den DDR-Behörden nach der von ihm vorgelegten „*Obrigkeitsschrift*" als Regimekritiker schlechthin.[15] In ihr hatte Dibelius die Legitimität des SED-Regimes als Obrigkeit, der Gefolgschaft zu leisten sei, angezweifelt. Die SED und die Staatsicherheit suchten nach dem ominösen Kreis, aufgrund eines Übermittlungsfehlers allerdings bei den Historikern, und wurden dementsprechend auch nicht fündig. Am Historischen Institut existierte Mitte der fünfziger Jahre hingegen nach den Erkenntnissen der Universitätsparteileitung eine „*revisionistische Gruppe*", von der 1958 nur noch der Historiker Karl-Friedrich Olechnowitz übriggeblieben war. Ob Heinz Herz Kontakt zu dieser Gruppe hatte, wusste das MfS nicht zu sagen. Der Historiker, schrieb die Staatssicherheit, ging im Privaten und im vertrauten Kreis der Kollegen zur Universitätsleitung auf Distanz. Dies auch angesichts des Selbstmordes des Historikers Johannes Nichtweiß, der sich am 14. Juni 1958 vom Dach des Universitätshauptgebäudes in den Tod stürzte.[16] Zuvor hatte die Parteileitung des Historischen Instituts Johannes Nichtweiß massiv unter Druck gesetzt, gegen Heinz Herz in einer Versammlung, die am Abend zuvor stattfand, auszusagen. Nichtweiß lehnte dies ab und verhielt sich gegenüber Herz, der an jenem Abend massiv angegriffen wurde, loyal. Vielmehr besuchte er im Anschluss mit Heinz Herz eine Kneipe und begleitet ihn nach Hause.

An Heinz Herz zeigt sich das Dilemma, in dem viele Universitätsangehörige steckten: Gegenüber einem Kollegen an der Universität, der dies beflissentlich weitermeldete, äußerte Professor Herz, „*daß der antireligiöse Terror in Rostock unvorstellbare Formen annimmt, [...] er als Parteimitglied [aber] hierzu schweigen muß, da er sich sonst in die Gefahr des Parteiausschlusses [bringt] u[nd] somit seine Stellung verliert.*" Die innerliche Distanz und das innerliche Aufbegehren gegen das Regime schienen mit Händen greifbar. Als

---

das MfS 1958 vorgingen. Vgl. hierzu *Stengel*, Theologischen Fakultäten (wie Anm. 2), 260–294.

[15] *Christian Halbrock*, Untertan einer solchen Obrigkeit? Bischof Dibelius und der SED-Staat. Horch und Guck. Zeitschrift zur kritischen Aufarbeitung der SED-Diktatur 19, 2010, H. 2, 66–69.

[16] Bericht betr. Selbstmord des Gen. Dr. Nichtweiß, ohne Absender, ohne Datum, BStU, MfS, BV Rostock, AOP 89/60, Bl. 24. Zu Nichtweiß *I.-S. Kowalczuk*, Legitimation eines neuen Staates. Parteiarbeiter an der historischen Front. Geschichtswissenschaft in der SBZ/DDR 1945 bis 1961. Berlin 1997, 305f.; Rehabilitierungsausschuss der Universität Rostock: „Wer in der SED ist, ist der ärmste Mensch." Vor 23 Jahren setzte Prof. Johannes Nichtweiß, Direktor des Historischen Instituts seinem Leben ein Ende, Rostocker Universitätszeitung Nr. 12 (1991), 3.

Lehrkraft war er 1955, wie der Geheime Informator „Otto" der Staatssicherheit im November 1956 empört berichtete, trotz seines offenkundigen Talents „*völlig kaltgestellt*" worden. Noch vor dem XX. Parteitag der sowjetischen Kommunistischen Partei und der Rede Chruschtschows, auf der die Entstalinisierung verkündet wurde, hatte er „*die Ausschließlichkeit der wissenschaftlichen Autorität J. W. Stalins kritisiert*" und erklärt, dass „*Wissenschaftler nicht bei Lenin- und Stalinkommentaren stehen bleiben dürften.*"[17] Dies reichte, um ihn vorerst auf den Posten des Bibliotheksdirektors abzuschieben.

Trotzdem bemühte sich Heinz Herz immer wieder, den politischen Vorgaben in der Öffentlichkeit zu entsprechen, dies auch, um wieder die Lehrbefugnis zu erhalten. In der Ostsee-Zeitung erschien im Januar 1957 ein Artikel von Herz zur „Rolle der Intelligenz im Sozialismus", in dem er die Werbetrommel für die SED rührte: „*[I]n den ersten Phasen des sozialistischen Aufbaus*", so Herz, sei es „*zu verräterischen Handlungen einzelner Intellektueller gegen die Arbeitermacht*" gekommen. Kognitive Dissonanz, das entgegen einer besseren Einsicht vollzogene Handeln, bestimmte das öffentliche Tun vieler Universitätsangehöriger nicht nur in den fünfziger Jahren. In den vier Jahrzehnten bis 1989 gehörte dies für die meisten, die trotz ihrer kritischen Einstellung zur SED Karriere in der DDR machen wollten, zum Standardprogramm der alltäglichen Verstellung. Doch kann der Artikel, den Heinz Herz in der Ostsee-Zeitung 1957 schrieb, auch anders gelesen werden. Neben den Avancen gegenüber der SED, die der Artikel enthält, sprach sich Herz zwischen den Zeilen für mehr Verständnis seitens der „*Arbeitermacht*" für die Intelligenz und gegen die zunehmende Abschottung der DDR aus: „*‚Kontakte' mit der kapitalistischen Welt*", so Herz in seinem Artikel,

„auf dem Gebiet der Technik, Wissenschaft und Kunst usw. [sind] unvermeidlich; die sozialistische Gesellschaft kann [...] nicht völlig isoliert leben, sie muß an das anknüpfen, was fortschrittliche Geister auch außerhalb des sozialistischen Bereiches der Welt geschaffen haben."[18]

Heinz Herz spürte innerlich den Druck, der auf ihm lastete und wollte sich dessen ungeachtet nicht mit der Lage zufrieden geben. In einem vom MfS mitgelesenen Brief vertraute Herz dem Empfänger an:

---

[17] SfS, BV Rostock, Abschrift, Quelle: GI „Otto". Zu Prof. Dr. Dr. Heinz Herz, 14.11.1956, BStU, MfS, BV Rostock, AOP 89/60, Bl. 19f.

[18] *Heinz Herz*, Die Rolle der Intelligenz im Sozialismus, Ostsee-Zeitung Nr. 20 (1957), 4.

„Die Bilanz der weltanschaulichen ideologischen Überprüfung der Fakultät: Ein Dozent tot, ein Dozent nach missglücktem Selbstmord an sich nach dem Westen, ein Professor ebenfalls nach dem Westen, ein Prof. herzkrank im Sanatorium, eine Dozentin nervenkrank in psychiatrischer Klinik. Soll ich noch warten, bis auch ich soweit bin?"[19]

Die Akten der Staatssicherheit enthalten eine Reihe von Hintergrundinformationen, die viel aussagen über das Ringen, trotz des politischen Drucks und der Maßregelungen, an den eigenen Überzeugungen festhalten zu wollen und sich ein Stück Bürgerlichkeit zu erhalten. Zustande kamen die Sequenzen, die sich heute als Quellenmaterial nutzen lassen, eher beiläufig, also nicht im Rahmen der eigentlichen geheimpolizeilichen Ermittlungsarbeit. Dafür, dass der Widerspruch in seiner subtilen Form hier plastisch wird, zeichnete nicht zuletzt das von der Staatssicherheit praktizierte Verfahren, die Briefe von „*undurchsichtigen Personen*" zu öffnen und mitzulesen, verantwortlich. So erfuhren die Gesinnungsschnüffler, was die Betreffenden dachten.

Beharren und Widerspruch

Handelt es sich bei den vom MfS kopierten Briefen noch um authentische Selbstzeugnisse, deren Aussagewert höchstens dadurch beeinträchtigt wird, dass der Autor gegebenenfalls ahnte, dass das MfS mitlas, so werfen die vom MfS erstellten Texte grundsätzliche Fragen auf. Im Kern spiegelt sich hier lediglich die Sicht des Staatssicherheitsdienstes wider, der die Vorgänge nach seiner Agenda auswertete und ein entsprechendes Narrativ erstellte. Doch stehen häufig keine weiteren Quellen zur Verfügung; die hier übermittelten Fakten und Zitate, die keinesfalls den tatsächlichen Wortlaut wiedergeben müssen, liefern aber eine Hilfestellung, um das Geschehen zu rekonstruieren.

Auch bei der Stellenbesetzung, dem Kampf um knappe Ressourcen wie dem Reiseprivileg oder einfach aus Neid und Missgunst, die in Wissenschaftskreisen allezeit ständige Begleiter sind, wandten sich Universitätsmitarbeiter vertrauensvoll an staatliche Stellen und machten Kollegen madig. Nicht selten beschäftigte sich in der Folge die Staatssicherheit mit der Angelegenheit und erstellte entsprechende Traktate. So auch 1958 im Vorfeld der Inhaftierung von Professor Franz Günther von Stockert, Direktor der Universitäts-

---

[19] MfS, BV Rostock, Abteilung V/6, Schlussbericht zum ÜV 124/58, Rostock, 19.4.1960, BStU, MfS, BV Rostock, AOP 89/60, Bl. 143–146, hier 145.

Nervenklinik.[20] Die Staatssicherheit warf ihm vor, sich der „*Hetze [...] gegen die DDR, gegen Staatsfunktionäre und Mitglieder der SED*" schuldig gemacht zu haben. Laut dem Ermittlungsbericht betitelte er „*einen Staatssekretär als [...] ‚Kommunisten' und einen Kollegen als ‚rotes Schwein'* und bezeichnete die DDR als *‚Konkursmasse'*". Der Denunziant, ein ihn beargwöhnender Kollege, berichtete über ihn mit eindeutig gehässigem Unterton:

> „St. ist ein unansehnlicher [...] komisch anmutender kleiner Herr [...] seine Vorlesungen [werden] weniger ihres wissenschaftlichen Inhalts wegen besucht [...] Umso mehr wundert [...] [es], daß das Staatssekretariat jetzt wieder Zugeständnisse macht und [ihm] bis Jahresende noch Westmark zahlen will. [...] Mein persönlicher Eindruck: [...] Hinter einer gewählten Sprache verbirgt [sich] nicht sehr viel Geist. Auf keinen Fall wird St. Partei für den Sozialismus nehmen, sondern versuchen zu lavieren."[21]

Warum die Zuhörer, wenn nicht aus wissenschaftlichem Interesse, in die Vorlesungen von Professor Stockert gekommen sein sollen, geht aus dem Bericht des übereifrigen Denunzianten nicht hervor. Gab es in den Vorlesungen unmissverständliche politische Anspielungen, versteckte Kritik am System, gingen die Studenten zu Stockert, weil er ein Stück gelebte Bürgerlichkeit repräsentierte und sich so von anderen abhob, oder handelte es sich schlicht um Pflichtvorlesungen? Die Akten vermögen darüber keine Auskunft zu geben. Dem MfS reichten die von einem Geheimen Informanten geschrieben Berichte jedenfalls, um Stockert zu inhaftieren. Er verbrachte mehrere Wochen in der MfS-Untersuchungshaft und wurde im Mai 1958 wegen „*staatsgefährdender Propaganda und Hetze*" zu einer Haftstrafe von zwölf Monaten verurteilt.[22]

---

[20] Stockert, österreichischer und deutscher Staatsbürger, war an der Universität Rostock von 1954 bis 1958 Professor für Psychiatrie und Neurologie. Vgl. *Ekkehardt Kumbier* (Hrsg.), Zum Wirken und Leben von Franz Günther Ritter von Stockert. Symposium am 07. Juli 2006 an der Klinik für Psychiatrie und Psychotherapie des Kindes- und Jugendalters der Johann Wolfgang Goethe-Universität Frankfurt. Rostock 2006; *Rolf Castell* u. a., Geschichte der Kinder- und Jugendpsychiatrie in Deutschland in den Jahren 1937 bis 1961. Göttingen 2003, 482.

[21] MfS, BV Rostock, GI Bericht, BStU, MfS, BV Rostock, AU 44/58, Bl. 8.

[22] Urteil, ebd., Bl. 260–269. *Thomas Ammer*, Universität zwischen Demokratie und Diktatur. Ein Beitrag zur Nachkriegsgeschichte der Universität Rostock. Köln 1969, 171; *Verband ehemaliger Rostocker Studenten e.V. (VERS)* (Hrsg.), Namen und Schicksale der von 1945

Hinzu kam die an der Universität wie anderswo geschürte Stimmung, die jegliches Anderssein dem Verdacht der Abweichung aussetzte. Auch in diesem Zusammenhang entstanden nicht wenige Protokolle und Schreiben, die die Universitätsparteileitung und die Staatssicherheit beschäftigten und später zu Akten zusammengefügt wurden. Häufig lässt sich aus heutiger Perspektive nur schwer sagen, ob der schriftlich fixierte Verdacht zutreffend war. Die Akten legen im Grunde häufig nur Zeugnis ab, von der allerorts propagierten und eingeforderten revolutionären Wachsamkeit, überall nach Abweichlern suchen zu müssen. Sie beweisen, dass die Universität ein Ort war, an dem dies auf fruchtbaren Boden fiel. Als Beispiel kann hierfür die Berufung von Hildegard Emmel zur Professorin für das Fach Deutsche Literatur im Jahr 1956 angeführt werden. Der Chef der Kaderabteilung, Krebs, wandte sich umgehend an das Staatssekretariat für Hochschulwesen, wobei seine Absicht unverkennbar war. Krebs betonte, dass Hildegard Emmel „*nicht die Voraussetzungen*" habe, „*um zum Prof. [mit] Lehrauftrag berufen zu werden*". Ihre Studenten würden nicht mit „*den fortschrittlichen Studenten*" zusammenarbeiten. Sie stünde überdies „*meistens bei irgendwelchen Problemen innerhalb der Fakultät in Opposition*". „*Ihre ganze Haltung*" sei „*zumindest undurchsichtig*". Sie sei „*Rainer-Maria-Rilke-Anhängerin*". „*Um fortschrittliche Schriftsteller zu behandeln*", hätte „*sie keine Zeit*".[23]

Ohnmacht, Mut, Aufbegehren

In einer Reihe von Fällen bleibt trotz einer in materieller Hinsicht günstigen Aktenlage offen, worum es in den Auseinandersetzungen konkret ging. Universitätsangehörige wurde als „*undurchsichtige Personen*" oder als „*indifferent*" charakterisiert und aufgrund der von ihnen gelebten Bürgerlichkeit unter Generalverdacht gestellt. Suspekte Äußerungen und unparteiisches Verhalten wurden protokolliert und dem MfS weitergemeldet oder von diesem durch

---

bis 1962 in der SBZ/DDR verhafteten und verschleppten Professoren und Studenten, erw., erg. und überarb. Reprint, Rostock 1994, 152.

[23] Kaderabteilung der Universität Rostock, an die Kaderabteilung des Staatssekretariats für Hochschulwesen vom 6.12.1954; BStU, MfS AS 1484/67, Bl. 87. Emmel wurde dennoch für einige Monate Professorin für Deutsche Literaturgeschichte, nahm dann aber 1956 einen Ruf an die Universität Greifswald an. Dort wurde sie nach ideologischen Auseinandersetzungen im Jahr 1958 entlassen. Ihre Erfahrungen mit dem Hochschulapparat in der DDR schildert sie in ihrer Autobiographie: *Hildegard Emmel*, Die Freiheit hat noch nicht begonnen. Zeitgeschichtliche Erfahrungen seit 1933. Rostock 1991.

gezieltes Nachfragen auch herbeigeredet. „*Etwas wird schon an der Sache dran sein*", lautete die vorherrschende Devise. Zumeist waren es einzelne Studenten oder Universitätsangehörige, die nicht weil, sondern obwohl sie zur Universität gehörten, Widerspruch einlegten, Widerstand leisteten oder sich an oppositionellen Bestrebungen beteiligten. Sie taten dies nicht selten außerhalb der Universität. So jener Student, der am 6. September 1961 „*auf einer Hausversammlung*" seinen Nachbarn „*durch hetzerische Äußerungen*" auffiel. Die von einem Nachbarn alarmierte Staatssicherheit sah hingegen den Tatbestand der „*Hetze*" in strafrechtlicher Hinsicht nicht gegeben, archivierte die „*Vorlaufakte*" und bat die Universität, um die Sache abschließen zu können, ein Disziplinarverfahren einzuleiten. Der Student erhielt einen „*strengen Verweis*".[24] Ein Student, der 1985 auf einer Hausversammlung im Patriotischen Weg die SED kritisierte, wurde ebenso denunziert und anschließend exmatrikuliert.[25]

Die Universität leistete gewissenhaft ihren Beitrag zur Disziplinierung und unterstützte ebenso die Strafverfolgung. So im Jahre 1957, als die Staatssicherheit nach entsprechenden Hinweisen aus der Universität drei Studenten der Schiffbautechnischen Fakultät, unter ihnen Christian Töpfer, festnahm.[26] An der Schiffbautechnischen Fakultät[27] gärte es seit einiger Zeit. In einer Seminarversammlung des 5. Semesters forderten fast alle Studenten, die Vorlesungen in Politischer Ökonomie auf ein Mindestmaß zu reduzieren und die Prüfungen

---

[24] MfS, BV Rostock, Deliktekerblochkartei, mündliche Hetze bekannt, BStU, MfS, BV Rostock; MfS, BV Rostock, Bericht vom 13.9.1961 sowie MfS, BV Rostock, Abschlußbericht, Rostock, den 29.5.1962, BStU, MfS, BV Rostock, AOP 1365/62, Bl. 26–29, 45; *Anita Krätzner*, Die Universitäten der DDR und der Mauerbau 1961. Leipzig 2014, 130.

[25] MfS, BV Rostock, Deliktekerblochkartei, schriftliche Hetze bekannt, LMN 144, Meldung vom 20.4.1985, BStU, MfS, BV Rostock, DKK, Bl. 187.

[26] Die Schreibweise des Vornamens variiert. In einigen Quellen ist auch von Kristian Töpfer die Rede. MfS, BV Rostock, Abt. VI, Festnahmeplan, Rostock, den 4.6.1957, BStU, MfS, BV Rostock, AOP 83/57, Bl. 95.

[27] Als Neugründung im technischen Bereich erhielt die Schiffbautechnische Fakultät ein besonderes Profil: Auf Drängen der SED sollten hier möglichst viele Praktiker zum Einsatz gelangen, wogegen die Universitäts- und Fakultätsleitung Widerstand leisteten. Aufgrund des vorauszusetzenden technischen Basiswissens war der Anteil der SED-Mitglieder im Lehrkörper in der Schiffbautechnischen Fakultät vergleichsweise gering. Vgl. *Ilko-Sascha Kowalczuk*, Geist im Dienste der Macht (wie Anm. 10), 201.

ganz abzuschaffen.[28] Aus einem heimlich geöffneten Brief erfuhr die Staatssicherheit, dass die „*Seminargruppe als reaktionäre Gruppe bekannt sei und geschlossen in Opposition*" stehe. Der Student schrieb weiter, SED-Chef Walter Ulbricht wolle „*die Studenten mundtot machen, da sie ihm gefährlich werden.*"[29] Von den drei festgenommenen Studenten wurden zwei am darauffolgenden Tag wieder freigelassen. Im Auftrag der Staatssicherheit nahm sich der Disziplinarausschuss der Universität der Sache an. Die gegen einen von beiden erhobenen Vorwürfe, mehrere ihm zugeschriebene staatsfeindliche Äußerungen, konnten zweifelsfrei ausgeräumt werden; die Äußerungen waren offenbar so nicht gefallen, ein übereifriger Denunziant hatte ihn fälschlicherweise belastet. Übrig blieb der Vorwurf, er habe „*im Frühjahrssemester nicht die richtige Art zu diskutieren gehabt*". Auch dass er sich über seine Festnahme in der Seminargruppe beschwerte, wurde ihm nun vorgehalten. Der Disziplinarausschuss belegt ihn mit einem strengen Verweis. Wesentlich härter traf es den zweiten Studenten, der für die gesamte DDR vom Studium ausgeschlossen wurde. Er hatte im Politunterricht „*häufig provokatorische Zwischenrufe gemacht*" und auf die von ihm als „*dumme Propaganda*" bezeichnete Politunterweisung „*mit herausforderndem Lächeln*" reagiert und mit „*hämischen Bemerkungen ins Lächerliche*" gezogen: Laut Urteil des Universitätsausschusses ein unverzeihliches Vergehen.[30] Der dritte Student, Christian Töpfer, blieb in Haft. Das Bezirksgericht Rostock verurteilte ihn unter dem Vorwurf der „*Boykotthetze*" nach Artikel 6 der DDR-Verfassung zu sechs Monaten Gefängnis.[31] Gegenüber seiner Seminarleiterin hatte er unter anderem erklärt: „*Wir wollen freie Menschen sein und frei entscheiden können.*"[32]

Nicht immer war der Auslöser für studentisches oder universitäres Aufbegehren ein politischer. Auch der studentische Aufruhr vom Juni 1960, der als

---

[28] MfS, BV Rostock, Bericht des GI „August Föppel", betr.: Seminarversammlung des 5. Semesters/SB, Rostock, den 16.11.1956, BStU, MfS, BV Rostock, AOP 83/57, Bl. 59.

[29] MfS, BV Rostock, Abt. VI, Zwischenbericht zum op. Material, Rostock, den 12.3.1957, BStU, MfS, BV Rostock, AOP 83/57, Bl. 65–67, hier 67.

[30] Universität Rostock, Disziplinarausschuß, mündliche Verhandlung vom 4.7.1957, BStU, MfS, BV Rostock, AOP 83/57, Bl. 121–123.

[31] *Ammer*, Universität (wie Anm. 22), 172; *VERS*, Namen und Schicksale (wie Anm. 22), 152.

[32] MfS, BV Rostock, Abt. VI, Zwischenbericht zum Überprüfungsvorgang 20/57, Rostock, den 25.5.1957, BStU, MfS, BV Rostock, AOP 83/57, Bl. 87–92, hier 91. Vgl. *I.-S. Kowalczuk*, Geist im Dienste der Macht (wie Anm. 10), 450.

„*Widerstand gegen staatliche Maßnahmen*" aktenkundig werden sollte und für Gesprächsstoff nicht nur an der Universität sorgte, entstand aus einem unpolitischen Anlass. Dass hier Studenten, die Vertreter der zukünftigen DDR-Funktionselite, aufbegehrten, ließ die Sache zum Politikum werden. Auszuschließen ist auch nicht, dass das Datum eine Rolle spielte: Zu dem Vorfall kam es in den Abendstunden des 14. Juni – nur wenige Tage vor dem 17. Juni, der als Jahrestag des niedergeschlagenen Volksaufstandes von 1953 als neuralgischer Termin galt. Rund um den 17. Juni kam es regelmäßig zu Widerstandsaktionen in der DDR; die Polizei und die Staatssicherheit befanden sich im Zustand erhöhter Anspannung. Dass sich der 1957 verurteilte Christian Töpfer an dem Aufruhr 1960 beteiligte, mochte die Phantasie derer, die darin einen politische Aktion sehen wollten, ebenso beflügelt haben. Die Staatssicherheit und die Staatsanwaltschaft erblickten in Christian Töpfer dementsprechend den „*Rädelsführer*". Abermals waren es die angehenden Schiffbautechniker, die schon in der Vergangenheit ausgeschert waren. Während einer wilden und ausschweifenden Studentenparty in der Thierfelderstraße forderte der angenervte Hausmeister schließlich die Volkspolizei an. Diese schickte einen Funkstreifenwagen zum Studentenwohnheim. An die zweihundert Studenten „*rotteten*" sich, wie es später hieß, zusammen und versuchten die Festnahme eines ihrer Kommilitonen, der den Vopos besonders lautstark entgegentrat, zu verhindern. Die Festnahme heizte die Stimmung weiter an: „*Pfui*"-Rufe und Sprüche wie „*Freiheit für*" unseren Mitstudenten, „*Schweinerei*" und „*Nieder mit dem Kishi-Regime*" erklangen.[33] Der Funkstreifenwagen wurde umstellt und an der Abfahrt gehindert.[34] Das MfS nahm nachfolgend vier Studenten fest und überstellte sie in die Untersuchungshaft. Anschließend verurteilte sie das Kreisgericht Rostock zu Haftstrafen zwischen sechs und achtzehn Monaten.[35]

Den Studierenden wurde stets ein erhöhtes Maß an Loyalität abverlangt. Im Ergebnis bewirkte dies, dass dem subtilen unterschwelligen Protest eine weit-

---

[33] Der Spruch war der Berichterstattung über den japanischen Premierminister Nobusuke Kishi entlehnt und war als Analogie zu verstehen. Am 15.6.1960 berichtet das Neue Deutschland aus Japan: „*In panischer Angst vor den Massenaktionen greift das Kishi-Regime immer häufiger zu brutaler Gewalt.*"

[34] MfS, BV Rostock, Abt. IX, Sachstandsbericht, Rostock, den 24.6.1960, sowie MfS, BV Rostock, der Leiter, Schreiben an Generaloberst Mielke, Rostock, 15.6.1960, BStU, MfS, AU 95/60, HA, Bd. I, Bl. 23–28 und Bl. 242–245.

[35] Kreisgericht Rostock-Stadt, Urteil, Rostock, den 10.9.1960, BStU, MfS, AU 95/60, GA, Bd. III, Bl. 131–142.

aus größere Bedeutung zukam als andernorts und er als solcher wahrgenommen wurde. Oft lässt sich erst anhand verschiedener Überlieferungen ausloten, wie die Stimmung im Einzelfall war und ob es insgeheim oder verdeckt Widerspruch gab. Ohne weitere Dissonanzen vollzog sich der offiziellen Darstellung zufolge so auch der Besuch des FDJ-Vorsitzenden Eberhard Aurich 1988 an der Universität in Rostock.[36] Der von der Staatssicherheit vorgelegte Bericht widersprach dem offiziell vermittelten Eindruck grundlegend: Aurich wurde bei dem Treffen mit kritischen Fragen und Kommentaren konfrontiert. Warum Rostock bei der Versorgung schlechter als Berlin gestellt sei, wollte ein Student wissen, und jemand anderes fragte, warum das „Neue Deutschland" die Losungen für den 1. Mai vorgebe und sich die Menschen die Losungen nicht selbst aussuchen dürften. Ein weiterer Student erkundigte sich, warum der FDJ-Chef im Arbeiter- und Bauernstaat einen Citroën und nicht die *„Arbeiterpappe"*, den Trabant, fährt.[37] Die Diskussion spiegelt eine der Hauptformen des oft allzu verhaltenen Widerspruchs an den Universitäten wider. In von der Universitätsleitung und der FDJ angesetzten Diskussionen und Versammlungen, in den Seminargruppen, im Parteilehrjahr und anderswo versuchten Studenten, mit vorwitzigen wie einfältigen Fragen, die, die das Regime verteidigten, in Verlegenheit zu bringen und herauszufordern.

Heute lässt sich die Brisanz solcher Diskussionen kaum mehr nachvollziehen. Die jesuitisch anmutenden versteckt kritischen Bemerkungen und häufig von studentischem Witz durchzogenen Wortbeiträge müssen dechiffriert werden, wenn sie heute verstanden werden sollen und man wissen will, um was es ging und warum sich die SED, die FDJ und die Staatssicherheit darüber so aufregten.

Die Universität war immer auch ein besonderer Ort der Systemloyalität. Diejenigen unter den Studenten, die das System verteidigten, waren sofort eilfertig zur Stelle und nutzten ihr Privileg, um die, die sich kritisch äußerten, in der Diskussion abzudrängen. Auch FDJ-Chef Aurich erhielt von den bekennenden Blauhemden *„für seine klaren und parteilichen Antworten zustimmend*

---

[36] MfS, BV Rostock, Information über einige Schwerpunkte der Diskussion gesellschaftlicher Probleme unter Studenten und wissenschaftlichen Mitarbeitern der Wilhelm-Pieck-Universität Rostock, Rostock, 22.11.1988, BStU, MfS, BV Rostock, Abt. XX, Nr. 604, Bd. II, Bl. 31–36.

[37] MfS, BV Rostock, Information über einige Schwerpunkte der Diskussion gesellschaftlicher Probleme unter Studenten und wissenschaftlichen Mitarbeitern der Wilhelm-Pieck-Universität Rostock, Rostock, 22.11.1988, BStU, MfS, BV Rostock, Abt. XX, Nr. 604, Bd. II, Bl. 31–36, hier 34.

Beifall."[38] Studenten, die mit den Zuständen in der DDR unzufrieden waren, wussten, von wem der Beifall kam. Was im Subtext ablief, verdeutlicht auch eine Aktion 1976. In Rostock hatte sich eine Gruppe, zu denen auch zwei Studenten gehörten, gefunden, die sich mit oppositionellen Texten von Robert Havemann, Leszek Kołakowski und Jacek Kuroń beschäftigte. Sie sammelten Geld für das oppositionelle polnische Komitee zur Verteidigung der Arbeiter (KOR).[39] Ebenso gingen sie in den Studentenkeller, um hier, wie es im Stasi-Deutsch hieß, *„mit gezielten negativen Diskussionen Einfluß auf Inhalt und Ablauf der Veranstaltung zu nehmen."*[40] So auch zu einer Veranstaltung 1977 mit Professor Olaf Klohr. Klohr galt als führender Atheismusforscher der DDR, der, wie Ehrhart Neubert schreibt, *„die Operationen der SED gegen die Kirchen ideologisch begleitete."*[41] Klohr beabsichtigte im Studentenkeller zum Thema „Atheismus und Kirche" zu sprechen. Wie es hieß, *„organisierte"* einer der später Festgenommenen andere *„negative Personen"*, die Klohr Paroli bieten wollten.[42] Insgesamt fanden sich fünf Wagemutige, die Klohr und den mehrheitlich systemtreuen Zuhörern widersprachen. Obwohl sie gegen die Studenten aus den geisteswissenschaftlichen Fächern kaum ankamen, werteten die fünf „Störer" ihre Aktion als Erfolg. Mit ihrem Erscheinen hätten sie sich deutlich in der Öffentlichkeit positioniert und seien der zur Norm erhobenen marxistisch-atheistischen Ideologie entgegengetreten. Die Diskussion wäre nur

---

[38] Ebd.

[39] MfS, BV Rostock, Abt. XX, Eröffnungsbericht über eine feindliche Gruppierung des politischen Untergrundes, Rostock, 16.6.1977, BStU, MfS, HA XX/AKG, Nr. 5535, Bl. 1–9, hier 8.

[40] Ebd.

[41] Ab 1964 hatte Olaf Klohr an der Universität Jena den dort neueingerichteten Lehrstuhl für „Wissenschaftlichen Atheismus" inne. Vgl. hierzu *Ehrhardt Neubert*, Geschichte der Opposition in der DDR 1949–1989 (Schriftenreihe der Bundeszentrale für politische Bildung, Bd. 346). 2. Aufl., Bonn 2000, 182. „Später" wurde Olaf Klohr „an die Hochschule für Seefahrt in Warnemünde[-Wustrow] abgeschoben." Zitiert nach *Robert F. Goeckel*, Thesen zu Kontinuität und Wandel in der Kirchenpolitik der SED, in: Clemens Vollnhals (Hrsg.), Die Kirchenpolitik von SED und Staatssicherheit. Eine Zwischenbilanz (Analysen und Dokumente, Bd. 7). Berlin 1996, 29–58, hier 49.

[42] MfS, BV Rostock, Abt. XX, Eröffnungsbericht über eine feindliche Gruppierung des politischen Untergrundes, Rostock, 16.6.1977, BStU, MfS, HA XX/AKG, Nr. 5535, Bl. 1–9, hier 8.

deshalb nicht zu unterlaufen gewesen, da, so wird einer der „Störer" zitiert, *„zu viele Leute gekauft waren."*[43]

Zwar passten sich die „Störer" in ihrer Kritik an die im Universitätsklub herrschenden Bedingungen an und sprachen sich für eine Reform des Sozialismus aus. Zugleich wusste einer der Studentenspitzel zu berichten, dass einer der „Störer" anschließend davon sprach, dass es *„für sie trotzdem nur ein Ziel gäbe, die Kommunisten zu vernichten und die DDR nicht anzuerkennen."*[44] Was der Betreffende tatsächlich dachte, erfuhr die Stasi ausgerechnet aus dem bundesdeutschen Fernsehen: Während einer Umfrage, die „die Sendung Kennzeichen D des ZDF" unter Passanten auf dem Alexanderplatz in Berlin durchführte und die anschließend über den Äther ging, *„bezeichnete K. [...] Genossen Honecker als Verbrecher"*.[45]

Aus dem Stasi-Bericht über den Besuch von FDJ-Chef Eberhard Aurich geht ebenfalls hervor, dass es 1988 selbst an der Universität an einigen Orten unüberhörbar gärte: es gäbe ernsthaften Widerspruch gegen die Politik der Partei- und Staatsführung.[46] Studenten der Lateinamerikanistik initiierten eine Eingabe an den Zentralrat der FDJ, und die „*in der Sektion Biologie produzierten Karnevalsverse*" würden die „*gesellschaftlichen Verhältnisse in der DDR und führende Persönlichkeiten*" offensichtlich diffamierten. „*Zunehmend schärfer*" würden nun auch in den Versammlungen an der Universität „*wesentliche Bestandteile*" der „*Partei- und Staatspolitik*" in Frage gestellt. Insbesondere unter den angehenden Biologen, den Betriebswirtschaftlern und an der Sektion Tierproduktion regte sich Widerspruch.[47] In den Jahren zuvor hoffte die Mehrheit der kritisch denkenden Studenten häufig noch, dass jemand anderes ihnen den Schritt, sich öffentlich zu positionieren, abnehmen würde. So schien es auch während des Wolf Biermann-Konzertes in der Aula der Universität Ende Mai 1965 gewesen zu sein. Der Redakteur der Ostsee-Zeitung,

---

[43] Ebd.

[44] MfS, BV Rostock, Abt. XX, Eröffnungsbericht über eine feindliche Gruppierung des politischen Untergrundes, Rostock, 16.6.1977, BStU, MfS, HA XX/AKG, Nr. 5535, Bl. 1–9, hier 8.

[45] MfS, BV Rostock, Abt. XX/4, Eröffnungsbericht zum OV „Michael" (ebd.), Bl. 16.

[46] MfS, BV Rostock, Information über einige Schwerpunkte der Diskussion gesellschaftlicher Probleme unter Studenten und wissenschaftlichen Mitarbeitern der Wilhelm-Pieck-Universität Rostock, Rostock, 22.11.1988, BStU, MfS, BV Rostock, Abt. XX, Nr. 604, Bd. II, Bl. 31–36.

[47] Ebd.

Heinz Grundlach, berichtete dem MfS über die Veranstaltung, die bis auf den letzten Platz gefüllt war, dass der „*größte Teil der Studenten*" gekommen sei, „*um passiv*" sein Bekunden „*zu einer Art ‚Konterrevolution' auf dem Gebiet der Lyrik abzugeben.*" Kritische Äußerungen des Sängers wurden stets mit frenetischem Beifall bedacht. Dabei blieb es aber zumeist auch.[48]

Dienstpflichtverletzung mit Folgen

Die Dienstpflichtverletzung als solche zählt der landläufigen Auffassung nach nicht zum politisch abweichenden Verhalten.[49] Doch lässt sich dies unter den Verhältnissen der Diktatur aufrechterhalten? Das System schuf neue Normen, die den Alltag in seiner bisherigen Form durchdrangen. Rechtsgebundene Zustände wurden in Deutschland bereits ab 1933 instrumentalisiert, Kritik und Widerspruch im Amt demgegenüber kriminalisiert. Eine Dienstpflichtverletzung erwies sich im Alltag der Diktatur nicht immer nur als eine reine Dienstpflichtverletzung. Mitunter beinhaltete sie auch mehr. Wichtig war die Intention, doch lässt sich diese quellenmäßig nur selten belegen. Erfolgte eine Unterlassung oder Übertretung aus Nachlässigkeit oder um einem in Bedrängnis Geratenen zu helfen oder Kritik am System zu äußern? Letzteres war 1984 der Fall. Ausgelöst wurde der „*Störfall*" durch einen Artikel des Rostocker Professors Peter Voigt[50] in der Ostsee-Zeitung Ende März 1984. Unter der Überschrift „*Sozialistische Sozialpolitik geht auf Dauer nur, wenn gut gearbeitet wird*", setzte sich Peter Voigt mit der Wirtschafts- und Sozialpolitik in der DDR auseinander.[51] Der „*Störfall*" basierte auf einem Missverständnis. Ohne die geläufige „*Schere im Kopf*" entschied sich der Soziologe Voigt, zunächst

---

[48] MfS, BV Rostock, Abt. XX/6, Bericht über den "Wolf-Biermann-Abend" in Rostock, Rostock, den 10. Juni 1965, BStU, MfS, BV Rostock, AS Nr. 93/76, Bl. 25–29, hier 25.

[49] *Herfried Münkler*, Widerstand, in: Dieter Nohlen (Hrsg.), Wörterbuch Staat und Politik. Bonn 1995, 874f.

[50] Peter Voigt war außerordentlicher Professor der Sektion Marxismus-Leninismus der Wilhelm-Pieck-Universität Rostock, Leiter des Problemrates „Lebensweise und Territorium" des Wissenschaftlichen Rates für soziologische Forschungen in der DDR und Mitglied des Arbeitskreises marxistisch-leninistische Soziologie beim Ministerium für Hoch- und Fachschulwesen. Vgl. *Mario Niemann*, Die Sekretäre der SED-Bezirksleitungen 1952–1989. Paderborn 2007, 264.

[51] *Peter Voigt*, Sozialistische Sozialpolitik geht auf Dauer nur, wenn gut gearbeitet wird, Ostsee Zeitung vom 31.3./1.4.1984, Beilage, 3.

all das aufzuschreiben, was er schon immer mal ansprechen wollte. Um den Zensor zu beschäftigen und den Artikel in seiner Grundsubstanz durch die Instanzen zu bringen, baute Voigt einige besonders provokante Passagen ein. Schließlich würde das Lektorat wie üblich diese wieder herausstreichen; als von der Redaktion angeforderter Beitrag würde der Artikel aber irgendwie erscheinen. Der Artikel wurde wider Erwarten in seiner ganzen Länge gedruckt. Er verfehlte seine Wirkung nicht. Untersuchungen, Einzelbefragungen, Mitgliederversammlungen und Parteistrafen folgten, auch an der Wilhelm-Pieck-Universität in Rostock. Peter Voigt sollte mit einer „Rüge" bestraft werden. Die kräftezehrenden Auseinandersetzungen und Anfeindungen führten bei ihm zur langfristigen Krankschreibung. Beruflich wurde er de facto kaltgestellt.[52] Letztlich avancierte der überzeugte Marxist infolge seines Taktierens und begünstigt durch eine Dienstpflichtverletzung in der Redaktion der Ostsee-Zeitung zum „Problemfall" – er wurde abgestraft aufgrund seiner Kritik an den Verhältnissen, die er im Grund nur verbessern helfen wollte. Peter Voigt stand für den Widerspruch aus der Mitte des „Systems", von Marxisten und Parteimitgliedern, den es an Universitäten immer wieder gab. Obwohl sie den Sozialismus lediglich verbessern wollten, wurde ihr Votum, sofern sie die Partei nicht zuvor ermächtigt hatte, dies zu tun, als politisch abweichendes Verhalten verurteilt und bestraft.

Politisch abweichendes Verhalten gab es an der Universität, obwohl dies stets ein Minderheitenvotum blieb, in verschiedenster Form und in unterschiedlichen Ausprägungen. Von den Kategorien, die bei der Systematisierung hinlänglich verwandt werden, sollen hier die Begriffe Nonkonformität, Verweigerung, Protest (als Widerspruch und Aufbegehren), Widerstand und Opposition als Bezugspunkte dienen. Anhand einzelner, ausgewählter Beispiele sollen die verschiedenen Handlungsoptionen aufgezeigt werden.

Nonkonformität und Zivilcourage

Gab es Nonkonformität (als Form der gelebten Bürgerlichkeit, gegebenenfalls der Zivilcourage) und wie sah diese aus? Bis zur 3. Hochschulreform von 1967 bis 1969 gelang es der FDJ und der SED nur zum Teil, die von ihr verabscheuten bürgerlichen Konventionen in allen Fakultäten zurückzudrängen. Einzelne Fachbereiche bewahrten sich trotz vieler Zugeständnisse ein Stück des alten universitären Geistes; dies nicht zuletzt aufgrund der Autorität, die einzelnen

---

[52] *Niemann*, Sekretäre (wie Anm. 48), 279f.

Professoren in ihrem Fach zukam. Als Rückzugsorte galten die Theologie und lange Zeit die Veterinärmedizin und Medizin. Aber auch in einigen technischen Fächern hielt sich lange eine Kultur der Bürgerlichkeit, die mit dem Umgestaltungsdrang der SED nicht in Einklang zu bringen war. Dies galt unter anderem für den Fachbereich Physik. Aufschlussreich ist unter anderem folgende, in den Akten der Staatssicherheit überlieferte Äußerung, die die Stimmung unter den Physikern in jenen Jahren wiederzugeben vermag: Ein Physikstudent sprach einen seiner Kommilitonen – ein SED Mitglied – an und offenbarte sein Unverständnis über dessen Parteieintritt. Er sagte, dass es

„ihm [...] unverständlich [sei], dass [...] er, [der Kommilitone], sich gesellschaftlich betätige und [...] in die SED eingetreten sei. Er hätte es doch auf Grund seines fachlichen Wissens nicht nötig, dies zu tun, im Übrigen stelle er sich [...] bei den Professoren keineswegs in ein günstiges Licht, wenn er sich politisch betätigt."[53]

Nicht restlos aufzuklären ist das Geschehen in einem anderen Fall kurz nach dem Mauerbau 1961. Am frühen Vormittag des 4. September, einem Montag, stand die reguläre Senatssitzung an der Rostocker Universität an. Das Gremium traf sich erstmals nach den Ereignissen vom 13. August 1961. In der Sitzung ging es maßgeblich um die politischen Ereignisse in Berlin. Konkret stand die Frage an, welche Konsequenzen sich für die Universität und die Studenten daraus ergeben sollten. Die Sitzung verlief kontrovers. Der Dekan der Theologischen Fakultät, Heinrich Benckert, weigerte sich, einer Erklärung des Senats zuzustimmen, die in Reaktion auf den Mauerbau die Wiederaufnahme der sowjetischen Kernwaffenversuche befürwortete. Mit dem Ausbau der Kontakte zu den Wissenschaftlern in der Sowjetunion, so eine weitere Forderung, sollten die Westkontakte überflüssig werden. Benckert wurde auf der Sitzung massiv attackiert; lediglich Becherer, der Leiter des Physikalischen Instituts, stand ihm bei und wandte sich gegen einzelne Passagen des Textes, unterschrieb die Erklärung angesichts der aufgeheizten Stimmung schließlich aber doch.[54]

Im Laufe des Tages, wahrscheinlich unmittelbar nach der Sitzung, wies Becherer seine Sekretärin an, die Physikstudenten des 3. Studienjahres per Aushang am schwarzen Brett zur Zwischenprüfung bereits für den folgenden Tag

---

[53] MfS, BV Rostock, Abt. V/6, Zwischenbericht über bisher aufgeklärte Verbindungen des Bach, Rostock, 23.7.1959, BStU, MfS, BV Rostock, AOP 189/63, Bl. 58–63, hier 62.

[54] *Krätzner*, Die Universitäten der DDR (wie Anm. 24), 124.

ein zu bestellen.⁵⁵ Den Studenten blieb wenig Zeit. Der Aushang hing jedoch noch rechtzeitig, so dass die davon Betroffenen ihn lesen konnten. Die Studenten ihrerseits waren gerade erst aus den Semesterferien an die Universität zurückgekehrt. Am 7. September sollten sie früh in Hornstorf in der LPG „Freiheit" mit dem obligatorischen Ernteeinsatz beginnen. Dieser sollte bis zum 28. September dauern.⁵⁶ Der 6. September konnte somit als Anreisetag verbucht werden; am 5., ab 8 Uhr bis kurz nach 16 Uhr, prüfte Becherer das vollzählig zur Anwesenheit verpflichtete Seminar in kollektiver Form. Das hieß, niemand durfte die Prüfung verlassen und jeder musste damit rechnen, aufgefordert zu werden, die anstehende Frage zu beantworten. Die Prüfung zog sich über acht Stunden hin und war mehr als ungewöhnlich. Die Studenten, aber auch Becherer, waren an jenem Tag für niemanden zu sprechen. Sie entkamen, wie sich einer der Physikstudenten erinnert, dank der Mammutprüfung den an jenem Tag an der Universität umherziehenden Werbern, die die Studenten zur militärischen Ausbildung verpflichten wollten.⁵⁷ Die Seminargruppe verschwand nach ihrer Prüfung zum Kartoffeleinsatz, war somit auch in den folgenden Tagen nicht mehr in Rostock zugegen. All dies mochte von Becherer beabsichtigt worden sein. Zwar glaubt sich ein anderer der damals anwesenden Physikstudenten erinnern zu können, dass einige aus der Seminargruppe Becherer gebeten hatten, sie noch vor dem Beginn des neuen Studienjahrs zu prüfen. Doch erfolgte Becherers Entschluss, die Prüfung kurzfristig anzusetzen, allem Anschein nach unter dem Eindruck der Senatssitzung. Als Teilnehmer des Treffens wusste er, dass in den folgenden Tagen an der Universität sprichwörtlich die Luft brennen würde. Zum einen sollten alle Studenten einen Brief an Walter Ulbricht unterzeichnen. Die Unterschrift galt als Art Loyalitätsbeweis gegenüber der SED, und die Verweigerung konnte entsprechende Konsequenzen heraufbeschwören. Zum zweiten suchten Werber der FDJ und der Gesellschaft für Sport und Technik in den folgenden Tagen die Seminare auf, um möglichst viele Studenten zur Verteidigungsbereitschaft zu verpflichten. Die Werber standen unter Zeitdruck: Schließlich sollte eines der ersten FDJ-Regimenter in Rostock bereits am 28. September öffentlich vereidigt werden. Für die Studenten hatte dies in der Praxis zwar zur Folge, dass kaum einer von ihnen in das Regiment aufgenommen wurde – die militärische Ausbildung

---

⁵⁵ Bekanntmachung des Physikalischen Instituts der Universität Rostock, 4.9.1961, Privatbesitz Walter Wild.
⁵⁶ Beurteilung der LPG „Freiheit" Hornstorf, 28.9.1961, Privatbesitz Walter Wild.
⁵⁷ Auskunft Gerd Poppe, Berlin, vom 20.3.2014.

sollte nach den damaligen Plänen noch in den Ferien stattfinden. Doch dies konnte niemand am 4. September so genau wissen. Entscheidend war vielmehr die angespannte Stimmung, die sich an der Universität breit machte und die Becherer ahnen ließ, was in den nächsten Tagen auf seine Physikstudenten zukommen würde. Möglicherweise ließ er sich von der Hoffnung leiten, dass sich die Sache, wie so häufig, nach einiger Zeit wieder beruhigen würde. Seine Physikstudenten waren jedenfalls bis zum Tag der Regimentsvereidigung in den Kartoffeln. Und an ihrem letzten Tag, den sie noch vollständig an der Universität verbrachten, waren sie – *„Prüfung, bitte nicht stören"* lautete der unmissverständliche Hinweis an der Tür des Kleinen Hörsaales – nicht ansprechbar. Zwar hätten die Werber den Studenten an ihren Einsatzort folgen können, was sie tatsächlich in einer Reihe von Fällen auch taten, doch hatte Becherer ihnen das Leben somit etwas schwerer gemacht. Sollte dies von Becherer tatsächlich bezweckt worden sein, so wäre dies ein bemerkenswerter Akt der Zivilcourage. Insgesamt hatte er es ein weiteres Mal vermocht, ideologisch bedingte Eingriffe in seinem Fachbereich auflaufen zu lassen und in ihrer Durchschlagskraft zu mindern.

Anführen ließe sich, wenn es um Nonkonformität geht, auch der Labor-Leiter der Universitäts-Kinderklinik Werner Tittelbach-Helmrich. Trotz seiner Position bekannte er sich offen zur Kirche und hängte in dem von ihm bewohnten Haus im Klosterhof an der Universitätskirche im Flurfenster den Herrnhuter-Adventsstern auf. Unter den Universitätsmitarbeitern war dies eher selten; die meisten hielten sich, auch wenn sie kirchliche Bindungen hatten, um ihre Karriere nicht zu gefährden, von der Kirche fern. Um Werner Tittelbach-Helmrich herum bildete sich Ende der sechziger Jahre eine Zeitlang ein Gesprächskreis bürgerlicher Intellektueller, in dem im Westen veröffentlichte Bücher ausgetauscht und besprochen und philosophische Fragen diskutiert wurden. Tittelbach-Helmrich, hieß es bei der Staatssicherheit, vertrete eine *„negative politische Position"*, die sich in der Diskussion zur Verfassung der DDR äußere. „Darüber hinaus", so weiter, lehne er *„jegliche gesellschaftliche Tätigkeit ab."*[58]

---

[58] MfS, BV Rostock, VSH AKG Tittelbach-Helmrich Dr., Werner; VSH Dipl. Physiker Hans-Joachim Bartsch. BStU, MfS, BV Rostock, AOP 189/63, Beiakte, Bl. 125; MfS, BV Rostock, Abt. XX/8, Ermittlungsbericht zum Antrag auf Reise in dringenden Familienangelegenheiten, 28.5.1984, BStU, MfS, BV Rostock, Abt. XX, ZMA 2197, Bl. 4–5.

Verweigerung

Auch zur Verweigerung kam es immer wieder. Hier können nur einige Beispiel angeführt werden: Nach der Abriegelung West-Berlins am 13. August 1961 verweigerten die Theologie-Professoren Gottfried Holtz und Heinrich Benckert ihre Unterschrift unter jedwede Loyalitätserklärung: Die beiden Professoren, hieß es bei der Staatssicherheit, *„opponierten grundsätzlich gegen Unterschriftsleistungen unter einen Aufruf der Nationalen Front, [des] Friedensrates u. ä."*.[59] Keine allumfassende Zustimmung fand auch der Ende August 1961 von der FDJ-Hochschulgruppe und ihrem 1. Sekretär, Hennig Schleiff, aufgesetzte Brief an SED-Chef Walter Ulbricht, der den Studenten in allen Fächern vorgelegt wurde. In ihm sollten die Unterzeichner unter anderem ihren Willen, in der Nationalen Volksarmee zu dienen und kein West-Fernsehen mehr zu sehen, bekunden. Trotz des massiven Drucks, der Androhung von Konsequenzen und Aussprachen weigerten sich viele Studenten und ganze Seminargruppen, den Brief zu unterzeichnen, unter anderem bei den Theologen, Schiff- und Maschinenbauern und Medizinern.[60] In der Seminargruppe Hetzheim, bei den Physikern im dritten Studienjahr, fand sich ebenfalls kein Student, der den Brief unterzeichnen wollte. Die Weigerung erfolgte nicht rein zufällig. Mit der Unterzeichnung des Ulbricht-Briefes sollten sich die Studenten verpflichten, ihre mühsam aus der Bundesrepublik besorgten und verhältnismäßig teuren Fachbücher an die Universitätsbibliothek abzugeben.[61]

Im Jahre 1962 trat das von der Volkskammer verabschiedete „Gesetz über die allgemeine Wehrpflicht" in Kraft. In Rostock verweigerten bis Ende Juli 1963 neun Theologiestudenten den Wehrdienst; in Greifswald gab es bis dahin 24 Verweigerungen.[62] Ein Agronom aus Rostock erklärte vor der Musterungskommission, dass er den Fahneneid nicht ableisten könne.[63] Gar nicht erst zum Studium wieder zugelassen wurde ein aktenkundig gewordener *„aktiver Wehr-*

---

[59] MfS, BV Rostock, Bericht, BStU, MfS, BV Rostock, AS 70/76, Bl. 151.

[60] *Krätzner*, Die Universitäten der DDR (wie Anm. 24), 128–134.

[61] Gespräch mit Prof. Walter Wild, Rostock, am 26.3.2014.

[62] MfS, BV Rostock, Abt. V/4, Analyse über die Ablehnung des Wehrdienstes durch religiös gebundenen Personen im Bezirk Rostock in den Jahren 1962 und 1963 (Frühjahrsmusterung), BStU, MfS, BV Rostock, AS Nr. 61/76, Bl. 91–98, hier 91.

[63] Auszug aus dem Abschlußbericht – Sachgebiet WKK, ohne Aussteller, ohne Datum und Ort, BStU, MfS, BV Rostock, AS Nr. 61/76, Bl. 101.

dienstverweigerer", der vom Februar 1960 bis Mai 1961 wegen „*staatsgefährdender Hetze und Propaganda*" eine Haftstrafe zu verbüßen hatte.[64] 1968 verweigerten in einer Seminargruppe der Sektion Schiffstechnik fünf von 16 Studenten ihre Unterschrift unter die „Zustimmungserklärung" zum Einmarsch der Warschauer-Pakt-Truppen in Prag.[65] Im Friedenskreis der Evangelischen Studentengemeinde diskutierte man 1981 über die Praxis, Studenten „*unter Druck zu setzen*", um „*sie zum ROA-Dienst [Reserveoffiziersanwärter] zu zwingen.*"[66] Wie eine Student berichtete, bekomme „*man kein Leistungsstipendium, wenn man sich als Student nicht als ROA meldet.*"[67] Ausgenommen davon seien lediglich die Theologen. Weiterhin ging es darum, wie „*diejenigen Studenten, die [die] ROA[-Verpflichtung] [...] ablehnen*", durch die Studentengemeinde unterstützt werden könnten. Während der größere Teil der männlichen Immatrikulierten glaubte, sich gegen die ROA-Verpflichtung kaum wehren zu können, war aus dem Umfeld der kirchlich gebundenen Studenten Protest zu vernehmen. „*Man verkaufe sich nicht für 60 Mark*", lautete eine der Wortmeldungen.[68] 1982 exmatrikulierte die Universität Rostock einen katholischen Studenten, der sich geweigert hatte, an der vormilitärischen Ausbildung teilzunehmen. Auch Henning Utpatel, einer der aktivsten Studenten in der Evangelischen Studentengemeinde, wurde aus diesem Grund aus der Universität herausgedrängt. Nach einem Freisemester sorgte die Universitätsverwaltung im Zusammenspiel mit der Staatssicherheit dafür, dass er in Rostock nicht mehr immatrikuliert wurde. Dabei bezog man sich auf seine Weigerung, an der Reserveoffiziersausbildung teilzunehmen.[69]

Als Sonderform des politisch abweichenden Verhaltens ist der Versuch anzuführen, die FDJ-Strukturen am Fachbereich zu unterwandern, um den ideologischen Druck, der von der FDJ-Universitäts- und SED-Parteileitung und der

---

[64] MfS, BV Frankfurt/Oder, KD Strausberg, Schreiben an die BV Rostock, KD Rostock, betr. Wehrpflichtiger xxx, Strausberg, 27.7.1964, BStU, MfS, BV Rostock, AS Nr. 61/76, Bl. 112.

[65] MfS, BV Rostock, Deliktekerblochkartei, passiver Widerstand, demonstrativ ablehnendes Verhalten von Personen, LMN 314, BStU, MfS, BV Rostock, DKK, Bl. 66.

[66] MfS, BV Rostock, Abt. XX/4, Abschrift des Tonbandberichtes des IMS „Heinz", Rostock, 17.9.1981, BStU, MfS, BV Rostock, AIM 192/91, Bd. I/1, Bl. 473–479, hier 479.

[67] Ebd.

[68] Ebd.

[69] Ebd.

Universitätsverwaltung ausgeübt wurde, zu minieren, gegebenenfalls nach Maßen abzuwehren. Durch das Mitspracherecht der FDJ am Fachbereich sollte so auf einige Entscheidungen Einfluss genommen werden.[70] Belegt sind solche Versuche bei den Theologen. Nach einem Besuch 1968 in Prag beschloss Christoph Wonneberger[71] mit anderen Kommilitonen, hier eine eigene FDJ-Gruppe zu gründen:[72] Jene sollte nicht, wie allgemein praktiziert, der Disziplinierung, Chancenverteilung nach politischen Kriterien und der Erziehung im Sinn der SED dienen. Vielmehr gingen Wonneberger und seine Mitstreiter daran, die bestehenden Strukturen auf diesem Wege zu unterwandern. Im ausgewählten Kreis der Eingeweihten lasen sie Georg Wilhelm Friedrich Hegel, Ludwig Feuerbach, Karl Marx und Ernst Bloch, um das herrschende System mit seinen *„eigenen Waffen"* zu widerlegen. Der Versuch, sich so Freiräume zu erkämpfen, blieb nicht lange unentdeckt. Mehrere Studenten wurden festgenommen und verhört; einige von ihnen zu Haftstrafen verurteilt. Christoph Wonneberger musste seine Prüfungen vorzeitig ablegen und die Universität umgehend verlassen.[73] Im Oktober 1985 gründeten die Theologiestudenten einen vom MfS als *„illegal"* bezeichneten Studentenrat. Mit ihm hofften sie mehr Mitspracherechte zu erhalten und sich gegen die Sektionsleitung besser durchsetzen zu können. Konkret sollte das aus fünf Mitgliedern bestehende

---

[70] Bekanntestes Beispiel dafür war die versuchte Unterwanderung der FDJ an der Universität Jena, unter anderem durch Mitglieder des Eisenberger Kreises. Vgl. *Patrick von zur Mühlen*, Der „Eisenberger Kreis". Jugendwiderstand und Verfolgung in der DDR 1953–1958, Bonn 1995.

[71] *Andreas Peter Pausch*, Widerstehen. Pfarrer Christoph Wonneberger, Berlin 2014; *Thomas Mayer*, Der nicht aufgibt: Christoph Wonneberger – eine Biographie, Leipzig 2014.

[72] MfS, BV Rostock, Abt. XX/4, Auskunftsbericht, Rostock, 18.3.1969. BStU, MfS, BV Rostock, AIM 925/69, Bl. 90–92. Inwieweit es mit dem zeitgleich existierenden „Theologischen Arbeitskreis von Studenten an den theologischen Ausbildungsstätten in der DDR", gegen den das MfS ermittelte, Überschneidungen gab, oder ob es sich um denselben Kreis handelte, ließ sich nicht genau feststellen. Unter anderem hierzu: MfS, HA IX, Vernehmungsprotokoll des Beschuldigten xxx, xxx, Berlin, 2.7.1969, Bl. 138–149. Reichert, Steffen: Ein Leben im Schatten der Mauer. Er erlebte vom Westen aus den Mauerbau und wurde durch den Mauerfall gerettet: Christoph Wonneberger. In: Glaube und Heimat. Evangelisches Sonntagsblatt für Thüringen, Nr. 33, 14.8.2011, 4.

[73] *Steffen Reichert*, Ein Leben im Schatten der Mauer. Er erlebte vom Westen aus den Mauerbau und wurde durch den Mauerfall gerettet: Christoph Wonneberger, Glaube und Heimat. Evangelisches Sonntagsblatt für Thüringen, Nr. 33, 14.8.2011, 4; *Ehrhart Neubert*, Christoph Wonneberger, in: Andreas Herbst u. a. (Hrsg.): Wer war wer in der DDR? Ein Lexikon ostdeutscher Biographien, Bd. 2. 5. Neuausgabe Berlin 2010, 1453f.

Gremium, unter ihnen Cornelia Kühn und Christoph Matschie, gegen „*Ungerechtigkeiten in Prüfungen*" vorgehen und „*Exmatrikulationen im Zusammenhang mit der Zivilverteidigungsausbildung*" verhindern helfen.[74]

Protest

In einzelnen Fällen begehrten Studenten und Universitätsmitarbeiter gegen ihrer Ansicht nach ungerechte Entscheidungen und die politischen Verhältnisse auf. Sie protestierten, indem sie sich öffentlich kritisch äußerten. Vereinzelt bemühten sie sich, ihre Kommilitonen zum kollektiven Protest zu motivieren. Nach der Entlassung von Professor Arno Geertz[75] und der Festnahme zweier Studenten durch die Staatssicherheit eskalierte im Februar 1958 an der Schiffbautechnischen Fakultät die Situation. Die beiden Schiffbaustudenten Klaus Worofsky und Karl-Peter Hedrich riefen eine Studentenversammlung ein, auf der Worofsky vergeblich vorschlug, vor das Gebäude der Staatssicherheit zu ziehen. Auch wurde ein Studentenstreik erwogen. Eine Abordnung unter der Leitung von Klaus Worofsky suchte den Prodekan und den Parteisekretär der Universität auf und forderte von ihnen die Wiedereinsetzung von Geertz und die Freilassung der Kommilitonen. Wenig später verhaftete die Staatssicherheit Worfsky und Hedrich als vermeintliche Rädelsführer. Worofsky wurde vom Bezirksgericht zu 2 Jahren und neun Monaten Zuchthaus, Hedrich zu einer Zuchthausstrafe von einem Jahr und acht Monaten verurteilt.[76]

Die doppeldeutig kritischen Äußerungen des Mathematikers Professor Lothar Berg[77] riefen Anfang der achtziger Jahre parteikonforme Vorlesungsbesucher auf den Plan. Während einer obligatorischen Marxismus-Leninismus-Schulung im Februar 1982 in Heiligendamm „*hegte*" Berg „*Zweifel an der Richtigkeit [...] des Marxismus-Leninismus*" und stellte den Lehrsatz, „*die*

---

[74] MfS, BV Rostock, Sachstandsbericht zum OPK „Begegnung", BStU, MfS, HA XX/4, Nr. 327, Bl. 150; BStU, MfS, HA XX/4, Nr. 655, Bl. 172–174.

[75] Arno Geertz galt als Spezialist der Luftfahrtforschung. Er war von 1954 bis zu seiner Verhaftung und Entlassung Professor für Mechanik und Festigungslehre an der Schiffbautechnischen Fakultät. 1958 flüchtete er nach seiner Entlassung nach Hamburg und wurde Leiter der Versuchsabteilung im Flugzeugbau bei Bloom & Voss.

[76] MfS, BV Rostock, Untersuchungsabteilung, Schlussbericht, Rostock, 24.4.1958, BStU, MfS, BV Rostock, AU 84/58, Bl. 337–354; *Ammer*, Universität zwischen Demokratie und Diktatur (wie Anm. 22), 172; Namen und Schicksale (wie Anm. 22), 147, 154.

[77] Lothar Berg war von 1965 bis 1996 Professor für Analysis an der Universität Rostock.

Partei habe immer Recht", in Frage. Berg verwies die Studenten auf die alles andere als positive Entwicklung in China, Albanien oder Rumänien. Laut Berg hätten *„politische Systeme, in denen eine Opposition"* bestehe, *„auch etwas für sich"*. Ferner lobte er die unabhängige polnische Gewerkschaft Solidarność, die nach Berg die *„Parteipolitik [...] in Bewegung gebrach*t" habe, und protestierte gegen die Diffamierung von Solidarność in der DDR-Presse. Die Universitätsleitung schlug dem Minister für Hoch- und Fachschulwesen daraufhin vor, Lothar Berg sofort zu beurlauben und als Hochschullehrer von Berlin aus abzuberufen. Das Ost-Berliner Ministerium ging auf die Vorschläge nicht ein und beließ Lothar Berg im Amt. Zugute kam Berg dabei wohl auch, dass er seit 1981 als Vorstandsmitglied die Mathematische Gesellschaft der DDR leitete und über viele internationale Kontakte verfügte.[78]

Zum kollektiven Protest kam es an der Universität und in den Studentenwohnheimen in Form von Petitionen, Eingaben und eigenmächtig erstellten Wandzeitungen nach der *„Streichung der sowjetischen Zeitschrift ‚Sputnik' von der Liste des Postzeitungsvertriebes der DDR"* 1988. Das Verbot des sowjetischen Readers Best wurde als Absage der SED an die Reformpolitik in Moskau verstanden und rief entsprechende Proteste hervor. In mehreren Fachbereichen entstanden, zum Teil unterstützt von den Lehrkräften, Protestschreiben, so am Fachbereich Maschinenbau und Schiffstechnik durch den Professor für Schweißtechnik Peter Seyffarth. In der Sektion Geschichte und im Hochhaus Gdansker Straße in Lütten Klein wurden die Wandzeitungen umgestaltet.[79]

Widerstand

Immer wieder gab es vereinzelt Widerstandsaktionen an der Universität in Rostock: Ab 1959 beschäftigte sich zum Beispiel die Staatssicherheit in Rostock mit dem Diplom-Physiker, Assistent und Lehrbeauftragten Arthur

---

[78] MfS, HA XX, Politisches provokativ-demonstratives Verhalten eines Wissenschaftlers der Wilhelm-Pieck-Universität Rostock, 18.2.1982, BStU, MfS, HA XX, AKG 127, Bl. 113f.; MfS, BV Rostock, Abt. XX, Dokumentenkartei Lothar Berg, BStU, MfS, BV Rostock, Abt. XX.

[79] MfS, BV Rostock, Information Nr. 126/88 über Reaktionen der Bevölkerung auf die Streichung der sowjetischen Zeitschrift „Sputnik" von der Liste des Postzeitungsvertriebes der DDR, Rostock, 23.11.1988, BStU, BV Rostock, Nr. 195/93, T. II, Bd. I, Bl. 21–29; Eingabe gegen Sputnik-Verbot, BStU, MfS, BV Rostock, AOPK 490/93, Bl. 158.

Bach. Bach stand im Verdacht eine „*Untergrundgruppe*" bilden zu wollen. Ausgelöst wurden die Ermittlungen durch einen Studenten.[80] Er wandte sich an ein Mitglied der FDJ-Universitätsleitung und berichtete, dass Bach ihn gefragt habe, ob er in einer „*Untergrundbewegung zum Sturz der Republik*" bereit sei, mitzuarbeiten. Der so Angesprochene meldete dies umgehend weiter – von sich aus „*erschien er auf der Dienststelle*" des MfS und erstattete Anzeige. Ende 1960 floh Bach in die Bundesrepublik. Offensichtlich war er gewarnt worden.[81]

Im Hörsaal des Anatomischen Institutes fand man am 27. Oktober 1962 insgesamt 35 mit Schreibmaschine hergestellte Flugblätter mit dem Rosa-Luxemburg-Zitat „*Freiheit, nur für die Anhänger der Partei, Freiheit nur für die Anhänger der Regierung usw.*"[82] Einen Monat später tauchten in der Universitätspoliklinik 110 Flugblätter auf, die mit einem Druckkasten gefertigt worden waren. Ihr Text lautete: „*Der soz. Staat kann nur gerechte Kriege führen – W.I. Lenin – 1939 Angriff auf Polen und Finnland – Niemand hat die Absicht, eine Mauer zu errichten – Walter Ulbricht*".[83]

Kurz vor der Kommunalwahl im März 1970 kursierte an der Universität ein Schreiben, in dem Unbekannte „*mit studentischem Gruß, euer Heinz Donner, von der Oder bis zum Rhein*" gegen die Wahlfarce protestierten. Sie forderten unter anderem eine DDR „*ohne Manipulierung und Verfassungsbruch im Wahlkampf, ohne Verhinderung der Freizügigkeit durch Stacheldraht und Mauer [...], ohne ‚Unfehlbarkeit'* einer *Partei und [...] Entmündigung des Volkes*" sowie „*ohne kommunistischen Militarismus*".[84]

---

[80] Er wurde vom MfS als Kontaktperson geführt. MfS, BV Rostock, Abt. V/6, Zwischenbericht über bisher aufgeklärte Verbindungen des Bach, Rostock, 23.7.1959, BStU, MfS, BV Rostock, AOP 189/63, Bl. 58–63, hier 58.

[81] Arthur Bach arbeitete am Institut für Experimentalphysik. In Kooperation mit der noch halbprivaten Firma Wilhelm Müller KG Messinstrumente und Feinmechanik Rostock entwickelte er das Strahlenmessgerät GMP-15 (an anderer Stelle GM-15 genannt). MfS, BV Rostock, Abt. V/6, Bericht, Rostock, 6.7.1959, BStU, MfS, BV Rostock, AOP 189/63, Bl. 35–39.

[82] MfS, BV Rostock, Abt. V/6, Sachstandsbericht zur Operativen Vorlaufakte I/1913/62, Rostock, 8.1.1963, BStU, MfS, HA XX, Nr. 6490, Bl. 10–40.

[83] MfS, BV Rostock, Deliktekerblockkartei, schriftliche Hetze unbekannt, LMN 154, Sammelkarte, BStU, MfS, BV Rostock, DKK, Bl. 195.

[84] MfS, BV Rostock, Deliktekerblockkartei, schriftliche Hetze unbekannt, LMN 154, BStU, MfS, BV Rostock, DKK, Bl. 267. [Hervorh. i. O.]

Zwischen November 1973 und März 1974 erschien die illegal gedruckt Studentenzeitung „Summa Summarum". Sie enthielt „*negative politische Witze*", systemkritische Texte und „*negatives kirchliches Gedankengut*"; verbreitet wurde sie vor allem in der Sektion Mathematik. Insgesamt gelang es den Herausgebern, fünf Ausgaben mit je 40 bis 80 Exemplaren im Ormig-Verfahren zu drucken und in Umlauf zu bringen. Auf Veranlassung des Rektors und der Universitätsparteileitung wurden zwei der Initiatoren im Mai 1974 exmatrikuliert; sieben weitere Studenten konnten der Exmatrikulation im Disziplinarverfahren nur entgehen, indem sie sich von der Zeitung und beiden Kommilitonen distanzierten.[85]

Opposition

Daneben fanden sich vereinzelt Gesprächskreise, die nach Wegen suchten, ein oppositionelles Votum zu äußern. Bislang lassen sich vier derartige Versuche im Umfeld der Universität nachweisen.[86] Seit Anfang 1968 beschattete die Staatssicherheit in Rostock fünf wissenschaftliche Assistenten. Offen sagten sie an der Universität ihre Meinung: In den obligatorischen Politschulungen wandten sie sich gegen den Einmarsch der Warschauer-Pakt-Truppen in die ČSSR 1968, sprachen sich für die „*Öffnung der Grenzen*" und Pressefreiheit aus und monierten „*die ‚einseitige Information'*" in der DDR-Presse.[87] Zugleich fielen sie aufgrund ihres Bartwuchses und ihrer legeren Kleidung auf: Mal „*führten*" die Verdächtigen „*eine angeregte Unterhaltung*", mal monierten die Spitzel der Staatssicherheit, „*dass sie in der Mensa heftig miteinander diskutierten.*"[88] Schon von ihrem Erscheinungsbild „*strahle*", so war sich die Staatssicherheit sicher, im Universitätsalltag „*ein negativer Einfluß auf andere*" aus.[89] Auch sonst erwiesen sich die fünf nicht als „*Kind von Traurigkeit*": Auf einer von ihnen „*organisierten Ausstellung*" hängten sie, „*obwohl genü-*

---

[85] MfS, BV Rostock, Deliktekerblochkartei, schriftliche Hetze bekannt, LMN 144, BStU, MfS, BV Rostock, DKK, Bl. 14.

[86] Hierzu im einzelnen *Christian Halbrock*, „Freiheit heißt, die Angst verlieren". Verweigerung, Widerstand und Opposition in der DDR: Der Ostseebezirk Rostock (Analysen und Dokumente, 40). Göttingen 2014.

[87] Ebd., Bl. 14.

[88] Ebd., Bl. 35.

[89] Ebd., Bl. 47.

gend Platz vorhanden war, [...] eine Zeichnung eines Wisents neben das Bild von Gen[osse] Stoph, so dass der Eindruck entstand, als wolle der [...] Wisent nach dem [....] Ministerpräsidenten stoßen."⁹⁰ Für die Staatssicherheit verdichteten sich die Verdachtsmomente. Wie die Bezirksverwaltung erfuhr, trafen sich die Verdächtigen einmal „*wöchentlich [...] zu einer Diskussionsrunde*", um über philosophische und politische Fragen zu debattieren.⁹¹ Diskutiert wurde hier auch über politische Probleme und die Frage, welche Möglichkeiten es gäbe, gegen die Verhältnisse aufzubegehren und diese zu ändern. Die Gruppe kam zu dem Ergebnis, dass es notwendig sei, sich in sozialen Belangen für andere einzusetzen. Kritisiert wurde unter anderem der Abriss von Teilen der Altstadt rund um den Schröderplatz – jener sei, lautete das Fazit, „*unverantwortlich, [...] die Altbauten sollte man stehen lassen.*" Während einer der Treffen kam die Gruppe überein, dass „*es nur nützlich sein könne, wenn jemand Opposition zu dieser Wohnraumpolitik und zur Bauplanung der Stadt Rostock machen würde.*"⁹² Die Staatssicherheit sah dies naturgemäß anders: „*In diesem Kreis*" würden von den Verdächtigen „*Diskussionen geführt, die sich gegen die marxistisch-leninistische Ideologie, die sozialistische Kultur und Wirtschaft wenden.*"⁹³ Zugleich standen die Verdächtigen im engen Kontakt mit Gleichgesinnten in Berlin, Halle und Ilmenau. Bei den gemeinsamen Treffen und in der inzwischen regen Korrespondenz zwischen den Gruppen, „*wurde [...] die monatliche Herausgabe eines ‚Informationsblattes'*" erwogen. Zugleich schien seit Herbst 1968 auch über ein politisches Strategiepapier diskutiert worden zu sein. Durch ein später inhaftiertes Mitglied erfuhr das MfS mehr: Es existierten „*drei schriftliche Konzeptionen über die Bildung und Tätigkeit der staatsfeindlichen Gruppe an den Hochschulstandorten Halle, Ilmenau, Berlin und Rostock.*" In den Konzeptionen gehe es um die politischen Vorstellungen, unter anderem, was eine Opposition leisten könne und was man politisch anstrebe, sowie um die Frage der oppositionellen Tätigkeit.⁹⁴ Ziel der Gruppe sei es, so fasste das MfS die Ermittlungsergebnisse zusammen, „*die gesellschaftlichen*

---

⁹⁰ MfS, BV Rostock, KK-Erfassung (KK-ungesetzliches Verlassen der DDR), Bl. 4, Eintrag vom 5.8.1971.

⁹¹ Ebd., Eintrag vom 18.3.1970 sowie MfS, BV Rostock, Abt. XX/3, Abschlussbericht, Rostock, 6.10.1971, BStU, MfS, AR 3, AOP 4857/74, TV 1, Bd. I, Bl. 6–49, hier 17, 31.

⁹² Ebd., Bl. 31.

⁹³ Ebd., Bl. 17.

⁹⁴ Ebd., Bl. 48.

Verhältnisse in der DDR zu verändern."[95] Die Staatssicherheit und die Universität blieben nicht untätig: Im April 1971 bestellte die Universität den Hauptverdächtigen zu „*einem Kadergespräch*" ein. Man nötigte ihn, „*ein Schreiben zu unterzeichnen*", aus dem hervorging, „*daß er wegen seiner polit[ischen] Haltung nicht zum Erzieher an der Universität geeignet ist und [diese] nach seiner Promotion [...] zu verlassen*" habe.[96] Zunehmend fühlte sich der Kreis unter Druck gesetzt. Spätestens Anfang 1973 fiel die Gruppe auseinander. Nach der Festnahme eines Kollegen fahndete das MfS ab Anfang Dezember 1972 nach dem Hauptverdächtigen. Im Januar 1973 meldete sich der Gesuchte postalisch aus Hannover. Über eine „*Schleusung*" hatte er es vermocht, in die Bundesrepublik zu gelangen.[97]

Politisch abweichendes Verhalten konnte sich an der Universität in verschiedenen Formen äußern. Auch in Rostock bekannten Studenten und Universitätsmitarbeiter durch eine dezidiert gelebte Bürgerlichkeit oder durch kleine Zeichen der Unangepasstheit im Alltag, dass sie sich den Vorgaben der SED nur widerwillig unterzuordnen bereit waren. Ebenso gab es Verweigerung, Widerspruch und Aufbegehren, auch wenn sich dies mit Hilfe der Akten des Staatssicherheitsdienstes nur bedingt rekonstruieren lässt. Die Gremien der Universität, die FDJ, die SED und der FDGB gingen gegen beinahe jede politische Abweichung in den Fachbereichen im vorhereilenden Gehorsam vor und erledigten die Arbeit, die ansonsten der Staatssicherheit zufiel. Die Staatssicherheit ihrerseits schritt nicht nur in „*strafrechtlich relevanten*" Fällen ein. Sie öffnete heimlich Briefe und las die Korrespondenz von Studenten und Professoren, sammelte belastendes Material und fertigte Berichte über die Stimmung in den Fachbereichen an. Obwohl sich bezogen auf die vier Jahrzehnte der DDR ohne Mühe weitere Beispiele anführen ließen, in denen widersprochen oder Widerstand geleistet wurde, so blieb dies an diesem Ort stets die Ausnahme. Die Universität war und blieb – von den entsprechenden Ausnahmen abgesehen – zuallererst den politischen Vorgaben der SED verpflichtet und wurde von der SED als Kaderschmiede angesehen – so zumindest das Bild, das sich aus den hier verwendeten Akten gewinnen lässt.

---

[95] Ebd., Bl. 47.

[96] MfS, BV Rostock, KK-Erfassung (KK-ungesetzliches Verlassen der DDR), Eintrag vom 7.4.1971, Bl. 2.

[97] Ebd., Eintrag vom 16.1.1973, Bl. 4.

Harald Lönnecker

„... auch das wackere und freie Burschenleben kam nicht zu kurz, wie es von alters her den deutschen Universitäten eigen" – Zum Rostocker Studentenvereinswesen seit dem späten 18. Jahrhundert bis 1935. Ein Überblick

Studentenstatus und Studentenvereinigungen

Friedrich Wilhelm Schirrmacher (1824–1904), in Rostock lehrender „Polyhistor" mit rechtshistorischem Interesse, Ehrenmitglied des 1871 gegründeten Rostocker Akademisch-Juristischen Vereins (AJV), den es ohne ihn nicht gegeben hätte und den er fast 34 Jahre hindurch maßgeblich als Protektor „begleitete u. belebte", hielt bei dessen 30. Stiftungsfest 1901 eine Rede, in der er u. a. ausführte:

> „Der akad.-jurist. Verein zu R[ostock]. trat ins Leben, weil Studierende das tiefempfundene Bedürfnis fühlten, ihre Fachwissenschaft nicht nur hinnehmend <u>anzunehmen</u>, sondern <u>teilzunehmen</u> an ihrem Aufbaue und ihrer Gestaltung, weil sie sich bilden wollten und nicht nur eine Ausbildung anstrebten, die ihnen dereinst Lohn und Brot gewähren würde. Sie wollten Wissenschaft in ihrem festen Kreise treiben, sie suchten im Gespräch den Austausch und die Belehrung und die Fortbildung ihrer Person, zu welchem Behufe sich der deutsche Jüngling an die Universität und unter seinesgleichen begibt. [...] Aber auch das wackere und freie Burschenleben kam nicht zu kurz, wie es von alters her den deutschen Universitäten eigen. [...] Zugleich Fachverein und Verbindung, tritt der akad.-jurist. Verein zu R[ostock]. jetzt ein in ein neues Lebensjahrzehnt, wird er seinen alten Kurs fortsetzen, der ihn auf solch schöne Höhe gebracht! Möge er immerdar blühen, wachsen und gedeihen!"[1]

---

[1] Bundesarchiv, Koblenz, DB 9: Deutsche Burschenschaft, (1726)1815–ca. 1960, Slg. Nr. 41.3: Kartellverband Rechts- und Staatswissenschaftlicher Vereine (KVRuStV) (künftig zit.: BAK, DB 9, KVRuStV), 9. Personalia, Friedrich Wilhelm Schirrmacher; Unterstreichung im Original; auch in: *Harald Lönnecker,* „... der deutschen Studentenschaft und unserem Rechtsleben manchen Anstoß geben" – Zwischen Verein und Verbindung, Selbsthilfeorganisation und Studienvereinigung. Juristische Zusammenschlüsse an deutschen Hochschulen

Schirrmachers Wunsch erfüllte sich nicht, bereits wenige Jahre nach seinem Tod fehlte dem Verein der Nachwuchs, bei Kriegsausbruch 1914 verschwand er. Ihm setzte der Krieg so zu, dass keine Erholung mehr möglich war. Das galt auch für neun weitere akademisch-juristische Vereine an anderen Hochschulen und ihren Zusammenschluss, den ab 1887 entstandenen Kartellverband Rechts- und Staatswissenschaftlicher Vereine. Er war kaum mehr als der von ständigen Streitigkeiten geprägte kleinste gemeinsame Nenner nicht einmal aller Vereine, der unter den akademischen Verbänden wie der Deutschen Burschenschaft, der Deutschen Landsmannschaft oder den Kösener Corps zu den kleineren zählte, im Gegensatz zu diesen über keine auf Dauer ausgerichtete Struktur verfügte und daher entsprechend einflusslos war. Nichtsdestoweniger war er wie bei anderen Verbänden das Band zwischen der Mehrzahl der Vereine, erlaubte ihnen Kommunikation, Austausch und Verständigung über interessierende Themen.[2]

Akademisch-juristische Studentenvereine sind ein Phänomen vornehmlich des deutschen Kaiserreichs, rund 40 wurden zwischen 1871 und 1914 gegründet, davon 24 in den ersten anderthalb Jahrzehnten nach der Reichsgründung mit einem Schwerpunkt zwischen 1880 und 1885. Allein in diesem Jahrfünft entstanden 15 Vereine, eine Folge der zunehmenden Studentenzahlen.[3] Die neu an die Universität drängenden Studenten fanden angesichts zunehmender Exklusivität der besitz- und bildungsbürgerlich geprägten alten Verbindungen wie Corps und Burschenschaft keine Aufnahme in diese und gründeten daher eigene Korporationen. Das galt ebenso für andere Fach- und Interessenvereine wie Theologen und Mathematiker, Turner und Sänger.[4] Sie adaptierten den studen-

---

ca. 1870–1918 (Rostocker Rechtsgeschichtliche Reihe, 13), Aachen 2013, 421; zu Schirrmacher: ebd., 220–222.

[2] Ebd., 389–420.

[3] Ebd., 8 f., 24–105.

[4] Zu diesen mit weiteren Nachweisen: *Harald Lönnecker*, Studenten und Gesellschaft, Studenten in der Gesellschaft – Versuch eines Überblicks seit Beginn des 19. Jahrhunderts, in: Rainer Christoph Schwinges (Hrsg.), Universität im öffentlichen Raum (Veröffentlichungen der Gesellschaft für Universitäts- und Wissenschaftsgeschichte, 10), Basel 2008, 387–438; *ders.*, „Demut und Stolz, ... Glaube und Kampfessinn". Die konfessionell gebundenen Studentenverbindungen – protestantische, katholische, jüdische, in: Rainer Christoph Schwinges (Hrsg.), Universität, Religion und Kirchen (Veröffentlichungen der Gesellschaft für Universitäts- und Wissenschaftsgeschichte, 11), Basel 2011, 479–540; *ders.*, „Ehre, Freiheit, Männersang!" – Die deutschen akademischen Sänger Ostmitteleuropas im 19. und 20. Jahrhundert, in: Erik Fischer (Hrsg.), Chorgesang als Medium von Interkulturalität: Formen,

tischen Traditionalismus, die älteren Formen, historisierten, archaisierten und romantisierten sich dadurch und gewannen so festen Boden unter den Füßen. Corps und Burschenschaften setzten den Vereinen die Maßstäbe studentischen Lebens, gleich, ob man ihnen folgte oder sie als Anlass zum Ärgernis nahm. So oder so ließen sich die als traditionell, alt und ehrwürdig empfundenen Rituale und Gebräuche des Studententums instrumentalisieren und mit ganz unterschiedlichen Inhalten füllen – was zugleich Auskunft über die erstaunliche Flexibilität der korporativen Struktur gibt. Rituale und Gebräuche boten den neuen Vereinigungen aber auch eine Basis, die ihnen Halt und Dauer, Würde und Autorität gab, die sie in soziales Kapital umsetzen konnten, das sie als besonders wertvolle und herausgehobene Mitglieder der bürgerlichen Gesellschaft des Kaiserreichs erscheinen ließ.[5]

Voraussetzung dieser Entwicklung ist der Studentenstatus.[6] Studenten sind als künftige Akademiker das Führungspersonal von morgen. Das macht sie als Gegenstand der Forschung interessant. Zudem vereinen sich in der Studentenschaft Aspekte einer juristisch, kulturell und gesellschaftlich relativ geschlossenen Gruppe: Zunächst ist das Studententum eine zeitlich begrenzte Phase im Leben junger Erwachsener, die ein ausgeprägtes, studentische Traditionen weitergebendes Gruppenbewusstsein aufweisen und daher wenig soziale Kon-

---

Kanäle, Diskurse (Berichte des interkulturellen Forschungsprojektes „Deutsche Musikkultur im östlichen Europa", 3), Stuttgart 2007, 99–148; ders., „Goldenes Leben im Gesang!" – Gründung und Entwicklung deutscher akademischer Gesangvereine an den Universitäten des Ostseeraums im 19. und frühen 20. Jahrhundert, in: Ekkehard Ochs/Peter Tenhaef/Walter Werbeck/Lutz Winkler (Hrsg.), Universität und Musik im Ostseeraum (Greifswalder Beiträge zur Musikwissenschaft, 17), Berlin 2009, 139–186; ders., Rudern, Segeln, Fliegen – Aktivitäten akademischer Verbindungen und Vereine zwischen Sport und Politik ca. 1885–1945, in: Thomas Alkemeyer/Wolfgang Buss/Lorenz Peiffer/Bero Rigauer (Hrsg.), Sport in Nordwestdeutschland (SportZeiten. Sport in Geschichte, Kultur und Gesellschaft, 9/3), Göttingen 2009, 7–36; ders., „Turner-Führer" – Akademische Turnvereinigungen in Münster und ihre Vorstellungen von gesellschaftlicher Elite vom 19. Jahrhundert bis zum Ende der Weimarer Republik, in: Westfälische Forschungen 63 (2013), 37–56; ders., „... freiwillig nimmer von hier zu weichen..." Die Prager deutsche Studentenschaft 1867–1945, Bd. 1 (Abhandlungen zum Studenten- und Hochschulwesen, 16), Köln 2008; ders., „... nur den Eingeweihten bekannt und für Außenseiter oft nicht recht verständlich". Studentische Verbindungen und Vereine in Göttingen, Braunschweig und Hannover im 19. und frühen 20. Jahrhundert, in: Niedersächsisches Jahrbuch für Landesgeschichte 82 (2010), 133–162.

[5] Vgl. *Lönnecker*, Eingeweihte (wie Anm. 4), 147, 153 f., 162.

[6] Hierzu u. im Folgenden mit weiteren Nachweisen: *Lönnecker*, „... der deutschen Studentenschaft" (wie Anm. 1), 20.

takte zu anderen Schichten pflegen. Studenten sind familiärer Sorgen weitgehend ledig, auf Grund des deutschen, wissenschaftlichen und nicht erzieherischen Studiensystems in ihrem Tun und Lassen ausgesprochen unabhängig und wegen ihrer vorrangig geistigen Beschäftigung wenig auf vorhandene Denkmodelle fixiert. Besonderen Nachdruck verleihen studentischem Engagement die berufliche, soziale und finanzielle Ungewissheit, der instabile Sozialstatus: Studenten sind noch nicht gesellschaftlich integriert und stehen daher auch Kompromissen weitgehend ablehnend gegenüber. In ihren politischen Ideen und Idealen neigen Studenten deshalb zum Rigorismus. Daraus resultiert, Gegner zu bekehren, oder, wenn das nicht möglich ist, sie niederzukämpfen oder zu vernichten. Zudem: Bis weit in die fünfziger Jahre des 20. Jahrhunderts hinein begriffen die Gesellschaft wie die Studenten sich selbst als Elite, die als Akademiker die führenden Positionen des öffentlichen Lebens einnehmen würden, woraus letztlich das für eine Avantgarderolle unerlässliche Selbstbewusstsein entstand. Damit einher ging eine anhaltende Überschätzung der eigenen Rolle, aber auch eine Seismographenfunktion gesellschaftlicher Veränderungen. Mehr noch, studentische Organisationen, die akademischen Vereine und Verbindungen, hatten für die politische Kultur des bürgerlichen Deutschland von jeher eine Leitfunktion, spiegeln die Vielgestaltigkeit des gesellschaftlichen Lebens und sind mit den Problemen der einzelnen politisch-gesellschaftlichen Kräfte und Gruppen verzahnt.

Während der keiner Korporation angehörende Student nur mehr die Statistik bereichert und in der Regel mangels Hinterlassung von Quellen für die Geschichtsforschung kaum greifbar ist, hat der Beitritt zu einer Verbindung – das *„Aktivmelden"* – den Charakter eines (weltanschaulichen) Bekenntnisses.[7] Der Student gewinnt Konturen, indem er für die Prinzipien seiner Verbindung einsteht und sie lebt. Aber durch die Traditionspflege der Korporationen überlebt er auch, bleibt er in seiner Zeit für die folgenden Generationen sichtbar, wird Beispiel. Studentengeschichte ist daher in erster Linie Geschichte der Korporationen. Zugehörigkeit zu einer Verbindung war für viele führende Persönlichkeiten und zahlreiche Akademiker des 19. und 20. Jahrhunderts ein konstitutives Element ihres späteren Lebens, das nicht überschätzt, keinesfalls aber auch unterschätzt werden sollte. Dabei muss allerdings klar sein, dass sich hinter ähnlichen Lebensformen gänzlich verschiedene Zielsetzungen verbergen, die von der betont *„deutschen"* Burschenschaft bis zu den katholischen Korporationen der Zeit nach dem Kulturkampf reichen – in Rostock als einer

---

[7] Hierzu u. im Folgenden mit weiteren Nachweisen: ebd., 12.

ausgesprochen evangelischen Hochschule setzte das katholische Studentenvereinswesen allerdings erst 1929 mit der Nordmark ein, obwohl es Vorläufer seit 1896 gab.[8]

Studenten schlossen sich seit Beginn der mitteleuropäischen Universitätsgründungen im 14. Jahrhundert an der Hochschule zusammen.[9] Diese Zusammenschlüsse, die akademischen Verbindungen oder Korporationen, sind keine rein kulturelle Besonderheit der deutschsprachigen Hochschulen, sondern beruhen auf einer besonderen Entwicklung. Sie war seit dem späten Mittelalter durch den Modus des freien Wohnens, Studierens und Lebens der Studenten und nicht zuletzt durch Territorialisierung geprägt, die ihren Ausdruck in den Staat und Kirche mit akademisch gebildeten Juristen und Klerikern versorgenden „*Landesuniversitäten*" fand. Dies galt nach der Reformation jedoch nicht mehr für die katholisch gebliebenen oder neugegründeten Universitäten, wo Studium und Studenten einem mehr oder weniger strengen Reglement unterworfen wurden. Auf den nicht-katholischen Hochschulen entwickelte sich im 18. Jahrhundert, gebrochen durch die studentische, selbstdisziplinierend und verantwortungsethisch wirkende Reformbewegung ab etwa 1770, der Typus der Korporation, der für das 19. und 20. Jahrhundert bestimmend wurde: „*Die Besonderheiten der Verbindungen sind das Lebensbundprinzip*" – das lebenslange Zusammenstehen –, „*das Conventsprinzip*" – die Gesamtheit der Mitglieder, die bei gleichem Gewicht der Stimmen gemeinsame Angelegenheiten gemeinsam und mehrheitlich entscheiden – „*sowie bei einem Teil das Farbentragen und das Schlagen von Mensuren.*" Die Korporation ist folglich Integrations-, Symbol-, Ritual-, Hierarchisierungs-, Werte- und Weltanschauungs- sowie Lebensbundgemeinschaft. Da die neuhumanistische Universität Humboldts die selbständige geistige und sittliche Entwicklung des Studenten propagierte und das jugendliche Gemeinschaftsbedürfnis ignorierte, bildete, aber nicht erzog, bot sich diesem Typus ein weites Feld von Ansprüchen, die er sich zu eigen machte und auszufüllen suchte. Verbindung war daher auch ein Bildungsinstrument und Bildungselement, das nach eigenem Verständnis eine Lücke als Korrektiv der akademischen Freiheit ausfüllte und im Rahmen einer innerkorporativen Charakterbildung die wissenschaftlich-berufliche Ausbil-

---

[8] *Norbert Christensen*, Treu und stark! Akademische Verbindung Nordmark zu Rostock. Manuskript o. O. (Hückelhoven) 2009. – Ich danke dem Autor für die Möglichkeit der Einsichtnahme.

[9] Hierzu u. im Folgenden mit weiteren Nachweisen: *Lönnecker*, „... der deutschen Studentenschaft" (wie Anm. 1), 21.

dung der Universität abzurunden versuchte, zugleich aber auch die Erziehung für die Zugehörigkeit zur Oberschicht der deutschen Gesellschaft bezweckte. In einem Satz: „*Die Universitäten unterrichteten, die Verbindungen erzogen.*" Schließlich differenzierten sich die studentischen Vereinigungen immer mehr aus.[10] Ende des 18. und zu Beginn des 19. Jahrhunderts beherrschten Landsmannschaften und Orden die Studentenschaft. Sie stellten einen älteren Korporationstyp dar, korporativ-regionalistisch mit unpolitischer, geselliger Orientierung oder standen unter aufklärerisch-freimaurerischem Einfluss. Ihnen trat ab 1815 die Burschenschaft entgegen, ein neuer, assoziativ-nationaler Organisationstypus mit außeruniversitärer Orientierung an Nation und bürgerlicher Freiheit. Sie war die Speerspitze der deutschen Nationalbewegung, auf die die deutschen schwarz-rot-goldenen Farben ebenso zurückgehen wie die erste Formulierung der Grundrechte in Deutschland, die „*Beschlüsse des 18. Oktober*" 1817. Nach Wartburgfest und Kotzebue-Mord ab 1819 verfolgt, entwickelte sich die Burschenschaft zu einer mehr und mehr radikalisierenden Bewegung an den deutschen Hochschulen, die bald mehr, bald weniger offiziell bestand. Der Verfolgungsdruck, die verschiedenen Wellen der Demagogen-Verfolgung bis in die 1840er Jahre, brachen der älteren burschenschaftlichen Bewegung das Rückgrat und ermöglichten den Wiederaufstieg alter Korporationstypen – der Landsmannschaften, nunmehr immer öfter „*Corps*" genannt (die Bezeichnung breitete sich seit 1810 von Heidelberg aus) – und den Aufstieg neuer – etwa der jüngeren Landsmannschaften sowie konfessioneller, Fach- und Interessenvereine.[11]

---

[10] Hierzu u. im Folgenden mit weiteren Nachweisen: ebd., 22 f.

[11] Die Geschichte der frühen Rostocker Burschenschaft und der Corps ist ein Desiderat; vgl. *H[ermann]. Grotefend*, Zur Geschichte der Rostocker Burschenschaft, in: Jahrbücher des Vereins für mecklenburgische Geschichte und Altertumskunde 84 (1919), 123–130; Übersichten in: *Paul Wentzcke*, Geschichte der Deutschen Burschenschaft, Bd. 1: Vor- und Frühzeit bis zu den Karlsbader Beschlüssen (Quellen und Darstellungen zur Geschichte der Burschenschaft und der deutschen Einheitsbewegung [künftig zit.: QuD], 6). Heidelberg 1919, 2. Aufl. 1965; *Georg Heer*, Geschichte der Deutschen Burschenschaft, Bd. 2: Die Demagogenzeit 1820–1833 (QuD, 10). Heidelberg 1927, 2. Aufl. 1965, Bd. 3: Die Zeit des Progresses 1833–1859 (QuD, 11). Heidelberg 1929, Bd. 4: Die Burschenschaft in der Zeit der Vorbereitung des zweiten Reiches, im zweiten Reich und im Weltkrieg. Von 1859 bis 1919 (QuD, 16). Heidelberg 1939, 2. Aufl. 1977; *Helma Brunck*, Die Entwicklung der Deutschen Burschenschaft in der Weimarer Republik und im Nationalsozialismus. Eine Analyse, Diss. phil. Mainz 1996, gedruckt: Die Deutsche Burschenschaft in der Weimarer Republik und im Nationalsozialismus, München 1999; *Wilhelm Fabricius*, Die deutschen Corps. Eine historische Darstellung mit besonderer Berücksichtigung des Mensurwesens, o. O. (Berlin)

Über welche Zahlen sprechen wir?[12] Eine Verbindung war vom Ende des 18. bis zur Mitte des 20. Jahrhunderts für zahlreiche Studenten der Normalfall akademischer Existenz. Das Mitglied nahm neben seinem Studium pflichtgemäß und meist mit viel Engagement an den zahlreichen Veranstaltungen seiner Korporation teil, so dass ihm kaum Zeit für anderes blieb. Um 1815 gab es etwa 9.000 Studenten im deutschsprachigen Raum – von denen ein Drittel der Burschenschaft angehörte –, 1830 waren es um die 14.000, 1871 kaum mehr, 1914 betrug die Zahl etwa 60.000 und 1930 um 100.000. Im Kaiserreich gehörten etwa zwei Drittel aller Studenten einer akademischen Verbindung oder einem Verein an, um 1930 war das noch bei jedem Dritten der Fall. Wir haben es folglich mit einem Elitenphänomen zu tun.

In der Geschichte des deutschen Studenten spielte Rostock stets eine wichtige Rolle.[13] Hier entstand 1600 das Maßstäbe setzende Studentendrama „Cornelius relegatus", hier erschien 1734 „Der verliebte und galante Student" und 1750 „Das Rostockische Studentenleben", hier wirkte 1830 ff. der Burschenschafter Fritz Reuter. Seit Beginn des 19. Jahrhunderts ging die Bedeutung stetig zurück, vor allem ablesbar an den Studentenzahlen. Waren es um 1600

1898, unter dem Titel: Die deutschen Corps. Eine historische Darstellung der Entwicklung des studentischen Verbindungswesens in Deutschland bis 1815, der Corps bis in die Gegenwart, 2. Aufl. Frankfurt a. M. 1926; allgemein mit weiteren Nachweisen, vor allem zur älteren Literatur: *Harald Lönnecker*, „Unzufriedenheit mit den bestehenden Regierungen unter dem Volke zu verbreiten". Politische Lieder der Burschenschaften aus der Zeit zwischen 1820 und 1850, in: Max Matter / Nils Grosch (Hrsg.), Lied und populäre Kultur. Song and Popular Culture (Jahrbuch des Deutschen Volksliedarchivs Freiburg i. Br., 48/2003), Münster/New York/München/Berlin 2004, 85–131; ders., Peregrinatio Academica. Beispiele nordwestdeutscher Bildungsmigration nach Halle, Jena und Göttingen in der ersten Hälfte des 19. Jahrhunderts, in: Niedersächsisches Jahrbuch für Landesgeschichte 81 (2009), 271–296; ders., Profil und Bedeutung der Burschenschaften in Baden in der ersten Hälfte des 19. Jahrhunderts, in: Achim Aurnhammer/Wilhelm Kühlmann/Hansgeorg Schmidt-Bergmann (Hrsg.), Von der Spätaufklärung zur Badischen Revolution – Literarisches Leben in Baden zwischen 1800 und 1850 (Literarisches Leben im deutschen Südwesten von der Aufklärung bis zur Moderne. Ein Grundriss, II), Freiburg i. Br./Berlin/Wien 2010, 127–157.

[12] Hierzu u. im Folgenden mit weiteren Nachweisen: *Lönnecker*, „... der deutschen Studentenschaft" (wie Anm. 1), 9.

[13] Hierzu u. im Folgenden mit weiteren Nachweisen: *Matthias Asche*, Die Universität Rostock des späten Mittelalters und der Frühen Neuzeit. Zum Forschungsstand, zu Desideraten und Perspektiven, in: Hans-Uwe Lammel/Gisela Boeck (Hrsg.), Wie schreibt man Rostocker Universitätsgeschichte? Referate und Materialien der Tagung am 31. Januar 2010 in Rostock (Rostocker Studien zur Universitätsgeschichte, 18), Rostock 2011, 7–36.

noch um 600 Hochschüler, so schwankte die Zahl der Immatrikulierten um 1820 um die 100. 1872 waren es nur 130, 1880 200, 1890 360, 1900 fast 500, 1910 etwa 830 und 1930 um die 1700. Rostock war die kleinste deutsche Universität.[14] Etwa ein Fünftel ihrer Studenten gehörten Rostocker Verbindungen und Vereinen an, bis zu zwei weitere Fünftel auswärtigen Korporationen. Denn die Rostocker Besonderheit war, dass die Zahl der Erstimmatrikulationen aus Mecklenburg verhältnismäßig gering war, die Mehrzahl der Studenten besuchte erst eine „*akademische Sommerfrische*" wie Göttingen, Tübingen oder Heidelberg und schloss sich dort einer Verbindung an, erst zum Examen ging man nach Rostock zurück. Das führte wiederum seit den 1890er Jahren zur Gründung eigener Vereinigungen auswärtiger Verbindungsmitglieder wie der „*Vereinigung Alter Herren der [Heidelberger] Leonenser, Tübinger Derendinger und Göttinger Friesen*" oder der „*Vereinigung inaktiver Corpsstudenten zu Rostock*".[15] Ähnliche „Inaktivenvereinigungen" gab es zwar auch andernorts – die „*Schmetterbank*" in Marburg, das „*Blutgericht*" in Königsberg, die „*Pfarrerstochter*" in Erlangen usw.[16] –, doch nur in Rostock verdichtete sich ihre

---

[14] „Die Erforschung des 19. Jahrhunderts ist ein grundlegendes Desiderat der Rostocker Universitätshistoriographie."; ebd., 18 mit Anm. 24.

[15] Universitätsarchiv Rostock, Rektoratsbestand, R 13 Verbindungen, Vereine, B: Corps, R 13 B 4, Vereinigung inaktiver Corpsstudenten zu Rostock, 1895–1910; ebd., R 13 B 3, Vereinigung Alter Herren der [Heidelberger] Leonenser, Tübinger Derendinger und Göttinger Friesen, 1895–1899; Leonensia (gegr. 1871) war eine nichtfarbentragende Korporation, Derendingia (gegr. 1877) und Frisia (gegr. 1811) Burschenschaften; s. a. Bundesarchiv, Koblenz, DB 9: Deutsche Burschenschaft, (1726)1815–ca. 1960, I. Örtliche und einzelne Burschenschaften, Rostock: Vereinigung inaktiver Burschenschafter, 1881(1895)–1914; verhältnismäßig genau ermitteln ließe sich der Anteil durch den – zugegebenermaßen aufwendigen – Vergleich der Immatrikulations- mit den Mitgliederlisten der Verbände; zu diesen mit weiteren Nachweisen: *Harald Lönnecker*, „Das Thema war und blieb ohne Parallel-Erscheinung in der deutschen Geschichtsforschung". Die Burschenschaftliche Historische Kommission (BHK) und die Gesellschaft für burschenschaftliche Geschichtsforschung e. V. (GfbG) (1898/1909–2009). Eine Personen-, Institutions- und Wissenschaftsgeschichte (Darstellungen und Quellen zur Geschichte der deutschen Einheitsbewegung im neunzehnten und zwanzigsten Jahrhundert, 18), Heidelberg 2009, 172–182; *ders.*, Die Burschenschafterlisten – eines „der wichtigsten Hilfsmittel für die Kenntnis der deutschen politischen und Geistesgeschichte". Zur Entstehung und Entwicklung eines Gesamtverzeichnisses deutscher Burschenschafter, in: Herold-Jahrbuch NF 14 (2009), 153–170.

[16] Vgl. etwa: *Wilhelm Meier*, Die ehrwürdige Schmetterbank zu Marburg/Lahn, Manuskript, o. O. o. J. (um 1960); *Paul Züge*, Im Blutgericht zu Königsberg, Königsberg 1928; *Hermann Buzéllo*, Ein Beitrag zum fünfzigsten Stiftungsfeste der „Pfarrerstochter" zu Erlangen, Zirndorf/Nürnberg 1911; *Robert Schneider*, Kurze Geschichte und Mitgliederverzeichnis

Organisationsstruktur derart, daß sie als eigene Vereine bei der Universität angemeldet waren.

Um Duell und Mensur, vom Verein zur Verbindung

Für Schirrmacher, seit seiner Studentenzeit engagierter Burschenschafter[17], war der Rostocker Verein, wie eingangs gehört, zugleich Fachverein und Verbindung. Obgleich mit der korporativen Entwicklung nicht einverstanden, akzeptierte er doch einen Prozess, der aus lockeren Vereinen festgefügte Verbindungen machte, die sich in Verhalten, Prämissen und Idealen am Vorabend des Ersten Weltkriegs kaum mehr von Corps und Burschenschaft unterschieden, obwohl das soziale Gefälle bestehen blieb. Außerdem wurde die Mitgliedschaft als selbstverständlich empfunden, dem Rechtshistoriker Ulrich Stutz (1868–1938), auch er ein Ehrenmitglied des AJV Rostock, war sie normaler Bestandteil des „*studentischen Verkehr[s]*"[18].

Hervorragendes Kennzeichen der Korporationen war seit der frühen Neuzeit die Waffenführung in Duell und sich ab 1820 herausbildender Mensur, in beiden flossen Elemente der aristokratischen und studentischen Kultur zusammen und vermengten sich.[19] Innerhalb von rund zwei Jahrzehnten wurden sie ab etwa 1880 das beherrschende Thema des AJV und anderer Vereine. Der Annahme des Prinzips der unbedingten Satisfaktion folgte die Anschaffung vereinseigener Waffen im letzten Jahrzehnt des 19. Jahrhunderts, was der Rostocker Akademisch-Juristische Verein um 1905 eine „*folgerichtige Entwicklung*" nannte. Der Grund für die Bejahung, das „*freudige Eintreten für das*

---

der Pfarrerstochter zu Erlangen (von 1858–1921), München 1921; *Herbert Kater*, Die Erlanger Pfarrerstochter [Inaktivenvereinigung 1858–1937, 1950–1957], in: Einst und Jetzt. Jahrbuch des Vereins für corpsstudentische Geschichtsforschung 18 (1973), 166–178; *Robert Paschke*, Die Erlanger Pfarrerstochter nach dem 2. Weltkriege, in: ebd., 179–180.

[17] Schirrmacher gehörte der 1845 gegründeten Burschenschaft Frankonia Bonn an; er war 1870 auch Mitgründer und langjähriger Vorsitzender der Rostocker Vereinigung Alter Burschenschafter (VAB), der ältesten VAB mit festen Vereinsstrukturen im deutschsprachigen Raum, und 1889 Gründungsvorsitzender der VAB Mecklenburg, die die mecklenburgischen VAB als Gauverband zusammenfaßte; *Lönnecker*, „... der deutschen Studentenschaft" (s. Anm. 1), 8, 220–222.

[18] Ebd., 423.

[19] Hierzu u. im Folgenden mit weiteren Nachweisen: ebd., 106–136, 423 f.

dem deutschen Studenten eigene Waffenspiel"[20], war die sich seit 1850 und verstärkt nach 1871 herausbildende informelle Hierarchie der Verbindungen mit Corps und Burschenschaften an der Spitze. Die Übernahme des Markenzeichens der elitärsten und exklusivsten Verbindungsformen formte nicht nur *„lose Vereine in festere farbentragende Verbindungen und diese wiederum in elitäre Waffenkorporationen"* um, sondern war zugleich eine Kundgabe des Anspruchs der Vereine, den alten Korporationen gleichzukommen. Es kam *„im Prozess ihres ‚Korporativ-Werdens' gerade [...] auf Akzeptanz im Kreise der ‚alten' Verbindungen"* an.[21] In der Argumentation meist gegen Corps und Burschenschaft gerichtet, tatsächlich ihnen nacheifernd, bedeutete die Egalisierung des Waffenprinzips gesellschaftliche Anerkennung und damit sozialen Aufstieg, war aber auch eine Emanzipationsbewegung, die auf Beteiligung an kultureller Deutungshoheit zielte, auf Integration in Bedeutungs- und Berechtigungsstrukturen. *„Lasst Euch gesagt sein"*, ließen die Rostocker ihre studentische Umwelt wissen,

> „wir sind eine Verbindung, die zu den ihren steht, wir stehen zusammen, was auch geschieht. Wer uns angreift, den weisen wir blutig zurück, der soll spüren, was es bedeutet, dem akad.-jurist. Verein zu R[ostock]. die Achtung zu versagen! [...] Wer uns kommt, dem schreiben wir Paragraphen ins Angesicht."[22]

Deutlich wird die Erkenntnis, nur die eigenen Waffen verschafften *„Unabhängigkeit und Achtung"*, befreiten aus der *„Waffenvormundschaft"* anderer Verbindungen, garantierten akademische Exklusivität und elitäres Selbstverständ-

---

[20] BAK, DB 9, KVRuStV (s. Anm. 1), 8. Chroniken/Geschichten, Akad.-Jurist. Verein zu Rostock, 11 f.; Mensur und Duell waren dem deutschen Studenten keineswegs eigen, in Flandern, aber auch in ganz Ostmitteleuropa von Dorpat bis Czernowitz übernahmen es estnische, lettische, litauische, polnische, rumänische, ukrainische, russische usw. Studentenverbindungen; zuletzt und zusammenfassend: *Harald Lönnecker*, „... harmonische und tolerante Zusammenarbeit"? Das Czernowitzer Studentenvereinswesen 1875–1914, in: Jahrbuch des Bundesinstituts für Kultur und Geschichte der Deutschen im östlichen Europa 21 (2013), 269–317.

[21] *Stefan Gerber*, Die Universität Jena 1850–1918, in: Senatskommission zur Aufarbeitung der Jenaer Universitätsgeschichte im 20. Jahrhundert (Hrsg.), Traditionen – Brüche – Wandlungen. Die Universität Jena 1850–1995, Köln/Weimar/Wien 2009, 23–253, hier 220.

[22] BAK, DB 9, KVRuStV (wie Anm. 1), 7. Einzelne Vereine, Akad.-Jurist. Verein zu Rostock, o. D. (um 1900); vgl. ebd., 8. Chroniken/Geschichten, Akad.-Jurist. Verein zu Rostock, 12 f.

nis. Diese soziale Wirklichkeit bestimmte das Bewusstsein der Studenten, und es ist bezeichnend, dass Duell und Mensur, obwohl strafgesetzlich verboten, niemals ernsthaft in Frage gestellt wurden – und das von einem Verein, der sich die Rechtswissenschaft zum Gegenstand seines Lebens und Strebens gemacht hatte! Im Gegenteil, je mehr Vereine um 1900 eigene Waffen führten, desto höher stiegen die Anforderungen an die Fechter. Es genügte nicht mehr, einfach nur zu schlagen, die Mensuren mussten härter und länger werden, sollten sie auch weiterhin abgrenzen, unterscheiden und erheben. Dazu wurde die Mensur zur Initiation, nur wer gefochten hatte, der gehörte auch wirklich dazu. „*Blut ist ein besonderer Saft und kittet*", bemerkte ein Mitglied.[23]

Der Fechter wechselte durch die Mensur den Status und gehörte nach ihrem Bestehen zu einem inneren Bereich, der ihm bisher verschlossen war. Insofern bildete die Mensur auch ein fest institutionalisiertes, ständisch-korporatives Einsetzungsritual, das eine erhebliche soziale Statuserhöhung des Initianten bewirkte: vom Fuchs zum Burschen, vom Burschen zum „*steilen Fechter*", d. h. guten und angesehenen Fechter. Die Funktion liegt in einer dauerhaften symbolischen Grenzziehung, hier fechtende, dort nichtfechtende Studenten, wobei der eigentliche soziale Graben nicht zwischen den Hochschülern liegt, sondern zwischen Studenten und denen, die als Nichtakademiker oder -offiziere auf keinen Fall fechten, weil sie nicht sozial adäquat, der Satisfaktionsfähigkeit nicht teilhaftig sind. Angezeigt wurde das jedem inner- und außerhalb der Hochschule durch den auf der Mensur erhaltenen „*Schmiss*".[24]

Die ehemaligen, bereits im Berufsleben stehenden Mitglieder der Vereine, die Alten Herren, sprachen sich in der Regel gegen Duell und Mensur aus. Sie sahen darin eine Gefahr für das Fach- oder Interessenprinzip, weil Studenten angezogen würden, die Mitglied einer studentischen Korporation sein wollten, nicht eines akademisch-juristischen Vereins. Die Befürchtungen bestanden nicht zu Unrecht, alle Vereine, die die unbedingte Satisfaktion, eigene Waffen und schließlich Farben in Band und Mütze annahmen, zur Verbindung wurden,

---

[23] *Lönnecker*, „... der deutschen Studentenschaft" (wie Anm. 1), 423 f.

[24] *Harald Lönnecker*, Perspektiven burschenschaftlicher Geschichtsforschung. Erforderliches – Wünschbares – Machbares, in: Klaus Oldenhage (Hrsg.): 200 Jahre burschenschaftliche Geschichtsforschung – 100 Jahre GfbG – Bilanz und Würdigung. Feier des 100-jährigen Bestehens der Gesellschaft für burschenschaftliche Geschichtsforschung e. V. (GfbG) am 3. und 4. Oktober 2009 in Heidelberg. Vorträge des Kolloquiums (Jahresgabe der Gesellschaft für burschenschaftliche Geschichtsforschung e. V. (GfbG) 2009), Koblenz 2009, 111–128, hier 127; vgl. *Winfried Speitkamp*, Ohrfeige, Duell und Ehrenmord. Eine Geschichte der Ehre, Stuttgart 2010, 141.

trennten sich mehr oder weniger von ihm. Die Aktiven, die Studenten, nahmen jedoch keine Rücksicht auf die Alten Herren, akzeptierten eher deren Austritt, als auf ihre Ambitionen zu verzichten. Es handelte sich daher auch um einen immer wieder aufflammenden Generationenkonflikt, den die Alten Herren in keinem Fall für sich entscheiden konnten. Wenn sie die Weiterexistenz ihres Vereins wollten, mussten sie den Wünschen der Aktiven nachgeben, die sich wesentlich „*konservativer*" als die Alten Herren gebärdeten und keine Auseinandersetzung scheuten. Nicht die Aktiven beschworen den „*modernen Zeitgeist*", sondern die Alten Herren.[25]

Deutlich wird aber auch, dem Fachprinzip ermangelte die akademische Exklusivität, mittels theologischer, geographischer, mathematischer, physikalischer, juristischer usw. Studien, sportlicher oder gesanglicher Bemühungen war kein Ansehen zu gewinnen. Die Alten Herren sahen das anders, aber nicht sie, sondern die Korporationsstudenten und ihre Verbindungen und Vereine waren das Referenzsystem, das die Standards vorgab und an dem die aktiven Vereine sich maßen. Wichtig waren nicht intellektuelle Arbeit und geistig hochstehende Vorträge, sondern die Beachtung eines Ehrbegriffs, wonach persönliche Ehrenhändel – natürlich nur unter satisfaktionsfähigen Standesgenossen – nicht auf gerichtlichem Wege, sondern privat ausgetragen wurden.[26]

Die unbedingte Satisfaktion und die eigenen Waffen waren den Zeitgenossen das wichtigste, augenfälligste und mit Abstand meist diskutierte Merkmal aller Verbindungen. Begleitet wurde die mehr oder minder permanente Diskussion der „*Waffenfrage*" von einer Wandlung der inneren Struktur, die sich weit weniger in den Debatten niederschlug, deswegen aber nicht weniger wichtig war.[27] Sie ging wiederum einher mit der äußeren Angleichung und Anpassung der Vereine an die alten Korporationstypen und deren Bedeutungskonstruktionen und reichte bis zur Einführung von Band und Mütze. Diese Entwicklungen

---

[25] *Lönnecker*, „... der deutschen Studentenschaft" (wie Anm. 1), 136; vgl. *Kai Fliegner*, Die Burschenschaft Redaria Rostock (Rostocker Rechtsgeschichtliche Reihe, 9), Aachen 2009, 112–119.

[26] *Lönnecker*, „... der deutschen Studentenschaft" (wie Anm. 1), 136; vgl. *Jürgen Kloosterhuis*, „Vivat et res publica". Staats- und volksloyale Verhaltensmuster bei waffenstudentischen Korporationstypen, in: Harm-Hinrich Brandt/Matthias Stickler (Hrsg.), „Der Burschen Herrlichkeit". Geschichte und Gegenwart des studentischen Korporationswesens (Historia Academia, 36=Veröffentlichungen des Stadtarchivs Würzburg, 8), Würzburg 1998, 249–271, hier 266.

[27] Hierzu u. im Folgenden mit weiteren Nachweisen: *Lönnecker*, „... der deutschen Studentenschaft" (wie Anm. 1), 137–184, 424 f.

vollzogen sich nicht gleichmäßig, sondern wiesen Brüche, Rück- und Fortschritte auf, die von Verein zu Verein, von Verbindung zu Verbindung variierten und schwere personelle Lücken in die Reihen rissen, vor allem unter den Alten Herren. Sie wurden in Kauf genommen, was den überragenden Stellenwert von Duell und Mensur, Hierarchie und Farben für die Studenten beweist. Seit der Mitte des 19. Jahrhunderts setzte ein immer schneller verlaufender Prozess der Korporatisierung, des Immer-mehr an traditioneller Verbindungsstruktur mit einer internen Hierarchisierung in Neumitglieder (Füchse), Vollmitglieder (Burschen) und ehemalige Mitglieder (Alte Herren) ein, der zwischen etwa 1880 und 1910 kulminierte. Ins Auge fällt die Parallelität der Herausbildung besonderer Strukturen bei den Aktiven mit der Annahme von unbedingter Satisfaktion, Duell und Mensur. Sie spricht dafür, dass es sich lediglich um die andere Seite derselben Medaille handelt. In der Hierarchisierung und ihrer Kenntlichmachung manifestierte sich der Drang zu sozialer Abgrenzung nach unten bei gleichzeitigem Willen zum sozialen Aufstieg in einer zahlenmäßig immer größer werdenden Studentenschaft. Da sich entsprechende Chancen angesichts steigender Studentenzahlen zu mindern schienen, waren immer radikalere Schritte erforderlich: die inneren Strukturen wurden nicht nur hierarchisiert und ihnen ein äußeres Erscheinungsbild gegeben, das jedem Auskunft über den erreichten Stand innerhalb des Verbindungswesens gab, sondern auch die Anforderungen erhöht, sei es hinsichtlich der Dauer der Fuchsen- oder Burschenzeit, sei es im Hinblick auf die zu leistende Arbeit, den zu zeigenden Einsatz usw. Größere Integration nach innen und Distinktion nach außen sollten durch feste, institutionalisierte Formen der Geselligkeit und Freundschaft erreicht werden, die ihren Ausdruck im Comment, in der studentischen Binnenethik, fanden. Sie waren nicht Selbstzweck, sondern dienten der Verdeutlichung und Sichtbarmachung des Repräsentationswerts eines Vereins, der Verbindung sein wollte, seiner Reputation, die natürlich wieder auf den Zugehörigen zurückfiel. Die Mitglieder beteiligten sich mit Elan, Engagement und Enthusiasmus, alle Zuordnungen und Veranstaltungen dienten der Vermittlung von sozialer Identität und Intimität, der Stärkung des Zusammenhalts nach innen und des Zusammenstehens nach außen, der *„Bundesbrüderlichkeit"*, gaben dem einzelnen persönlichen Rückhalt wie einen sozialadäquaten Platz in der informellen akademischen Hierarchie und dienten zugleich der beständigen Unterstreichung und Hebung des nationalen, politischen und Elitebewusstseins. Immer wieder neu konstituiert, gelebt und sichtbar wurde das vor allem auf Kommers und Kneipe als den traditionellen Zusammenkünften, aber auch im tagtäglichen Miteinander während des Semesters.[28]

Gegner dieser Entwicklung waren in erster Linie wieder die Alten Herren, die jedoch immer zurücksteckten, wenn die Aktiven entsprechende Wünsche äußerten. Von diesen wurden hingegen die alten Korporationen kopiert. Ihr Vorbild war so normierend, effektiv und stark, dass es kaum einmal zur Aufnahme bürgerlicher Modernisierungsgedanken und Bildung neuer, nichtkorporativer Assoziationen kam, von denen sich einige wiederum korporatisierten. Andererseits bedeutete die ständig zunehmende Zahl der Korporationen und Vereine mit der Adaption älterer Formen auch eine gewisse „*Demokratisierung gegenüber den gängigen aristokratischen Maßstäben im Verbindungswesen.*"[29]

Nationalismus und Antisemitismus

Mit dem Zusammenspiel von Satisfaktion, Mensur und Duell einerseits, Hierarchisierung der Binnenstruktur und ihrer äußeren Kundgabe andererseits korrespondierte eine politische Haltung, wie sie sich in der Studentenschaft seit 1871 immer stärker offenbarte.[30] Es handelte sich um den Aufschwung des nationalen Elements, das, zunächst nur in der Burschenschaft als ein Erbe und eine Tradition des studentischen Radikalismus vorhanden, auf Grund außen- und innenpolitischer Umbrüche liberale und konstitutionelle Tendenzen verdrängte, sodass sich die Studentenschaft nach 1880 selbstbewusst antiliberal gab. Es war jedoch kein ererbter Konservatismus, sondern ein auf der Reichseinigung und der Industrialisierung aufbauender, vorwärtsschauender Nationalismus, der die Studentengenerationen bis 1914 begeisterte. Da er selten konkret wurde, wirkte er entsprechend integrativ und war gepaart mit Aufopferungsidealismus, dem Streben nach Bestätigung und Einsatz, Traditions-, Elite- und Avantgardebewusstsein.

Der Nationalismus wurde nicht als politisch verstanden, sondern als selbstverständliche Pflicht des Studenten. In keiner Rede auf Kneipen und Kommersen, Fahrten und Feiern fehlte das Hoch auf den Kaiser und den Landesherrn, der Verweis auf das Vaterland und seinen Schutz durch die Hochschüler, die

---

[28] Ebd., 253–268.

[29] *Siegfried Hoyer*, Kleine Geschichte der Leipziger Studentenschaft 1409–1989, Leipzig 2010, 174.

[30] Hierzu u. im Folgenden mit weiteren Nachweisen: *Lönnecker*, „... der deutschen Studentenschaft" (wie Anm. 1), 272 f., 278–287, 426–428.

sich als wehrhafte und mutige deutsche Kämpfer präsentierten. Wer auf dem Mensurboden seinen Mann stand, der würde auch als Soldat im Ernstfall zur Verfügung stehen. Das „*gute Stehen*" auf der Mensur wurde so auch zu einer Kategorie des Politischen, den inneren und äußeren Feinden Deutschlands galt es hier wie dort mit Macht und Stärke zu begegnen. Daraus resultierte eine am Konflikt orientierte Mentalität, die den Kompromiss als Versagen und Schwäche deutete, als Rückzug und feiges, charakterloses „*Mucken*". In den Augen der Studenten hatte das rücksichtslose und unbeirrte zur Geltung bringen der eigenen Position durch Bismarck Deutschlands Einigung herbeigeführt und es zur Großmacht gemacht, deswegen schätzten und feierten die Vereine und Verbindungen den Reichsgründer, schlugen ihm zu Ehren Kommerse und errichteten Denkmäler – am Rostocker waren sie führend beteiligt.[31] Fiel der Begriff „*Politik*", so wurde darunter Parteipolitik verstanden, und der begegnete der Student mit Misstrauen und bestenfalls mit Neutralität, in der er von etlichen Hochschullehrern bestärkt wurde. Parteien waren grundsätzlich partikular, potentielle Verräter am nationalen Interesse wie die Sozialdemokratie und die Zentrumspartei, die in den Augen der Hochschüler wichtige nationale Ziele sabotierten und gegen die eine fast durchgängige Gegnerschaft bestand. Nur die Parteien, die sich der nationalen Rhetorik und Symbolik bedienten, konnten auf Zustimmung hoffen. Dabei handelte es sich in erster Linie um jene, deren Wählerschaft sich aus den bürgerlichen Schichten rekrutierte, aus denen auch die Mehrzahl der Studenten stammte. Folglich war der Wiedererkennungswert bei den Nationalliberalen besonders hoch, seltener bei den Freikonservativen oder beim Freisinn. Die nationalliberale Präferenz der Studenten – die in der Regel noch keine Wähler waren – schlug sich hin und wieder in der Unterstützung von parteipolitisch engagierten Alten Herren nieder, vor allem als Wahlhelfer, doch ist es nicht möglich, einzelne Vereine oder Verbindungen eindeutig einer Partei zuzuordnen, auch wenn sich bei einzelnen Mitgliedern Parteiaktivitäten nachweisen lassen. Das bekannteste dürfte der Völkerrechtler Theodor Niemeyer sein, der den Akademisch-Juristischen Verein Kiel maßgeblich prägte, aber auch aus Rostock mehrfach Unterstützung erhielt. Der AJV Kiel war wiederum eine Filialgründung des AJV Rostock von 1893.[32]

Den Vorstellungen von deutscher Macht und Größe entsprach ein Verständnis der Studenten von Nation als Ausschließlichkeitsgemeinschaft.[33]

---

[31] Ebd., 276 f.
[32] Ebd., 87–89, 304–307.
[33] Hierzu u. im Folgenden mit weiteren Nachweisen: ebd., 307–318, 427 f.

Höchster Wert war die deutsche Einigkeit, die angesichts der anderen europäischen Großmächte unbedingt gewahrt werden musste, damit Deutschland nie wieder Spielball fremder Interessen werden würde. Die Verbindungen und Vereine gaben einem neuen Nationalismus Ausdruck, der das Deutsche Reich als unvollendet begriff und sich deshalb zum Handeln herausgefordert sah. Das Bismarck-Reich war ihnen nicht End-, sondern Ausgangspunkt deutscher Staatsbildung, und dies vor allem in den Augen jener jungen Studenten, die das Zeitalter der Reichsgründung nicht miterlebt hatten und den gegenwärtigen Staat als selbstverständlich erachteten. Seit den späten 1870er Jahren kam es zu einer neuen Welle der Gründung von Vereinen und Verbänden, die sich in neuer Weise der nationalen Argumentation bedienten und das politische Klima wie den politischen Stil und die öffentliche Meinung nachhaltig veränderten, indem sie „*pseudodemokratische, populistische Kampagnen für die verschiedenen ‚nationalen Fragen', die ihnen wichtig erschienen*", organisierten, damit Einfluss auf die Außen-, Innen- und Militärpolitik gewinnend. Dieser „*neue Nationalismus*" war das eigentlich Neue in der politischen Geschichte des Kaiserreichs. Sein Ausdruck waren der Alldeutsche Verband, Flotten-, Wehr-, Ostmarkenverein und andere Zusammenschlüsse, denen die Mitglieder der Verbindungen und Vereine oft angehörten und in denen sie mitarbeiteten, wenn die Vereine nicht selbst korporative Mitglieder waren oder durch Verleihung von Ehrenmitgliedschaften Nähe bekundeten. So waren etwa die beiden bekannten Vorsitzenden des Alldeutschen Verbands, der Leipziger Statistiker Prof. Dr. Ernst Hasse und der Mainzer Rechtsanwalt Heinrich Claß, Ehrenmitglieder des AJV Rostock.

Der neue, organisierte Nationalismus entstand selbstmobilisiert vor dem Hintergrund der Gründerkrise von 1873, die Landwirte, Bürgertum, vor allem aber die Intellektuellen und die Studentenschaft die negativen Folgen der wirtschaftlichen Modernisierung spüren und zu seinen wesentlichen Trägern werden ließ.[34] Er begriff die Nation nicht integrativ und liberal wie ehemals die bürgerlich-demokratische Bewegung in Vor- und Nachmärz, sondern ausgrenzend als eine elitäre, ethnisch fundierte „*völkische*" Gemeinschaft, stellte das Volk über den Staat, wollte die innere Einheit durch den Ausschluss anderer erzwingen. Er setzte sich selbst absolut und bestritt seinen innen- wie außenpolitischen Gegnern das bloße Existenzrecht. Unter dem Einfluss des Sozialdar-

---

[34] Hierzu u. im Folgenden mit weiteren Nachweisen: ebd., 298–304, hier 428; *Lönnecker*, Studenten und Gesellschaft (wie Anm. 4), 389, 414; *ders.*, Studentenverbindungen (wie Anm. 4), 506–514.

winismus ideologisch systematisiert und propagandistisch organisiert, war der neue Nationalismus gepaart mit Kolonialismus – jetzt Maßstab für die Größe, Lebenskraft und Modernität einer Nation –, Imperialismus und Antisemitismus. Vor allem der Antisemitismus griff im Gefolge des Berliner Antisemitismusstreits 1878/79 und der Entstehung des Kyffhäuserverbands der Vereine Deutscher Studenten um sich – der Rostocker Verein entstand allerdings erst am 17. November 1906 –, machte die „*Judenfrage*" zu einem zentralen Thema studentischer Debatten und löste einen antisemitischen Sog aus, der innerhalb weniger Jahre auch auf die Verbindungen durchschlug. Am Ende des Jahrhunderts war ihnen der Antisemitismus zur selbstverständlichen „*sozialen Norm*" geworden, Juden wurden in der Regel weder aufgenommen noch Verkehr mit ihnen gepflegt.

Da der Wert einer Korporation sich mehr und mehr danach bemaß, möglichst wenig Juden in den eigenen Reihen zu haben, fungierte der Antisemitismus auch als ein Vehikel, mittels dessen sich die Vereine von anderen Korporationen abheben konnten. Die „*Judenfrage*" war zu einer der Reputation geworden, die antisemitischen Beschlüsse etwa des AJV Rostock, aber auch anderer Vereine, gingen immer eine Nuance weiter als die von Corps, Burschenschaften, Landsmannschaften, Sängerschaften usw., denen man in diesem Falle einmal vorangehen konnte. Dabei sprach die Argumentation nicht vom Antisemitismus der Vereine, sondern von der Anpassung an äußere Umstände. Damit macht sie mehrere Sachverhalte deutlich. Einmal musste ein Verein antisemitisch sein, wenn er in der ab 1890 antisemitisch geprägten akademischen Welt für den Nachwuchs attraktiv sein wollte. Zum anderen entsprach der Antisemitismus einer inneren Haltung, die für den Studenten und jungen Akademiker der Jahrhundertwende selbstverständlich war und die bereits vielfach von der Schule mitgebracht wurde. Weniger Zuspruch fand er bei den Alten Herren, die in der Regel antisemitische Äußerungen und Maßnahmen missbilligten. Oft entsteht der Eindruck, der behauptete äußere Druck diente lediglich der Rechtfertigung des eigenen Antisemitismus, den man gegenüber den Alten Herren – unter ihnen auch Juden – nicht zugeben mochte. Äußerer Druck jedoch enthob die Hochschüler der Verantwortung, während sie tatsächlich mindestens so antisemitisch wie ihre studentische Umwelt waren.

Vom Fach- zum Korporationsprinzip

Es ist nicht ohne eine gewisse Paradoxie, dass das stets hochgelobte und zelebrierte Fachprinzip im umgekehrten Verhältnis zu seiner tatsächlichen Behandlung in den Vereinen allgemein wie im AJV Rostock insbesondere zu stehen scheint.[35] Verglichen mit dem Anteil, den Fragen von Satisfaktion, Duell und Mensur, der inneren Strukturen und organisatorischen Verfestigung sowie der Politik im Leben der Vereine einnahmen, ist es erstaunlich, wie wenig sie sich mit ihrem eigentlichen rechtswissenschaftlichem Fachgrundsatz auseinandersetzten. Über den AJV heißt es, durchaus typisch auch für andere Vereine:

> „Vieles erscheint bis heute modern, wie die statutenmäßige Forderung nach frei gehaltenen Vorträgen, die studentische Versammlungsleitung oder die Differenzierung nach Studienjahren bei den Aufgaben, z. B. Literaturvorträge für die Erstsemester, Thesendisputationen ab dem zweiten und größere Referate ab dem dritten Semester. Außerordentliche Mitglieder wie Professoren, Altmitglieder und Praktiker hielten Vorträge. Der anschließende gemütliche Teil war freiwillig, allerdings mit Programm: Man sang Lieder, es gab humoristische Einlagen, Bierbräuche wurden gepflegt."[36]

Diese Interpretation der Vereine weniger als Korporation denn als Selbsthilfeorganisation und Studienvereinigung, als Zusammenfluss von Wissenschaft und Geselligkeit, entsprach den immer wieder selbst verkündeten Postulaten und Ansprüchen. Sie widerspricht jedoch den tatsächlichen Verhältnissen. So ist zwar bekannt, dass Literaturvorträge, Thesendisputationen und größere

---

[35] Hierzu und im Folgenden mit weiteren Nachweisen: *Lönnecker*, „... der deutschen Studentenschaft" (wie Anm. 1), 319–388, 429 f.; zu akad.-landwirtschaftlichen Studentenvereinen, dem späteren Naumburger Senioren-Convent, zuletzt Deutsche Bauernschaft, bereitet Herr Björn Thomann, M.A., Siegburg b. Bonn, eine Dissertation vor. Zu den akad.-naturwissenschaftlichen und -mathematischen Vereinen zwischen etwa 1850 und 1933 plant Herr Dr. Arne Schirrmacher, Humboldt-Universität Berlin, Institut für Geschichtswissenschaften (Wissenschaftsgeschichte), eine Veröffentlichung; http://www.geschichte.hu-berlin.de/bereiche-und-lehrstuehle/wissenschaftsgeschichte/forschung/forschung#Arne Schirrmacher (Stand: 1.6.2013); vgl. *Arne Schirrmacher*, Die Entwicklung der Sozialgeschichte der modernen Mathematik und Naturwissenschaft und die Frage nach dem sozialen Raum zwischen Disziplin und Wissenschaftler, in: Berichte zur Wissenschaftsgeschichte 26 (2003), 17–34, hier 24–26, 28; die akad.-theologischen, -medizinischen, -pharmazeutischen, -literarischen, -geographischen, -philologischen, -historischen usw. Vereine sind allgemein wie insbesondere in Rostock weitgehend Desiderate der Forschung.

[36] *Lönnecker*, „... der deutschen Studentenschaft" (wie Anm. 1), 429; vgl. *Eckhard Oberdörfer*, Greifswalder Studenten im 19. Jahrhundert, in: Dirk Alvermann/Karl-Heinz Spiess (Hrsg.), Bausteine zur Greifswalder Universitätsgeschichte. Vorträge anlässlich des Jubiläums „550 Jahre Universität Greifswald" (Beiträge zur Geschichte der Universität Greifswald, 8), Stuttgart 2008, 129–149, hier 133.

Referate gehalten, Debatten und Aussprachen stattfanden, Vorlesungsmitschriften und Seminararbeiten gesammelt und besprochen, Büchereien angelegt sowie Besuchsfahrten und Besichtigungen unternommen wurden, selten wird jedoch auf den Inhalt oder gar den Ertrag eingegangen.[37] Immerhin gehörten die akademisch-juristischen Vereine innerhalb des Spektrums der Korporationen zur kleinen Gruppe derjenigen, die sich für die Welt außerhalb der Hochschulen, für Wirtschaft, Arbeit und Handel interessierten.[38] In ihren Veranstaltungen dominierten jedoch bestimmte Schwerpunkte, die den Inhalten des Rechtsstudiums geschuldet waren, ebenso bestimmte Vorlieben, die von einflussreichen Mitgliedern oder Ehrenmitgliedern – oft Hochschullehrern – präferiert wurden. Besonders hervorstechend ist in diesem Zusammenhang etwa die Vernachlässigung des Strafrechts und die Überbetonung der deutschen und römischen Rechtsgeschichte in Rostock, der das vorrangige Interesse Schirrmachers galt, der sie entsprechend förderte, unter den Studenten populär machte und selbst entsprechende Veranstaltungen gestaltete oder anregte.[39]

Ausgangspunkt des fachlichen Engagements war die unzureichende Organisation des Rechtsstudiums, die Mehrzahl der Studenten erwarb das zum Examen nötige Wissen nicht an der Universität, sondern beim Repetitor.[40] Daraus resultierte ein ambivalentes, spannungsreiches Verhältnis des Vereins zum rechtswissenschaftlichen Fachprinzip, das zwischen notwendiger pragmatischer Examensvorbereitung und erwünschter wissenschaftlicher Auseinandersetzung schwankte. Besonders deutlich wird das am Beispiel der meist von höheren Semestern oder Alten Herren ausgerichteten Repetitorien. Bekannt ist nur, sie beanspruchten einen Großteil der Zeit der Studenten, über Inhalte und Ablauf ist hingegen fast nichts überliefert. Wenn die Repetitorien trotz ihres zeitintensiven und inhaltlich großen Umfangs keine ausführlichere Erwähnung finden, kann das nur zweierlei bedeuten: einmal könnten sie den Zeitgenossen selbstverständlich gewesen sein, und Selbstverständlichkeiten schlagen sich

---

[37] *Lönnecker*, „... der deutschen Studentenschaft" (wie Anm. 1), 326–354; s. a. *ders.*, „Das man sich den Gang in die Vorlesung sparen kann, ist nicht nur hier eine Binsenwahrheit." – Der Topos der defizitären Lehre und die studentische Selbsthilfe in der Rechtswissenschaft ca. 1871–1914, in: Martin Kintzinger/Sita Steckel (Hrsg.), Akademische Wissenskulturen. Praktiken des Lehrens und Forschens vom Mittelalter bis zur Moderne (Veröffentlichungen der Gesellschaft für Universitäts- und Wissenschaftsgeschichte) [im Druck].

[38] *Lönnecker*, „... der deutschen Studentenschaft" (wie Anm. 1), 354–356.

[39] Ebd., 335, 356 ff.

[40] Ebd., 319–325.

entsprechend selten in den Archivalien nieder. Andererseits, und dies scheint wesentlicher, widersprach die „*Examensdressur*" dem wissenschaftlichen Anspruch des Vereins. Sie allzu öffentlich zu machen diskreditierte Verein und Mitglieder als bloße Selbsthilfeorganisationen pragmatischen oder utilitaristischen Charakters, was es angesichts der Orientierung an bildungsbürgerlichen Idealen und Verhaltensmustern und des Willens zum sozialen Aufstieg natürlich zu verhindern galt. Vor dem Hintergrund eines bürgerlichen Bildungsverständnisses, das individualistisch-ästhetisch ausgerichtet war und Kritik an jeder Nützlichkeitsorientierung übte, hätten sich die Studenten selbst desavouiert, wären sie näher eingegangen auf einen Bereich, der so offensichtlich auf den „*Brotberuf*" vorbereitete. Wahrscheinlich lebten die Studenten in einem beständigen Zwiespalt von wissenschaftlichem Anspruch und studienbedingter Wirklichkeit, den öffentlich zu artikulieren ihnen aus den vorgenannten Gründen unmöglich war. Und dies umso weniger, als der rechtswissenschaftliche und teilweise staatswissenschaftliche Grundsatz nicht nur bildungsbürgerliche Vorstellungen bediente und grundierte, sondern auch das Absetzen, Distinktion und Segregation des Vereins von anderen, älteren und konkurrierenden Korporationstypen ermöglichte, die sich nicht die Wissenschaft auf die Fahnen geschrieben hatten. Sinngemäß galt das für alle Fachvereine.[41]

Hinzu trat aber noch mehr. Die meisten Universitäten richteten erst gegen Ende des 19. Jahrhunderts juristische – und andere – Seminare ein. So lange es sie nicht gab, boten der AJV wie andere Vereine mit ihren Bibliotheken und Büchersammlungen Ersatz. Sie entstanden daher auch „*als wissenschaftliche Gesprächskreise, im Grunde als vereinsmäßig organisierte Seminare*", die an „*der gemeinsamen Erörterung und Bearbeitung wissenschaftlicher Fragestellungen als Kern des Vereins- bzw. Verbindungslebens*" festhielten „*– und damit an einem zentralen Gegenstand und Zweck bürgerlicher Vereinsbildung im 19. Jahrhundert.*"[42]

Der Wandel vom Verein zur Verbindung war oft vom Argument begleitet, dass mit dem Fall des Fachprinzips eine „*Verbindung entsteht, bei der die per-*

---

[41] Ebd., 353 f., 430.

[42] *Gerber*, Universität Jena (wie Anm. 21), 215; ebenso allgemein: *Matthias Stickler*, Universität als Lebensform? Überlegungen zur Selbststeuerung studentischer Sozialisation im langen 19. Jahrhundert, in: Rüdiger vom Bruch/Elisabeth Müller-Luckner (Hrsg.), Die Berliner Universität im Kontext der deutschen Universitätslandschaft nach 1800, um 1860 und um 1910 (Schriften des Historischen Kollegs [München], Kolloquien, 76), München 2010, 149–186, hier 172; Schirrmacher nennt sein Projekt bezeichnend: „Das private Seminar. Studentische Vereine als Ort der Wissenschaft"; s. Anm. 35.

sönliche Bindung den Vorrang hat vor der wissenschaftlichen."[43] Mit den persönlichen Bindungen wird auf einen Aspekt der Verbindungen und Vereine verwiesen, der sich dem Außenstehenden weitgehend verschließt, der für viele Mitglieder aber große Bedeutung besaß. Die Studenten waren miteinander vertraut, festigten diese Verhältnisse, verkehrten brieflich miteinander und besuchten sich, gewannen Freunde durch gemeinsame Aktivität und erweiterten den Kreis durch Wechsel der Hochschule und Mitwirkung im neuen Umfeld. So bildete sich ein Netzwerk der Kommunikation und Nahverhältnisse, in das viele einbezogen waren. Das Aufnahmebegehren in eine Verbindung oder einen Verein – man musste kooptiert werden – war einmal ein wissenschaftlich-politisch-weltanschauliches Bekenntnis zu einer Gesinnungsgemeinschaft. Ebenso wichtig war zum anderen der Anteil des „*ursprünglichen, meist durch emphatische Freundschaft bestimmten Beziehungsgefüges einer Studentenverbindung*", der allerdings kaum messbar ist. Prägend ist auf jeden Fall diese Doppelung, „*bezogen auf die Verbindung als einer Gemeinschaft mit verbindlichen Idealen und Werten und auf deren Mitglieder, die meist untereinander als enge Freunde verbunden waren*".

Deutlich wird das Beziehungsgeflecht einer bürgerlichen Elite, die durch gemeinsame edukative Sozialisation geprägt ist. Die gesellschaftliche Verflechtung erfolgte aber nicht nur sozial, durch gemeinsame Identität und Men-

---

[43] Hierzu u. im Folgenden mit weiteren Nachweisen: *Lönnecker*, „... der deutschen Studentenschaft" (wie Anm. 1), 431; vgl. *ders.*, „... die Zugehörigkeit ist von größter Bedeutung für die Hochschul-Laufbahn" – Mitgliedschaft in studentischen Verbindungen und Vereinen als Qualifikationsmerkmal für die Berufung von Professoren, in: Christian Hesse/Rainer Christoph Schwinges (Hrsg.), Professorinnen und Professoren gewinnen. Zur Geschichte des Berufungswesens an den Universitäten Mitteleuropas (Veröffentlichungen der Gesellschaft für Universitäts- und Wissenschaftsgeschichte, 12), Basel 2012, 257–284, hier 274–276; *ders.*, „Bruder in Paulo!" – Netzwerke um Rudolf Kötzschke, in: Enno Bünz (Hrsg.): 100 Jahre Landesgeschichte (1906–2006). Leipziger Leistungen, Verwicklungen und Wirkungen (Schriften zur sächsischen Geschichte und Volkskunde, 38), Leipzig 2012, 121–157; *ders.*, „... der zu Recht bevorzugte unsichtbare Kreis, der sich nur den unsrigen erschließt" – Studentische Korporationen zwischen Elitedenken und den Selbstverständlichkeiten der Zugehörigkeit im 19. und frühen 20. Jahrhundert, in: Volkhard Huth (Hrsg.), Geheime Eliten? (Bensheimer Forschungen zur Personalgeschichte, 1), Frankfurt a. M. 2014, 183–203; *ders.*, „... nur den Eingeweihten" (wie Anm. 4), 160 f.; *ders.*, Burschenschaften in Baden (s. Anm. 11), 145; *ders.*: „Dem deutschen Vaterland und der Deutschen Burschenschaft zu dienen sind Selbstverständlichkeiten, die keiner besonderen Erwähnung bedürfen!" – Archivare, Bibliothekare und eine Standesorganisation, in: Frank-Lothar Kroll, Festschrift für Jürgen Kloosterhuis [in Vorbereitung].

talität, sondern auch kulturell, zivilisatorisch und politisch, durch eine gemeinsame Zielvorgabe, einen ideologischen und fachlichen Gleichklang. Zur weiteren Verdichtung trugen gemeinsame Weltbilder, Interessen, Zukunftsentwürfe und identische Kommunikationsmuster bei sowie das Bewusstsein, künftig gesellschaftliche und ökonomische Führungspositionen zu besetzen – und dazu auch berechtigt und befähigt zu sein. Man empfand sich gegenseitig als glaubwürdig und authentisch, woraus wiederum Zusammenarbeit, Verständnis, Affinität, Vertrautheit und Freundschaft entstand bzw. entstehen konnte. Übereinandergelegt und quer über Dritte und Vierte verbunden, ergaben die vielen verschiedenen Linien ein Netz, das seine Belastbarkeit und Dauerhaftigkeit immer wieder bewies. Mentale Nähe nivellierte noch nach Jahren die geographische Distanz und wurde politik- oder sonst wirkungsmächtig, erhielt Relevanz in verschiedensten Bereichen.

Erster Weltkrieg, Weimarer Republik, Nationalsozialismus

Es waren diese Studenten, die mit Begeisterung 1914 in den Krieg zogen und für die das Symbol „Langemarck" steht.[44] Ein Fünftel der Gesamtstudentenschaft fiel, ein weit größerer Anteil als bei allen anderen Bevölkerungsgruppen. Die aus dem Weltkrieg zurückkehrenden Studenten waren andere geworden. Der vergangene Massen- und Materialkrieg verlangte nach einer Sinngebung. Vor 1914 waren die Studenten national. Nun wandte sich der studentische Nationalismus erstmals gegen den Staat. Wie das Bürgertum, dem die Mehrzahl der Studenten nach wie vor entstammte, gehörten sie „zu den zunächst unterlegenen und wurzellos gewordenen Mächten", konnten der „politischen Wandlung im Herzen nicht zustimmen", fühlten sich deklassiert, gedemütigt und orientierungslos, waren aus der Bahn geworfen worden, konnten den Umwälzungen innerlich nicht zustimmen.

Nach dem Ersten Weltkrieg machten sich gegenüber der Vorkriegszeit Wandlungen bemerkbar, wurde das studentische Leben politischer, unmittelbarer, der Stil einfacher.[45] Die von wirtschaftlichen Sorgen gequälten Studenten

---

[44] Hierzu u. im Folgenden mit weiteren Nachweisen: *Lönnecker*, Studenten und Gesellschaft (wie Anm. 4), 414 f.; eine Untersuchung zur Geschichte der Rostocker Studentenschaft, ihrer Vereine und Verbindungen im Ersten Weltkrieg fehlt; vgl. allgemein: *Marc Zirlewagen* (Hrsg.), „Wir siegen oder fallen" – Deutsche Studenten im Ersten Weltkrieg (Abhandlungen zum Studenten- und Hochschulwesen, 17), Köln 2008.

[45] Hierzu u. im Folgenden mit weiteren Nachweisen: *Lönnecker*, Studenten und Gesellschaft (wie Anm. 4), 415 f.; eine Untersuchung zur Geschichte der Rostocker Studentenschaft,

in der Weimarer Republik unterschieden sich deutlich von denen der Vorkriegs- und unmittelbaren Nachkriegsjahre, 33 % aller deutschen Studenten waren auf einen Nebenverdienst als Werkstudent angewiesen, eine bis 1914 undenkbare Situation. Die lerneifrige und die verlorene Zeit rasch aufzuholen suchende Kriegsstudentengeneration verließ bis 1923 die Hochschulen. Die nachfolgende übernahm den nun aufblühenden antibürgerlichen Geist der Jugendbewegung, politisierte, radikalisierte und militarisierte ihn aber. Diese Generation kannte nicht mehr die Front, hatte wohl aber die Entbehrungen der Nachkriegszeit, die Revolution, das Versagen des Staatsapparates, die Besetzung deutscher Gebiete durch fremde Truppen, Putsche, Hunger und Inflation miterlebt. Sie verließ spätestens gegen Ende der zwanziger Jahre die Hochschulen und machte der nächsten Platz, die ihr Studium angesichts von Weltwirtschafts- und Überfüllungskrise sowie bedrückender beruflicher Aussichten begann. Allen Generationen waren Enttäuschung, Skeptizismus und Zynismus eigen, aber auch ein eng mit der Hoffnung auf einen Aufbruch, auf etwas Großes und Neues verbundener Idealismus, der *„neues Volksleben"* aus der *„Zertrümmerung der Gegenwart"* schaffen wollte, eng verzahnt mit einer besonderen *„Anfälligkeit für das Grundrauschen der völkisch-antisemitischen Publizistik der Weimarer Jahre"*, wie es sich in den Werken Arthur Moeller van den Brucks, Oswald Spenglers, Edgar Julius Jungs, Hans Grimms, Erwin Guido Kolbenheyers und anderer Autoren der *„Konservativen Revolution"* offenbarte.

Die Masse der seit 1923/24 studierenden Hochschüler teilte das Gefühl einer ungeheuren Vitalität und Kreativität, gab sich selbstbewusst und aktiv, wie es sich vor allem in der Tätigkeit der neugegründeten Deutschen Studentenschaft (DSt) – der Vereinigung der Allgemeinen Studentenausschüsse[46] – niederschlägt, mit der die Studentenschaft seitens des Staates erstmals als politischer Faktor anerkannt wurde.[47] Für diese Studenten kennzeichnend war ein hohes Selbstwertgefühl und das Bewusstsein, die Speerspitze bei der Durchset-

---

ihrer Vereine und Verbindungen in der Weimarer Republik fehlt; Hinweise in: *Juliane Deinert*, Die Studierenden der Universität Rostock im Dritten Reich (Rostocker Studien zur Universitätsgeschichte, 11), Rostock 2010; ebenfalls, wenn auch zeitbedingt: *Ruth Carlsen*, Zum Prozeß der Faschisierung und zu den Auswirkungen der faschistischen Diktatur auf die Universität Rostock (1932–1935), Diss. phil. Rostock 1966.

[46] *Harald Lönnecker*, „Vorbild ... für das kommende Reich". Die Deutsche Studentenschaft (DSt) 1918–1933, in: GDS-Archiv für Hochschul- und Studentengeschichte 7 (2004), 37–53.

[47] Hierzu u. im Folgenden mit weiteren Nachweisen: *Lönnecker*, Studenten und Gesellschaft (wie Anm. 4), 417 f.

zung nationaler Interessen zu sein, gesehen als eine naturgesetzliche Notwendigkeit, die zur uneingeschränkten Bekämpfung der identifizierten Feinde des eigenen Volkes berechtigte. „*Solchen Vorstellungen lag eine eliminatorische, vermeintlich rationale ‚Ethik' zugrunde, die ‚konsequenterweise alle moralischen Bindungen' ablegte und ‚sich allein durch den Bezug auf die Interessen des eigenen Volkes' rechtfertigte.*" Gepaart war dieses Denken mit einer

„Kombination aus radikalem politischen Engagement und büromäßiger Organisation, aus nationalistischer Begeisterung und ‚sachlicher Arbeit', aus ‚Heroismus' und ‚Realismus', die den generationellen Stil der akademischen Nachkriegsjugend kennzeichnete",

dazu einem „*elitären Idealismus*" sowie der „*Attitüde der Kühle, ‚Sachlichkeit' und der unbedingten Leistungsbereitschaft*" huldigte. Das alles rundete die „*Absage an die Republik*" und ein rassenbiologisch gefärbter Antisemitismus ab, wodurch dem einzelnen die Gewissheit vermittelt wurde, „*sich von der liberalen und demokratischen Umwelt durch ‚Weltanschauung', von den älteren ‚national' oder konservativ Denkenden*" aber durch Radikalität und Härte zu unterscheiden. Zusammengefasst machte dies alles jenen „*Heroischen Realismus*" aus, der ein Schlüsselbegriff zum Verständnis von Gedankenwelt und Handlungsperspektiven der jungen akademischen Rechten in der Weimarer Republik ist.[48]

Um 1930 war der 1926 gegründete Nationalsozialistische Deutsche Studentenbund (NSDStB) in der Studentenschaft ungeheuer erfolgreich, abgesehen von der um 1900 von Leipzig ausgehenden Finkenschaftsbewegung[49], der

---

[48] Linke Studenten spielten hingegen so gut wie keine Rolle; *Eckhard Oberdörfer*, Die Roten Studenten in der Weimarer Republik, in: Einst und Jetzt. Jahrbuch des Vereins für corpsstudentische Geschichtsforschung 46 (2001), 227–246; *ders.*, Sozialdemokratische Studenten in der Weimarer Republik, in: GDS-Archiv für Hochschul- und Studentengeschichte 6 (2002), 59–83; *Christian Saehrendt*, Studentischer Extremismus und politische Gewalt an der Berliner Universität 1918–1933, in: Jahrbuch für Universitätsgeschichte 9 (2006), 213–233, hier 222–224.

[49] Die Rostocker Freistudenten- oder Finkenschaftsbewegung ist nicht untersucht; vgl. Universitätsarchiv Rostock, Rektorat, 1419–1900, R XII Studentenschaft, N: Studentenschaft, 24, Finkenschaft (nichtkorporierte, auch „freie" Studentenschaft), 1900–1907; allgemein: *Hans-Ulrich Wipf*, Freistudentenschaft und Jugendbewegung – Reformbestrebungen in der Deutschen Freien Studentenschaft vor dem Ersten Weltkrieg, in: Jahrbuch des Archivs der deutschen Jugendbewegung 17 (1988/1992), 177–198; *ders.*, Studentische Politik und Kulturreform. Geschichte der Freistudenten-Bewegung 1896–1918 (Edition Archiv der deutschen Jugendbewegung, 12), Schwalbach a. Ts. 2005.

einzige nichtkorporative Zusammenschluss von einigem Einfluss zwischen 1800 und 1945.⁵⁰ Der Studentenbund verstand sich als die *„einzige von Adolf Hitler anerkannte Kampfgemeinschaft von Nationalsozialisten auf den Hochschulen"* und fiel vorrangig durch seinen ungehemmten Aktivismus und Aktionismus – Demonstrationen, Versammlungen, Sprechabende, Flugblattaktionen usw. – auf. Sein Weltbild war auf vielen Gebieten mit dem der Korporationen identisch oder doch nahe verwandt, wobei totalitäre, egalitäre und antibürgerliche Zielsetzungen die größten Unterschiede bildeten. Andererseits standen in der Programmatik des NSDStB antisemitische, antimarxistische, antiparlamentarische und antirationalistische Tendenzen im Vordergrund, pflegte er den Führerglauben und die Sehnsucht nach einem *„starken Staat"*. Nicht zu unterschätzen war auch, dass er, wohl mehr aus taktischen Gründen, für die völlige Straffreiheit der Mensur eintrat. Die schlagenden, *„waffenstudentischen"* Verbände bejahten folglich *„den Nationalsozialismus als wesentlichen Teil der völkischen Freiheitsbewegung"*. Jeder *„fähige Akademiker"* könne *„sich dieser Bewegung anschließen"*. Aber seine Vertretung an den Hochschulen, den Studentenbund *„mit seiner gegenwärtigen Betätigung und unter seiner gegenwärtigen Führung"*, sahen sie nicht *„als Faktor einer gedeihlichen Zusammenarbeit"* an. Zustimmung zum Nationalsozialismus war folglich durchaus mit Abneigung gegen den Studentenbund vereinbar. Und: Nicht nur weltanschauliche, sondern Machtfragen in der Studentenschaft bzw. den Studentenausschüssen berührten also die Hochschüler. Sie waren spätestens mit dem 30. Januar 1933 geklärt, obwohl der NSDStB seit September 1932 fast überall seine Mehrheiten verloren hatte und *„sich ein Umschwung gegen die*

---

⁵⁰ Hierzu u. im Folgenden mit weiteren Nachweisen: *Lönnecker*, Studenten und Gesellschaft (wie Anm. 4), 418–421; insbesondere zu Rostock: *Deinert*, Die Studierenden 2010 (wie Anm. 45); *dies.*, Die Studierenden der Rostocker Universität in der Zeit des Nationalsozialismus, in: Gisela Boeck/Hans-Uwe Lammel (Hrsg.), Die Universität Rostock in den Jahren 1933–1945. Referate der interdiziplinären Ringvorlesung des Arbeitskreises „Rostocker Universitäts- und Wissenschaftsgeschichte" im Sommersemester 2011 (Rostocker Studien zur Universitätsgeschichte, 21), Rostock 2012, 163–183; allgemein: *Anselm Faust*, Der Nationalsozialistische Deutsche Studentenbund. Studenten und Nationalsozialismus in der Weimarer Republik, 2 Bde., Düsseldorf 1973; *ders.*, „Überwindung des jüdischen Intellektualismus und der damit verbundenen Verfallserscheinungen im deutschen Geistesleben". Der Nationalsozialistische Deutsche Studentenbund, in: Joachim Scholtyseck/Christoph Studt (Hrsg.), Universitäten und Studenten im Dritten Reich. Bejahung, Anpassung, Widerstand (Schriftenreihe der Forschungsgemeinschaft 20. Juli e. V., 9), Münster/Berlin 2008, 107–114; *Michael Grüttner*, Studenten im Dritten Reich, Paderborn/München/Wien/Zürich 1995.

Nationalsozialisten" in den Hochschulen abzeichnete, gerade auch in Rostock.[51]

Verglichen mit der Zeit vor 1933 schien der NS-Staat innerhalb weniger Jahre eine erstaunliche innere und äußere Stabilität gewonnen zu haben.[52] Aber je sicherer sich Hitler und seine Partei wähnten, desto weniger Rücksicht mussten sie auf die alten bürgerlichen Schichten nehmen. Eine parallele Entwicklung gab es in der Studentenschaft. Mit dem Sieg des Studentenbunds machte er sich an die Beseitigung der letzten ihm noch entzogenen „*reaktionären*" Bastionen, der Korporationen. Ihnen sollte keine Möglichkeit gegeben werden, „*irgendwie Sonderpolitik treiben zu können*", wie der „Völkische Beobachter" schrieb. Die NS-Führer lehnten die Verbände ab, weil sie in ihnen eine „*konkurrierende, manchmal sogar gegnerische politische Macht sahen*". Mit der Auflösung der Verbände zwischen Oktober 1935 und Anfang 1936 waren sie die einzige Macht in der Studentenschaft geworden.

Die Studenten im Dritten Reich wiesen gegenüber denen der Weimarer Republik mehrere Unterschiede auf. Zunächst überaus begeistert, zeigten sie bald Reaktionen auf die ideologische Überbeanspruchung: Rückzug und Abkapselung. Nach der Auflösung der Verbände trat noch eine Loyalitätskrise hinzu. Denn die Erwartungen des Studentenbunds hinsichtlich eines Zustroms aus den Korporationen nach deren Auflösung wie der neu an die Hochschulen kommenden Studenten wurden weit unterboten. Außerdem war der nach 1936/37 an die Universitäten strömende Studententyp mit dem der vorangegangenen Zeit nicht zu vergleichen. Er hatte schon in der Schulzeit in der Hitlerjugend gestanden, Arbeitsdienst und die zweijährige Militärzeit hinter sich und hegte oft eine starke Abneigung gegen eine erneute feste Bindung in kasernierter Form, wie sie die Reichsstudentenführung mit den NSDStB-Kameradschaften propagierte. Ein sich abzeichnender Akademikermangel eröffnete gute Chancen auf dem Arbeitsmarkt und erhöhte das Selbstbewusstsein der Studenten, die ihr Studium möglichst unbehelligt von Partei und Staat hinter sich bringen wollten, was aber keineswegs als passiver Widerstand zu werten ist, da die grundsätzliche Zustimmung zum Nationalsozialismus weit verbreitet und hoch war.

---

[51] Ebd.; vgl. *Karl Heinrich Krüger*, Universität Rostock. Der vergebliche Kampf um die Wende von 1933, in: GDS-Archiv für Hochschul- und Studentengeschichte 7 (2004), 54–70.

[52] Hierzu u. im Folgenden mit weiteren Nachweisen: *Deinert*, Die Studierenden 2010 u. 2012 (wie Anm. 45 u. 50); *Lönnecker*, Studenten und Gesellschaft (wie Anm. 4), 421–423.

Das mangelhafte Konzept des NSDStB, der zum herkömmlichen Studenten- und Verbindungsleben keine überzeugenden Alternativen zu bieten vermochte, der geringe Einfluss der eingesetzten Kameradschaftsführer bei zunehmendem Einfluss älterer Korporationsstudenten und der Altherrenschaften – zunächst meist einzelner, sich besonders engagierender Alter Herren – und die mangelnde Tauglichkeit des Führungspersonals in den Hochschulgruppen trugen dazu bei, die Studentenbunds-Kameradschaften nach innen mehr und mehr zu Korporationen alten Stils werden zu lassen. Konrad H. Jarausch spricht von „*Kryptokorporationen*"[53] und schon ein Zeitgenosse begriff die Kameradschaften als Fortsetzung und lediglich andere Form der Verbindungen. Nach Kriegsausbruch verstärkte sich diese Tendenz noch. Diese Renaissance wurde nach 1945 vielfach als Widerstand oder „*Ausdrucksform der inneren Emigration*" gesehen. Sicherlich war dies kein Widerstand gegen das nationalsozialistische Regime, aber ebenso sicher „*artikuliert sich in dieser Entwicklung ein gewisser Überdruss am traditionellen Kameradschaftsbetrieb, vielleicht auch die Freude am klandestinen Spiel mit dem Feuer, jedenfalls ein gewisser Oppositionsgeist*" der „*überreglementierten Kriegsstudenten*", die sich in einen privaten Raum zurückzogen, „*der durch die Tradition des Brauchtums gegen die wachsenden Anforderungen des Staats abgeschirmt war.*"[54] Diese wie die Kameradschaften erloschen mit Kriegsende. In Rostock lebten unabhängige Verbindungen und Vereine erst nach 1990 wieder auf.[55]

---

[53] *Konrad H. Jarausch*, Deutsche Studenten 1800–1970, 2. Aufl. Frankfurt a. M. 1989, 192.

[54] *Grüttner*, Studenten (wie Anm. 50), 408 f.

[55] Eine Zusammenstellung: *Hartmut H. Jess*, Specimen Corporationum Cognitarum 2000. Das Lexikon der Verbindungen (Compact-Disk), Köln 2000, 2. Folge 2005, 3. Folge 2010; s. a. *Paulgerhard Gladen*, Die deutschsprachigen Korporationsverbände, 2. Aufl. Hilden 2007, 42, 119, 157, 159, 262 f., 320, 427; *ders.*, Die Kösener und Weinheimer Corps, Hilden 2007, 183 f., 186 f.; *ders.*, Landsmannschaften und Turnerschaften im Coburger Convent, Hilden 2009, 30, 128 f.; *Hans-Georg Balder*, Die Deutschen Burschenschaften. Ihre Darstellung in Einzelchroniken, Hilden 2005, 357–359.

Verbindungen und Vereine an der Universität Rostock ca. 1800–1935[56]

Gründung	Name
1777, 1793	Konstantistenorden
1781	Burschenschaft (Studentenschaft)
1789	Unitistenorden
1798 ff.	Ordensverbindungen (1800 Orden der Hoffnung)
1803	Föderation (Landsmannschaft?)
1806	Mecklenburger Bund
1808	Landsmannschaft Vandalia
1809	15. 9.: Burschenschaft (Studentenschaft)
1815	Wintersemester: Sulphuria
1817	Wintersemester: Rostocker Burschenschaft (bis 20. 2. 1820)
1818	6. 8.: Burschenschaft Rostochia (bald eingegangen)
1820	8. 8.: Burschenschaft Germania (bis April 1823)
1823	Allgemeinheit (Burschenschaft) (bis Februar 1827)
1824	18. 10.: Corps Vandalia (bis 1845, rek. 1907)
1827	Februar: Burschenschaft Teutonia (bis Mai 1827)

---

[56] Erfasst sind nur die wichtigsten Verbindungen und Vereine; Überblicke in: *Jess*, Specimen (wie Anm. 55); die wesentliche Literatur bei *Lönnecker*, „... der deutschen Studentenschaft" (wie Anm. 1), 577 ff.; zu weiteren Bibliographien: ebd., 17; *Ulrich Becker* (Hrsg.), Studentische Verbände. Eine Bibliographie, zusammengestellt aus den Beständen des Instituts für Hochschulkunde, 2 Bde., Würzburg 1975 u. 1976; *Carsten Müller*, Bücherei des Instituts für Deutsche Studentengeschichte (IDS) im Stadtarchiv Paderborn, Paderborn 2010; zur Archivlage in Rostock: *Angela Hartwig/Bettina Kleinschmidt*, Bestandsübersicht des Universitätsarchivs Rostock (Rostocker Studien zur Universitätsgeschichte, 14), Rostock 2010; zu Archivalien außerhalb Rostocks: *Harald Lönnecker*, Quellen und Forschungen zur Geschichte der Korporationen im Kaiserreich und in der Weimarer Republik. Ein Archiv- und Literaturbericht, in: Matthias Steinbach/ Stefan Gerber (Hrsg.), „Klassische Universität" und „akademische Provinz". Studien zur Universität Jena von der Mitte des 19. bis in die dreißiger Jahre des 20. Jahrhunderts, Jena 2005, 401–437; *ders.*, Deutsche studentische Zusammenschlüsse in Ostmitteleuropa zwischen 1800 und 1920: Grundlagen – Quellen – Forschungen – Literatur, in: Berichte und Forschungen. Jahrbuch des Bundesinstituts für Kultur und Geschichte der Deutschen im östlichen Europa 17 (2009 [2010]), 185–214; *ders.*, „Auskunft zu geben über Bereiche, über die Nachweise zu finden sonst kaum einmal möglich ist" – Entstehung, Struktur und Inhalt der Archive akademischer Verbände und Vereinigungen, in: Jahrbuch für Universitätsgeschichte 16 (2014) [im Druck].

1827	Februar: Burschenschaft Concordia (bis Mai 1827)
1828	25. 6.: Burschenschaft Arminia (als Allgemeinheit, Germania, Constantia bis WS 1831/32)
1831	Sommersemester: Allgemeinheit (Burschenschaft) (bis Februar 1833)
1834	17. 6.: Corps Pomerania (bald eingegangen)
1837	11. 1.: Corps Hanseatia (bald eingegangen)
1840	16. 5.: Corps Obotritia (bald eingegangen)
1844	10. 5.: Corps Guestphalia (bald eingegangen)
1850	1. 6.: Wingolf (christliche Verbindung, faktisch evangelisch)
1850	Akademischer Juristen-Verein (bis 1864)[57]
1855	13. 11.: Corps Obotritia (bald eingegangen)
1863	25. 4.: Theologische Verbindung (faktisch evangelisch)
1871	Akademisch-Juristischer Verein (bis 1914)[58]
1878	Corps Saxonia → 1882 Hansea
1879	Theologischer Studentenverein
1881	15. 7.: Corps Borussia (bis 1886)
1882	11. 1.: Corps Visigothia[59]
1882	25. 2.: Corps Hansea → 22. 9. 1907 im Corps Vandalia
1883	21. 1.: Burschenschaft Obotritia[60]
1883	9. 7.: Turnerschaft Baltia[61]
1885	Mathematisch-Physikalischer Verein (bis 1926)
1886	2. 6.: Akademischer Gesangverein → 1919 Burschenschaft Redaria[62]
1887	Deutsche Christliche Studentenvereinigung (bis 1931)
1896	Landsmannschaft Saxonia (bis um 1900)
1896	Verein der Realschulabsolventen

---

[57] *Lönnecker*, „... der deutschen Studentenschaft" (wie Anm. 1).

[58] Ebd.

[59] Zum Corps Visigothia bereitet Herr Christian Grey, Rostock, eine Dissertation vor.

[60] Zur Burschenschaft Obotritia existiert eine leider nicht zugängliche Staatsexamensarbeit von Ronald Ackermann.

[61] *Frank Rozanski*, Baltia Rostock 1883–2010. Rechtshistorische Betrachtung einer Studentenverbindung als Teil ihres Dachverbands und ihrer Universität (Rostocker Rechtsgeschichtliche Reihe, 12), Aachen 2013.

[62] *Fliegner*, Redaria (wie Anm. 25).

1898	1. 12.: Akademischer Turnverein Arminia
1900	Finkenschaft (nichtkorporierte, auch Freie Studentenschaft) (bis 1907)
1906	27. 7. (in Berlin): Akademisch-Geodätischer Verein Catena → 18. 1. 1920 Sängerschaft Niedersachsen[63]
1906	17. 11.: Verein Deutscher Studenten
1907	Geographische Vereinigung
1908	29. 10.: Akademischer Turnverein Normannia → Mecklenburgia
1908/09	Landsmannschaft Mecklenburgia (gegr. von Mecklenburger Studenten 3. 3. 1870 in Leipzig)
1909	26. 4.: Theologischer Verein Philadelphia
1911	Studentischer Luftflotten-Verein (bis 1914)
1913	18. 5.: Corps Gothia (bis 1914)
1919	8. 1.: Verbindung jüdischer Studenten Maccabea (bis SS 1925)
1919	23. 2.: Verbindung deutscher Studenten jüdischen Glaubens Hansea (bis 1922)
1919	27. 3.: Akademischer Seglerverein
1919	1. 5.: Landsmannschaft Teutonia (gegr. 18. 8. 1884 in Berlin als Akademisch-Rechtswissenschaftlicher Verein)[64]
1919	30. 6.: Trotzburg (christliche Verbindung)
1919	28. 11.: Sängerverbindung Skaldia
1919	Literarische Vereinigung (bis 1926)
1919	Sozialwissenschaftliche Vereinigung (bis 1920)
1919	Vereinigung der Studierenden der Zahnheilkunde
1919	Verein Studierender Frauen Rostock (bis 1921)
1922	13. 11.: Verband/Verbindung studierender Balten
1925	Mathematisch-Physikalische Vereinigung
1927	Akademische Fliegergruppe (bis 1933)
1927	Akademischer Reitverein (bis 1936)

---

[63] *Lönnecker*, „Goldenes Leben im Gesang!" (wie Anm. 4); *ders.*, Akademische Netzwerke am Beispiel der Sängerschaft Niedersachsen Rostock. Manuskript eines Vortrags, gehalten auf dem Doktorandenkolloquium des Lehrstuhls für Bürgerliches Recht, Arbeitsrecht und Rechtsgeschichte der Juristischen Fakultät der Universität Rostock, Prof. Dr. Ralph Weber, 18.–20. Oktober 2005 in Güstrow.

[64] *Lönnecker*, „... der deutschen Studentenschaft" (wie Anm. 1).

1929	2. 2.: Akademische Verbindung Nordmark (katholisch)[65]
1929	17. 2.: Deutsche Hochschulgilde Ulrich von Hutten
1931	Burschenschaft Germania
1931	29. 4.: Wissenschaftlicher Katholischer Studentenverein Unitas
1931	Rostocker Akademische Jägervereinigung (bis 1933)
1932	Rudergemeinschaft an der Universität Rostock

Politische bzw. verbands- oder parteinahe Vereine

1915	Vereinigung kriegsgeschädigter Akademiker
1919	Deutsch-Demokratische Studentenvereinigung (bis 1933)
1919	Vereinigung fortschrittlich gesinnter Akademiker an der Universität Rostock (Vereinigung für Hochschulreform)
1921	Akademische Vereinigung an der Universität Rostock (bis 1922)
1927	Deutsch-Völkische Studentengruppe (bis 1930)
1929	Deutschnationale Studentengruppe (bis 1933)
1929	Sozialistische Studentengruppe (bis 1933)
1929	Stahlhelm-Hochschulgruppe (bis 1933)[66]
1929	Hochschulgruppe des Vereins für das Deutschtum im Ausland
1930	Hochschulgruppe der Deutschen Volkspartei an der Universität Rostock (bis 1933)
1930	Nationalsozialistischer Deutscher Studentenbund[67]
1930	Rote Studentengruppe (bestand 1932 nicht mehr)
1931	Bulgarischer Studentenverein (bis 1932)
1931	Verein Auslandsdeutscher Studierender (bis 1934)
1932	Studentenring im Bund Ekkehard e. V.
1932	Tannenberg-Studentenbund (bis 1933)
1933	Arbeitsgemeinschaft Nationalsozialistischer Studentinnen (bis 1934)[68]

---

[65] *Christensen*, Nordmark (wie Anm. 8).

[66] *Jens-Markus Sanker*, „Stahlhelm unser Zeichen, schwarz-weiß-rot das Band ..." Der Stahlhelm-Studentenring Langemarck. Hochschulpolitik in feldgrau 1926–1935 (Historia Academia, 43), Würzburg 2004.

[67] Siehe Anm. 50.

[68] Siehe Anm. 50.

Susi-Hilde Michael

Wesentliche normative Rechtsquellen der Universität Rostock

Einleitung

Die 1419 gegründete Universität Rostock ist die älteste Universität im Ostseeraum.[1] Ihre fast 600-jährige Geschichte wurde und wird in einem breiten Spektrum wissenschaftlicher Arbeiten erforscht. Der Wissenschaft stehen nicht nur Forschungsbeiträge zur spätmittelalterlichen und frühneuzeitlichen Geschichte der Universität[2], sondern auch sich mit der neueren und neuesten Geschichte der *Alma Mater Rostochiensis* auseinandersetzende Beiträge zur Verfügung.[3] Zu den neuesten historischen Darstellungen zählt eine sich mit wesentlichen normativen Rechtsquellen der Universität Rostock von 1419 bis 1563 auseinandersetzende rechts- und verfassungshistorische Studie. Die für den eben genannten Forschungsbeitrag herangezogenen normativen Quellen sollen nachstehend quellenkritisch betrachtet werden.

Die Stiftungsbulle der Universität von 1419

Bei der Vorstellung der Stiftungsbulle gilt es an erster Stelle zu fragen, wo sie gegenwärtig archiviert wird, wie sie überliefert ist, was es zur Quellenbeschreibung auszuführen gibt und wie sie zum historischen Arbeiten zur Verfügung steht. Das Original der Stiftungsurkunde wird im Mecklenburgischen

---

[1] Geschichte der Universität Rostock 1419–1969. Festschrift zur Fünfhundertfünfzig-Jahr-Feier der Universität, hrsg. von *Günter Heidorn u. a.*, Bd. 1: Die Universität von 1419–1789, hrsg. von *Karl-Friedrich Olechnowitz*. Rostock 1969, 3–6.

[2] *Marko Andrej Pluns*, Die Universität Rostock 1418–1563. Eine Hochschule im Spannungsfeld zwischen Stadt, Landesherren und wendischen Hansestädten. Köln 2007; *Otto Karsten Krabbe*, Die Universität Rostock im fünfzehnten und sechzehnten Jahrhundert. Rostock 1854; Geschichte der Universität Rostock 1419–1969, Bd. 1.

[3] *Kersten Krüger* (Hrsg.), Frauenstudium in Rostock. Berichte von und über Akademikerinnen (Rostocker Studien zur Universitätsgeschichte, Bd. 9). Rostock 2010; Geschichte der Universität Rostock 1419–1969. Festschrift zur Fünfhundertfünfzig-Jahr-Feier der Universität, Bd. 2: Die Universität von 1789–1969, hrsg. von *Konrad Canis u. a.*. Rostock 1969; *Rektor der Universität* (Hrsg.), Zur Geschichte der Universität Rostock. 600 Jahre Traditio et Innovatio. Rostock 2010.

Landeshauptarchiv in Schwerin aufbewahrt.[4] Eine Abschrift des Urkundentextes ist im Großen Kopienbuch, das zum Archivbestand des Universitätsarchivs der *Alma Mater Rostochiensis* zählt, zu finden.[5] Der Urkundentext wurde auf einem rechteckigen Pergament mit schwarzer Schreibflüssigkeit geschrieben.[6] Der Papstname in der ersten Zeile und der erste Buchstabe der Präposition „*ad*" in der gleichen Zeile sind als gotische Majuskeln zu erkennen.[7] Die übrigen Buchstaben und Worte der ersten Zeile zeigen die Schrift *Elongata*.[8] Der übrige Urkundentext wurde in einer schwer lesbaren Schreibschrift geschrieben.[9] Darüber hinaus ist durch vorliegende Forschungsbeiträge bekannt, dass sich an der Urkunde die päpstliche Bleibulle, befestigt an rot-gelben Seidenfäden, befindet.[10] Auf dem Avers der Bleibulle ist „*MARTINUS P[a]P[a] V*"[11] und auf dem Revers „*S[anctus] PE[trus] S[anctus] PA[ulus]*"[12] zu lesen. Auf der *Plica*, unten rechts, ist das Kürzel des Schreibers der Urkunde zu finden. Es

---

[4] Landeshauptarchiv Schwerin (künftig: LHAS), HAS 1.6-1, Nr. 3. Die Signatur gilt für die Stiftungsbulle der Universität Rostock aus dem Jahr 1419. Siehe *Susi-Hilde Michael*, Recht und Verfassung der Universität Rostock im Spiegel wesentlicher Rechtsquellen 1419–1563. Teil 2: Quellen (Rostocker Studien zur Universitätsgeschichte, Bd. 24). 1. Aufl. Rostock 2013 (künftig: *Susi-Hilde Michael*, Teil 2: Quellen), 5–15. Die vorliegenden Ausführungen zu den wesentlichen normativen Rechtsquellen der Universität Rostock sind in wenig veränderter Form erschienen in: *Susi-Hilde Michael*, Recht und Verfassung der Universität Rostock im Spiegel wesentlicher Rechtsquellen 1419–1563. Teil 1: Darstellung (Rostocker Studien zur Universitätsgeschichte, Bd. 23). 1. Aufl. Rostock 2013 (künftig: *S.-H. Michael*, Teil 1: Darstellung), 23–67.

[5] Universitätsarchiv Rostock (künftig: UAR), RA I A5 Großes Kopienbuch, 33–36.

[6] *Rektor der Universität* (Hrsg.), Mögen viele Lehrmeinungen um die eine Wahrheit ringen. 575 Jahre Universität Rostock. Rostock 1994, 8: Abdruck der Stiftungsbulle der Universität Rostock. Der Text konnte durch ein Scanverfahren lesbar gemacht werden. Fortan wird zitiert: Scan Stiftungsbulle 1419, wenn nach der Scanvorlage gearbeitet wurde.

[7] Scan Stiftungsbulle 1419.

[8] Ebd.

[9] Ebd.

[10] *Elisabeth Schnitzler*, Die Gründung der Universität Rostock 1419, hrsg. von *Roderich Schmidt*, (Mitteldeutsche Forschungen, Bd. 73). Köln 1974, 69–72.

[11] *Dies.*, Die Gründung der Universität Rostock 1419 (wie Anm. 10), 69–72.

[12] Ebd.

handelt sich dabei um Bartolomeus de Vincio.[13] Rechts neben dem Namenskürzel ist außerdem die Taxe des Bleisiegels von 15 Gulden zu entziffern.[14] Weiterhin weist die Literatur auf die notierte Taxe für die Reinschrift in Höhe von 150 Groschen sowie die Unterschrift des Reskribendars G. Stoter und des Komputators Jo. Simonis unter der *Plica* hin.[15] Abschließend ist anzuführen, dass der Forschung das auf der Rückseite der Stiftungsurkunde befindliche Zeichen des *Magister registri* bekannt ist und Antonius de Ponto zugewiesen werden konnte.[16] Zwischen den Siegelschnüren wurde der Name des Abbreviators Anselmus (Anselmus Fabri 1379–1449) entziffert.[17]

Die Lektüre der Stiftungsbulle der *Alma Mater Rostochiensis* wird dem Historiker jedoch erheblich erleichtert, da seit 1754 der Urkundentext gedruckt vorliegt.[18] Diese Druckvorlage des Aepinus wurde kürzlich neu ediert und nach dem Faksimile der Urkunde inhaltlich ergänzt.[19] Ferner wurde im Jahr 2012 eine ausführliche deutsche Übersetzung des mittellateinischen Textes der Stiftungsbulle erarbeitet, die die wissenschaftliche Auseinandersetzung präzisiert und erleichtert.[20]

Wendet man sich dem Inhalt des Textes der Stiftungsbulle zu, gilt es an erster Stelle zu notieren, dass die Urkunde in der ersten Zeile mit der *intitulatio* beginnt, das heißt, es werden Name und Titel „*Martinus episcopus, servus servorum dei*"[21] angeführt. Die erste Zeile wird mit den Worten „*ad perpetuam rei memoriam*" beschlossen.[22]

---

[13] *Roderich Schmidt*, Die Kanzleivermerke auf der Stiftungsbulle für die Universität Rostock vom Jahre 1419. Archiv für Diplomatik, Schriftgeschichte, Siegel- und Wappenkunde 21, 1975, 443.

[14] Scan Stiftungsbulle 1419.

[15] *R. Schmidt*, Die Kanzleivermerke (wie Anm. 13), Tafel II.

[16] Ebd., 437.

[17] Ebd.

[18] *Angelius Johann Daniel Aepinus*, Urkundliche Bestätigung der Herzoglich-Mecklenburgischen hohen Gerechtsamen, über Dero Akademie und Rath zu Rostock. Rostock 1754, 192–196.

[19] *S.-H. Michael*, Teil 2: Quellen, Anhang 1.1, 5–9; Anhang 1.2, 10–15 (künftig: Stiftungsbulle 1419).

[20] Stiftungsbulle 1419, 10–15.

[21] Bischof Martin, Diener der Diener Gottes; Stiftungsbulle 1419, 5, Zeile 4, 10, Zeile 4.

[22] Zum ewigen Gedächtnis; Stiftungsbulle 1419, 5, Zeile 4, 10, Zeile 4.

Von der zweiten Zeile der Stiftungsbulle an ist die *Arenga* zu lesen. In der *Arenga* finden sich Ausführungen zur Weisheit. Sie ist unter anderem als etwas Unvergängliches angeführt.[23] Diese Unvergänglichkeit kommt bereits im alttestamentarischen Buch der Weisheit zum Ausdruck, in dem es heißt: *„Clara est, et quae numquam marcescit, sapientia"*.[24] Es wird in der *Arenga* auch deutlich, dass die Weisheit der Odem Gottes ist.[25] Indem sie als der Atem des Allmächtigen bezeichnet wird, kommt verständlich zum Ausdruck, dass Gott die Weisheit nicht erworben hat, sondern dass sie ihm von Anbeginn seines Seins innewohnt.[26] Sie gilt als die *„äußerst hervorragende [...] Kenntnis des höchsten Schöpfers"*.[27] Im Gegensatz dazu ist den Menschen die Weisheit nicht angeboren, sondern nur ein *„Hauch an Verstand."*[28] Es wird angeführt, dass die Lernbegierde der Zugang zur Weisheit ist und auf welche Weise die Menschen die Weisheit erwerben können.[29] Ferner ist abzulesen, was die nach der Weisheit Strebenden erreichen und wozu sie es gebrauchen.[30] Es findet sich in der *Arenga* auch die Aussage, dass die Studien der Wissenschaften der Verehrung Gottes dienen und der Weisheit Nahrung sind.[31] Es wird also gezeigt, dass die Weisheit wie ein Lebewesen Nahrung benötigt, um bestehen zu bleiben und um sich entwickeln zu können. Der Text der *Arenga* führt außerdem an, dass Martin V. von Gott selbst zum Papst bestimmt wurde, um den *„ergründbaren Wegen [Gottes nachzufolgen]*,"[32] und dass der Papst darauf achten wollte, was für die Ungebildeten, die Kirche und den orthodoxen Glauben *„zuträglich"*[33] war. Martin V. rief auch dazu auf, dass die Kirche durch eine geistliche und

---

[23] Stiftungsbulle 1419, 5, Zeile 5–29, 10, Zeile 5–31, 11, Zeile 1–8.

[24] Strahlend ist die Weisheit und sie verwelkt niemals; Biblia Sacra Vulgata. Iuxta vulgatam versionem, Bonifatius Fischer, hrsg. von *Robert Weber*, 4. Aufl. Stuttgart 1994 (künftig: Biblia Sacra Vulgata), Sapientia 6, 12.

[25] Stiftungsbulle 1419, 10, Zeile 7.

[26] Ebd., Zeile 5–8.

[27] Ebd., Zeile 27f.

[28] Ebd., Zeile 19.

[29] Ebd., Zeile 19–21.

[30] Ebd., Zeile 27–31.

[31] Ebd., Zeile 30f.

[32] Ebd., Zeile 16.

[33] Ebd., Zeile 26f.

eine irdische Stütze zu führen sei, mit dem Anreiz des Seelenheils, und dass nach Abschlagung der Dornsträucher der Streitigkeiten Frieden und Ruhe zu stärken und das Glück der Menschheit auszubreiten seien.[34] Man sollte darauf hinweisen, dass schon in der Heiligen Schrift Dornen, Disteln und Dornsträucher stets Negatives, was vermieden oder überwunden werden musste, zum Ausdruck bringen.[35]

Die Ausführungen der *Arenga* der Stiftungsbulle finden sich nur mit wenigen Veränderungen in der *Arenga* der *bulla fundationis* der Universität Löwen wieder. Diese Universität erhielt im Jahr 1425 ebenfalls von Papst Martin V. ihre Stiftungsbulle.[36]

Die *narratio* der Stiftungsbulle führt als Erstes an, dass Papst Martin V. eine Bittschrift der Mecklenburger Herzöge erhalten hat.[37] Dabei handelt es sich um das Antragschreiben vom 8. September 1418 der Mecklenburger Herzöge, Johann IV. (1370–1422) und Albrecht V. (1397–1423), das unter Mitwirkung der Bürgermeister und Ratsherren der Warnowstadt verfasst und sowohl von den Landesfürsten als auch von der Stadtobrigkeit Rostocks besiegelt wurde.[38] Der *narratio* entnimmt man weiter, dass die Herzöge Mecklenburgs als eifrige Soldaten ihre Landesteile, in denen Aberglaube und Irrungen hervorsprießen, mit Gelehrten ausstatten wollten,

„um Gegenmittel [des Aberglaubens und der Irrungen] zum Vorteil und zum Fortschritt hervorzubringen [...] um das Staatsgefüge der angrenzenden Länder mit glücklichem Fortschritt zu bereichern."[39]

Dem bereits erwähnten Antragsschreiben ist zu entnehmen, dass man beabsichtigte, in Rostock ein Generalstudium einzurichten.[40] Es finden sich weder Aus-

---

[34] Ebd., 11, Zeile 2–8.

[35] http://www.ulmer.de/Zitate-aus-der-Bibel/Dornen-und%20Stacheln,QUlEPTMxNjAzJk1J RD01MDEyOQ.html [abgerufen am 12. 1. 2014].

[36] *Erik van Mingroot*, Sapientie immarcessibilis. A diplomatic and comparative Study of the Bull of Foundation of the University of Louvain. Leuven 1994, 32–35.

[37] Stiftungsbulle 1419, 11, Zeile 9–11.

[38] *E. Schnitzler*, Die Gründung der Universität Rostock 1419, 69–72; *Tilmann Schmidt*, Die Supplik für die Päpstliche Gründungsurkunde der Universität in Rostock, in: Mecklenburgische Jahrbücher 125, 2010, 115–137. Tilmann Schmidt zeigt in seinem Aufsatz den Weg von der Antragstellung bis hin zur Ausstellung des Gründungsprivilegs. Er weist unter anderem, 115–118, auf die Verhandlungen der Antragsteller untereinander hin.

[39] Stiftungsbulle 1419, 11, Zeile 14–17.

sagen zum Glaubens- und Bildungsstand in Rostock und dem sonstigen Herrschaftsbereich der Mecklenburger Herzöge, noch sind Aussagen, wozu man ein Generalstudium und Gelehrte benötigte, im Antrag aufgeführt worden.[41] Aus dem Inhalt des den eben genannten Antrag unterstützenden Schreibens des Bischofs von Schwerin, Heinrich II., geht hingegen hervor, dass es in „*Niederdeutschland [...] an Lehrern und Personen, die sich den Wissenschaften widmen,*"[42] mangelte und dass die „*Finsternis der Ignoranz, Kalamitäten des Irrtums, Missstände des Rechtswesens und Abirrungen von der Gerechtigkeit*"[43] vorherrschten. Oben wurde bereits angeführt, dass die Herzöge „*als eifrige Soldaten*"[44] in der *narratio* bezeichnet werden.[45] Auf diese Weise versuchte man gewiss auszudrücken, dass die Herzöge mit größtem Engagement und sehr zielorientiert ihre Interessen umsetzen wollten. Die Ausführungen, „*Gegenmittel [des Aberglaubens und der Irrungen] zum Vorteil und zum Fortschritt hervorzubringen*",[46] kann man so verstehen, dass der Papst den Aberglauben und die Irrungen der Menschen als eine Vergiftung verstand, die durch eine Behandlung mit einem Gegenmittel erfolgreich behandelt werden konnte. Ferner ist in der *narratio* zu lesen, dass die Herzöge Mecklenburgs wünschten, dass mit Unterstützung des Schweriner Bischofs, des Rates und der Bürgermeister der Warnowstadt in Rostock ein Generalstudium auf Veranlassung des Papstes „*angeordnet und eingerichtet*"[47] werde und dass ihnen Rostock als Ort für die Bildungseinrichtung geeignet schien.[48] Diese Ausführungen sind dem oben erwähnten Antragschreiben zu entnehmen, denn es heißt:

> „wir beschließen, im Zusammenwirken und mit Zustimmung des hochwürdigen Vaters in Christo und Herrn, [des] Herrn Bischof [...] Heinrich von Schwerin, und der Bürgermeister und Ratsherren unserer Stadt Rostock, Schweriner Diözese, [...] ein Generalstudium mit den ver-

---

[40] *T. Schmidt* (wie Anm. 38), 115–118, 134–139.

[41] Ebd., 115–118, 134–137.

[42] Ebd., 115–118, 137.

[43] Ebd.

[44] Stiftungsbulle 1419, 11, Zeile 12.

[45] *T. Schmidt* (wie Anm. 38), 115–118.

[46] Stiftungsbulle 1419, 11, Zeile 14–16.

[47] Ebd., Zeile 23.

[48] Ebd., Zeile 22.

schiedenen Fakultäten in unserer Stadt Rostock, einem dazu bekanntermaßen geeigneten und passenden Ort, entsprechend unseren geringen Möglichkeiten zu gründen und zu errichten".[49]

Weiterhin ist der *narratio* zu entnehmen, dass die Herzöge Mecklenburgs meinten, dass die von Menschen erbrachten Werke der Tugenden Gott willkommen sind und von ihm nicht angezweifelt werden

„und dass auch durch diese [Werke] denen, die danach dürsten, die Perle des Wissens zu erwerben, das Diadem der Tugenden als Zeichen für geeignete Heilmittel und hilfreiche Annehmlichkeiten nachhaltig zuteil wird."[50]

Es kommt eine Wertschätzung des Wissens, der Universität und der Gelehrten zum Ausdruck. Es wird deutlich, dass man die Einrichtung eines Generalstudiums und die Ansiedelung von Gelehrten zu den guten Werken zählte. Das eben Referierte oder Zitierte wird der Meinung der Mecklenburger Herzöge zugeschrieben.[51] Dass die Herzöge diese eben angeführte Meinung vertraten, ergab sich für Martin V. aus dem Inhalt ihres Antrages.

Außerdem zeigt die *narratio* die Versprechen, die dem Antragsschreiben und auch verkürzt dem unterstützenden bischöflichen Schreiben zur Universitätsgründung zu entnehmen sind, verknappt auf.[52] Es werden zum einen die Versprechen zur Kollegienstiftung und -ausstattung für die Lehrkräfte, die Zusage, den Lehrkräften Stipendien und Saläre zu zahlen, das Versprechen zur uneingeschränkten Rechtsprechung, zur Straf- und Bußgewalt des Rektors angeführt.[53] Zum anderen werden die Zusagen für Universitätsangehörige und ihre Diener aufgezeigt, dass sie bei ihrer Reise

„durch die Herrschaftsgebiete, Länder und Bezirke ohne Zahlung einer Abgabe, Passage, Steuer, Zoll[gebühr] oder einer anderweitigen Gebühr freien Abzug, sicheren Durchzug und Geleit haben"[54]

---

[49] *T. Schmidt* (wie Anm. 38), 115–118, 134f.

[50] Stiftungsbulle 1419, 11, Zeile 32–36.

[51] Ebd., Zeile 29.

[52] Ebd., Zeile 37–39, 12, Zeile 1–31; *T. Schmidt* (wie Anm. 38), 115–118, 134–137, 137–139.

[53] Ebd., 11, Zeile 37–39, 12, Zeile 1–7, 12, Zeile 13–18.

[54] Ebd., 12, Zeile 7–13, Zeile 11–13.

sollten. Auch das Versprechen, dass die Universitätsangehörigen und ihre Diener Besitz und Güter mit nach Rostock bringen durften, bei ihrem Weggang wieder mitnehmen konnten, oder das Recht hatten Besitz und Güter in der Warnowstadt zu verkaufen sowie die Zusage, dass den Universitätsmitgliedern und ihren Dienern die Privilegien, Freiheiten und Exemtionen, die an anderen Generalstudien üblich waren, zustehen sollten, zeigt die *narratio* auf.[55] Im Antragschreiben an Martin V. sind zudem noch Versprechungen zur Gebäudeausstattung der Studentenbursen und ein ausführlicher Stellen- und Besoldungsplan für die Lehrkräfte abzulesen.[56]

Auf den letzten Zeilen der *narratio* der Stiftungsbulle der Universität Rostock wird angeführt, dass Martin V. durch einen Boten das Klima und die Ausstattung der Stadt Rostock mit den Gütern für den menschlichen Bedarf überprüfen ließ.[57] Was die Prüfung der Umstände Rostocks als Studienort anbelangt, wird der wissenschaftliche Blick auf Johann von Borsnitz, Bischof von Lebus, gelenkt.[58] Johann von Borsnitz hatte, wie belegt ist, hinreichende Ortskenntnisse, um die Stadt Rostock und den Gründungsplan für das *Studium generale* zu beurteilen.[59] Eine Reise, die nur der Prüfung Rostocks als Studienort diente, ist nicht belegt.[60]

Die gewünschte Universität wird ferner als *„sprudelnde Quelle des Lernens und der Wissenschaft"*[61] bezeichnet, aus der die Menschen, die *„mit Reife der genauen Überlegung [und die] mit dem Schmuck der Tugenden und der Lehrsätze"*[62] bekränzt sind, zum Ruhm Gottes schöpfen können.[63] Die Bezeichnung der Universität als sprudelnde Quelle der Wissenschaft und des Lernens, aus der zum Ruhm Gottes geschöpft werden kann, findet sich auch in den *narrati-*

---

[55] Ebd., Zeile 20–30.
[56] *T. Schmidt* (wie Anm. 38), 125–127.
[57] Stiftungsbulle 1419, 12, Zeile 35–39, 13, Zeile 1f.
[58] *T. Schmidt* (wie Anm. 38), 125–127.
[59] Ebd.
[60] Ebd.
[61] Stiftungsbulle 1419, 13, Zeile 4f.
[62] Ebd., Zeile 5–8.
[63] Ebd., Zeile 5–9.

ones der Stiftungsbullen zur Gründung der Universitäten Leipzig, Wien und Köln.[64] Die *dispositio* der Stiftungsbulle wird mit den Worten „*bestimmen wir mit apostolischer Autorität für die Ewigkeit und ordnen auch an, dass [...]*"[65] eingeleitet. Es wurde bestimmt, dass in Rostock eine Universität mit einer Juristischen, Medizinischen sowie einer Artistenfakultät zu gründen war und dass die Universitätsmitglieder sich „*aller Freiheiten, Immunitäten sowie Befreiungen [von Verpflichtungen und Steuern] erfreuen*"[66] durften, wie die Angehörigen der Universitäten Köln, Wien und Leipzig.[67] Die Stiftungsbullen der eben genannten Universitäten beinhalten jedoch keine genaue Auflistung der Freiheiten, Immunitäten und Befreiungen für die Universitätsangehörigen.[68] Gewiss ging man diesbezüglich von umfangreichen Kenntnissen der Universitätsgründer und der Universitätsangehörigen aus. Die Forschungsliteratur weist allgemein darauf hin, dass die Universitätsangehörigen an spätmittelalterlichen deutschen Universitäten vom Wehrdienst, von der Zahlung von Personensteuern, Straßen-, Tor-, Markt- und Wegezöllen befreit waren.[69] Die Lektüre zeigt auch, dass Universitäten die Freiheit hatten, sich Statuten zu geben, direkt den Papst anzurufen, Promotionen durchzuführen und über ihre Angehörigen, zumindest in einem gewissen Rahmen, Jurisdiktion, Straf- und Bußgewalt auszuüben.[70] Auch das Recht, die Einkommen aus ihren Pfründen außerhalb des eigentlichen Bestimmungsortes in Anspruch zu nehmen, zählt die Forschung zu den Freiheiten der Universitätsangehörigen.[71]

---

[64] Stiftungsbulle der Universität Köln. Siehe *Daniel Heinrich Arnoldt*, [A]usführliche und mit Urkunden versehene Historie der Königsbergischen Universität. Königsberg 1746, Anlage I: Stiftungsbulle der Universität Leipzig, in: *Bruno Stübel* (Hrsg.) Urkundenbuch der Universität Leipzig von 1409–1555. Leipzig 1879, 1–4; Stiftungsbulle der Universität Wien. Siehe *Rudolf Kink*, Geschichte der kaiserlichen Universität Wien. Bd. 2, Wien 1854, 26–29.

[65] Stiftungsbulle 1419, 13, Zeile 10–12.

[66] Ebd., Zeile 15–17.

[67] Ebd., Zeile 19f.

[68] Zu den Stiftungsbullen der Universitäten Köln, Wien, und Leipzig siehe Anm. 61.

[69] *T. Schmidt* (wie Anm. 38), 117; *Hilde de Ridder-Symoens*, Mobilität, in: *Walter Rüegg* (Hrsg.) Geschichte der Universität in Europa. Mittelalter. München 1993, Bd. 1, 273.

[70] *H. de Ridder-Symoens*, 273; *Alexander Gieysztor*, Organisation und Ausstattung, in: Geschichte der Universität in Europa. Mittelalter (wie Anm. 69), 128.

[71] *A. Gieysztor*, 109.

Außerdem zeigt die *dispositio*, dass die Universität einen Kanzler und einen Vizekanzler haben musste, und schreibt vor, wer diese Ämter jeweils zu bekleiden hatte.[72] Es wird angeführt, welche Aufgabe Kanzler oder Vizekanzler beziehungsweise andere Geistliche und welche Pflichten die Magister und Doktoren der Universität hinsichtlich durchzuführender Doktor- oder Magisterpromotionen hatten.[73] Auch die Anerkennung des an der Universität Rostock erworbenen Doktor- oder Magistergrades an anderen Universitäten wurde in der Stiftungsbulle genau festgelegt.[74]

Darüber hinaus zeigt das Studium der *bulla fundationis*, dass Papst Martin V. festlegte, wer über die Universitätsangehörigen, wenn sie wegen eines Zivildelikts oder eines leichten beziehungsweise schweren Kriminaldelikts zum Beklagten wurden, die Jurisdiktion ausüben musste und die Straf- und Bußgewalt hatte.[75]

In der *dispositio* finden sich außerdem die Anweisungen, dass die Gründer der Universität binnen eines Jahres, vom Ausstellungsdatum der Stiftungsbulle gerechnet, Urkunden „*über die zu stiftenden und auszustattenden Kollegien sowie über die aufzubringenden und zuzuweisenden Einkünfte*"[76] ausstellen mussten, anderenfalls hatten sie vor dem Kanzler eine von ihm festgelegte Kaution zu stellen.[77] Ferner heißt es, dass sie – sobald die Gründer zuverlässig eine Bestätigung ihrer genannten Urkunden vorlegen konnten – Briefe ausstellen mussten, „*welche die Errichtung und Erhaltung der Universität sicher[ten]*."[78] Die *dispositio* schließt mit der Anweisung, dass alle Unternehmungen, die gegen die päpstlichen Bestimmungen waren, wie sie in der *dispositio* zu lesen sind, keine Rechtskraft und Geltung haben durften.[79]

Die *sanctio*, das heißt der Abschnitt der Poenformel der *bulla fundationis* wird mit dem Satz eingeleitet:

---

[72] Stiftungsbulle 1419, 13, Zeile 26–31.

[73] Ebd., Zeile 26–37.

[74] Ebd., Zeile 37–39, 14, Zeile 1f.

[75] Ebd., 14, Zeile 2–14.

[76] Ebd., Zeile 37–39.

[77] Ebd., Zeile 39, 15, Zeile 1–3.

[78] Ebd., 15, Zeile 6–8.

[79] Ebd., Zeile 10–12.

„Niemandem ist es erlaubt, diese Urkunde unseres Statuts, unserer Ordnung und Verordnung sowie unseres Willens zu verletzen oder leichtfertig dagegen zu verstoßen."[80]

Wer gegen den apostolischen Willen handelte, sollte dafür *„die Ungnade des allmächtigen Gottes und der heiligen Apostel Petrus und Paulus auf sich zieh[en]*."[81]

Den Abschluss des Textes der Stiftungsbulle bildet die *actum- et datum-*Formel. Die Gründungsbulle der *Alma Mater Rostochiensis* wurde in Ferrara am 13. Februar 1419, also im zweiten Jahr des Pontifikats, von Martin V. ausgestellt.[82]

Wesentliche Rostocker Universitätsstatuten

Der Einband des Statutenbuches der Universität Rostock

Universitätsstatuten sind Sollbestimmungen, die die innere Ordnung der Universität regeln. Die in diesem Aufsatz vorzustellenden Statuten sind in ein Statutenbuch eingebunden, dessen Einband näher betrachtet werden soll.

Dabei stellt sich sowohl die Frage nach dem Buchbinder als auch nach der Gestaltung des Einbandes. Der Bucheinband, wie er gegenwärtig im Universitätsarchiv zu betrachten ist, wurde von Buchbinder Dietrich vom Lohe gefertigt.[83] Was das Jahr der Fertigung anbelangt, liegt folgende Aussage vor:

„Einbände im Rostocker Universitätsarchiv lassen vermuten, dass Lohe auch für die Universität gearbeitet hat. 1579 hat er wohl die Statuta Academiae Rostochiensis neu eingebunden."[84]

Der Einband besteht aus Leder und weist Buchschließen aus Metall auf.[85] Es sind sowohl auf der Vorder- als auch auf der Rückseite Abbildungen und Um-

---

[80] Ebd., Zeile 13–15.

[81] Ebd., Zeile 16f.

[82] Ebd., Zeile 18f.

[83] *Anna Marie Floerke*, Mecklenburgische Bucheinbände im 16. Jahrhundert, Archiv für Buchbinderei 30. 1930, 110–111.

[84] Ebd., 111.

[85] UAR I R A 1, Statutenbucheinband (UAR I R A 1 ist die Signatur des Statutenbuches der Universität Rostock).

schriften erkennbar. Das erste Bild in der Mitte der Vorderseite des Einbandes des Statutenbuches zeigt das Kruzifix und die Bundeslade.[86] Ferner lautet die Umschrift „*Propiciatorium nost.[rum] Christus per proprium sanguinem ingressus est semet in sancta h.[ereditate]*[87]."[88]

In Bild und Schrift wird auf dem Bucheinband des Statutenbuches verknappt zum Ausdruck gebracht, dass Christus als der Hohepriester im Tempel Gottes im Himmel, wo sich nach neutestamentlichem Verständnis die Bundeslade befindet, mit dem Opfer seines eigenen Blutes die Menschen von ihren Sünden erlöst.[89] Der Text auf dem Einband spricht unter anderem von „*unser[em] Erlösungsmittel*".[90] Es zeigt deutlich, dass man Jesus Christus auch an der Universität Rostock als den Sündenerlöser verstand. Das Bild und die Schrift zeigen somit die lutherische Gnadenauffassung.

Unter dem eben beschriebenen Bild befindet sich auf dem Buchdeckel außerdem die Abbildung von Gott Vater, Gott Sohn und Gott Heiliger Geist sowie die Umschrift: „*Sic deus dilexit mundum ut filium suum unigenitum daret ut omnis qui credit in eum non pereat*"[91] und das ewige Leben erlangt.[92] In der bildlichen Darstellung von Gott Vater, Gott Sohn und Gott Heiliger Geist wird die Dreigestalt Gottes zum Ausdruck gebracht. Durch Bild und Text wird verständlich gemacht, dass, wer an Christus glaubt, zugleich an Gott Vater und

---

[86] UAR I R A 1, Statutenbucheinband. Mir lagen darüber hinaus noch unveröffentlichte Ausführungen von *Nilüfer Krüger* vor, die sehr wichtige Angaben zum Einband des Statutenbuches enthielten. Frau Dr. Krüger sei dafür ausdrücklich gedankt.

[87] Christus ist als unser Erlösungsmittel selbst in das heilige Erbe durch sein eigenes Blut eingetreten; UAR I R A 1, Statutenbucheinband; Biblia Sacra Vulgata, Hebräer 9, 15: „ sunt sanctae hereditatis".

[88] Ausführungen von *N. Krüger* (wie Anm. 86); http://www.bibel-online.net/buch/luther_1912/hebraeer/9/#15 [abgerufen am 9. 1. 2014].

[89] http://www.bibel-online.net/buch/luther_1912/hebraeer/9/#15; http://www.bibel-online.net/buch/luther_1912/offenbarung/11/#19 [abgerufen am 9. 1 2014].

[90] UAR I R A 1, Statutenbucheinband.

[91] So hat Gott die Welt geliebt, dass er seinen eingeborenen Sohn gab, damit jeder, der an ihn glaubt, nicht verloren gehe; UAR I R A 1, Statutenbucheinband; Ausführungen von *N. Krüger* (wie Anm. 86); Biblia Sacra Vulgata, Johannes 3, 16; http://www.bibel-online.net/buch/luther_1912/1_johannes/3/#16 [abgerufen am 9. 1. 2014].

[92] http://www.bibel-online.net/buch/luther_1912/1_johannes/3/#16 [abgerufen am 9. 1. 2014].

den Heiligen Geist glaubt. Der Text der Umschrift begründet das Sterben Christi in der Liebe Gottes zu den Menschen und verheißt den Gläubigen Gnade für ihren Glauben. Man sollte die Darstellung der Dreigestalt Gottes mit der biblischen Umschrift auf dem Buchdeckel des Statutenbuches als Glaubensbekenntnis der Universitätsmitglieder der *Alma Mater Rostochiensis* zum christlichen Glauben nach Luther verstehen.

Ferner zeigt der Bucheinband des Rostocker Statutenbuches die stehende Fortuna und die Umschrift *„passibus ambiguis Fortuna volubilis errat et manet in nullo certa tenaxq[ue] loco"*[93] sowie die Wörter *„Gramma[tica]"*, *„Dialec[tica]"*, *„Rheto[rica]"* und *„Mus[ica]"*.[94] Fortuna gilt als die Göttin des Glücks und des Schicksals. Doch ist sie laut Boetius die Handlangerin der *Prudentia* also der Erkenntnis und des Wissens.[95] Als Handlangerin der *Prudentia* sollte man die Fortuna auch in der Darstellung auf dem Einband des Statutenbuches verstehen, da dem Bild der Fortuna noch ergänzend vier der auch an der Universität Rostock damals gelehrten Sieben Freien Künste, nämlich Rhetorik, Dialektik, Grammatik und Musik, hinzugefügt wurden. Das Zitat aus den Tristien des augusteischen Dichters Ovid sollte gewiss zum Ausdruck bringen, wie sich die Universität Rostock in der Rolle der Fortuna und somit als Handlangerin der *Prudentia* sah.

Ebenfalls auf dem Einband des Statutenbuches der Alma Mater Rostochiensis ist das Bild der stehenden Justitia mit der Umschrift *„Lance rego causas ferro tego et aufero vitam. Elige sive velis vivere sive mori"*[96] zu erkennen. Darüber hinaus sind die Wörter *„fid[es], spes, charitas, pacientia"* zu lesen.[97] Justitia steht für die Rechtsprechung, die auch der Universität in einem gewissen Rahmen zustand. Die Wörter Glaube, Liebe, Hoffnung und Geduld

---

[93] Mit schwankenden Schritten irrt die flüchtige Fortuna und bleibt an keinem Ort sicher und fest; AR I R A 1, Statutenbucheinband; Ausführungen N. Krüger (wie Anm. 86); *Ovid, Tristia / Briefe aus der Verbannung. Lateinisch und Deutsch*, hrsg. von Georg Luck, Heidelberg 1967, Trist. V, VIII, 15.

[94] Grammatik, Dialektik, Rhetorik, Musik; UAR I R A 1, Statutenbucheinband; Ausführungen von *N. Krüger* (wie Anm. 86).

[95] *Engelbert Kirschbaum Sj.*, Fortuna, in: Lexikon der christlichen Ikonographie, hrsg. von Engelbert Kirschbaum Sj., Bd. 2, Rom, Wien, Basel, Freiburg 1994, Sp. 35.

[96] Ich lenke die Prozesse mit der Waage. Mit dem Schwert vernichte und schütze ich das Leben. Wähle! Willst du leben oder sterben; UAR I R A 1, Statutenbucheinband; Ausführungen von *N. Krüger* (wie Anm. 86).

[97] Glaube, Hoffnung, Liebe, Geduld; ebd.

nennen wesentliche Tugenden, auf die man sich seit der Antike bezog. Weitere Tugenden waren *iustitia, temperantia, prudentia* und *fortitudo*.[98]

Die ältesten Rostocker Universitätsstatuten

Eingangs gilt es zu fragen, wo und wie die ältesten Rostocker Universitätsstatuten überliefert wurden und wie sie der Wissenschaft als Arbeitsmittel zur Verfügung stehen. Die ältesten Rostocker Universitätsstatuten befinden sich in dem im Archiv der Rostocker Universität vorhandenen Statutenbuch.[99] Im Rostocker Stadtarchiv sind weitere Abschriften dieser Statuten zu finden.[100] Auf folgenden Zeilen soll nur das im Statutenbuch der Universität befindliche älteste Statutencorpus quellenkritisch näher betrachtet werden, da es als rechtsgültige Version für die Neuedierung der Statuten verwandt wurde. Die im Statutenbuch der *Alma Mater* archivierten ältesten Statuten wurden auf Pergamentfolianten geschrieben und sind in einem guten Überlieferungszustand.[101] Die Folianten wurden sowohl auf der Vorder- als auch auf der Rückseite beschrieben.[102] Auf den Pergamenten sind die Schriftfarben Schwarz und Rot zu erkennen. Mit schwarzer Schreibflüssigkeit wurde der Statutentext geschrieben. Die rote Schriftfarbe wurde hingegen zu Hervorhebungszwecken und zur Textverschönerung gebraucht.[103] Als Mittel der Pointierung wurde ferner die Unterstreichung genutzt.[104] Bis auf den Eid am Ende der Rubrik V, den Zusatz zu Statut VII, 8, das auf einem eingehefteten Blatt notierte Statut X, 15, die letzten zweieinhalb Zeilen von Statut XI, 3 und die nach Rubrik XII folgenden Ergänzungen wurden die Statuten von einer Hand geschrieben.[105] Der Name des Notars ist im Statutencorpus nicht auffindbar und kann auch anderweitig nicht ermittelt werden. Es ist lediglich der Notar bekannt, der am 6. Dezember

---

[98] Gerechtigkeit, Mäßigung, Erkenntnis, Tapferkeit; *E. Kirschbaum Sj.*,Tugenden, in: Lexikon der christlichen Ikonographie (wie Anm. 95), Bd. 4, Sp. 368–370.

[99] UAR R I A 1.

[100] Archiv der Hansestadt Rostock (künftig: AHR) Univ. I Vol. Ia, Fasz. 1–3 (Statutenabschriften).

[101] UAR R I A 1, Statuten [nach 1433].

[102] UAR R I A 1, Statuten [nach 1433].

[103] Ebd.

[104] Ebd.

[105] Ebd.

1452 den Zusatz zu Statut VII, 8 schrieb. Es handelte sich dabei, wie die Unterschrift unter dem Text verrät, um Tidericus Lukke.[106] Es gilt außerdem zu erwähnen, dass die Schrift der Statuten und Statutenergänzungen sehr schwer zu entziffern sind.[107] Gleiches gilt für die oft schwer oder gar unlesbaren Randbemerkungen.[108] Betrachtet man die Statuten im Statutenbuch genau, fällt weiterhin auf, dass an einzelnen Stellen in den Statutentexten Streichungen und Rasuren vorgenommen wurden. Es wurde zum Beispiel in Statut IV, 11 der Nebensatz „*si in universitate perseveraverit*"[109] gestrichen und in Statut IV, 9 wurden die Wörter „*graduatus duplum*"[110] ausrasiert. Die nähere Betrachtung der Folianten lässt ferner Aussagen zum Aufbau der Rechtsquelle zu. Das Statutencorpus beginnt mit der Überschrift „*Ordo rubricarum*"[111]. Darauf folgen die mit römischen Zahlen nummerierten Überschriften der einzelnen, insgesamt 20 Rubriken. Nach der Rubrikenordnung sind die Wörter „*rubrica prima*"[112] und eine kurze Einleitung zu erkennen. Der Einleitung schließen sich die Überschrift zur ersten Rubrik und die einzelnen dazugehörigen Statuten an.[113] Auf die erste Rubrik folgen dann die weiteren 19 *rubricae*. Jede dieser Rubriken weist eine Überschrift und häufig auch eine Rubriken-Nummerierung durch römische Zahlen auf.[114] Die Statuten der einzelnen *rubricae* sind jeweils mit arabischen Zahlen durchnummeriert. Einige *statuta* sind zudem durch das Wort „*immutabile*" gekennzeichnet.[115]

Um die ältesten Rostocker Universitätsstatuten zu lesen, bedarf es schon seit Längerem nicht mehr unbedingt des Blickes ins Statutenbuch. Ernestus Joachimus de Westphalen edierte bereits im Jahr 1745 den Text der ältesten

---

[106] UAR R I A 1, Statuten [nach 1433]; *E. Schnitzler*, Beiträge zur Geschichte der Universität Rostock. in: Studien zur katholischen Bistums- und Klostergeschichte, H. 20. Leipzig 1979, 17–20.

[107] UAR R I A 1, Statuten [nach 1433].

[108] Ebd.

[109] Wenn er an der Universität verbleibt; UAR R I A 1, Statuten [nach 1433], IV, 11.

[110] Ein Graduierter [gibt] das Doppelte UAR R I A 1, Statuten [nach 1433], IV, 9.

[111] Die Ordnung der Rubriken; UAR R I A 1, Statuten [nach 1433].

[112] Erste Rubrik; ebd.

[113] UAR R I A 1, Statuten [nach 1433], I, Überschrift, 1–8.

[114] UAR R I A 1, Statuten [nach 1433].

[115] Unabänderlich; ebd.

Rostocker Universitätsstatuten.[116] Es handelt sich dabei um keine textkritische Edition.[117]

Die Textausgabe von Westphalen wurde kürzlich in einem modernen Druck neu ediert.[118] Dabei wurde der im Statutenbuch der Universität enthaltene Quellentext berücksichtigt. Bei dieser Neuedierung wurde die Rubriken- und Statutennummerierung, wie sie das Statutenbuch zeigt, übernommen.[119] Ferner wurden der Zusatz „*immutabile*",[120] zahlreiche Randbemerkungen, Streichungen, Rasuren etc. bei der Neuedierung berücksichtigt.[121] Es wurde auch stets darauf hingewiesen, wenn Westphalen Textstellen anführte, die nicht im Originalstatutentext im Statutenbuch der Universität zu lesen sind. Diese Textstellen stammen gewiss aus anderen, von Westphalen nicht benannten, Handschriften. Durch die Erarbeitung der Neuedierung der Textausgabe Westphalens wurde für den Editor, der eine textkritische Edition der ältesten Rostocker Universitätsstatuten anstrebt, eine wesentliche Arbeitsgrundlage geschaffen.[122]

Der Text der ältesten Rostocker Universitätsstatuten liegt in einer im 18. Jahrhundert erarbeiteten, aber sehr summarischen und somit nicht für den wissenschaftlichen Gebrauch geeigneten deutschen Übersetzung vor.[123] Um ein quellenkritisches Arbeiten zu ermöglichen, wurde anhand der oben genannten Neuedition erstmals eine vollständige, zum wissenschaftlichen Arbeiten geeignete deutsche Übersetzung erarbeitet.[124]

---

[116] *Ernestus von Westphalen*, Statuta prima Academiae Rostochiensis Anno 1419 inchontae. Ex authentico codice membranaceo descripta, in: Monumenta inedita Rerum Germanicarum praecipue Cimbricarum et Megapolensium. Leipzig 1745, Bd. 4, Sp. 1008–1047.

[117] Ebd.

[118] *S.-H. Michael*, Teil 2: Quellen: Älteste Rostocker Universitätsstatuten – Latein, Anhang 2.1, 16–74.

[119] Statuten [nach 1433], 16–74.

[120] Statuten [nach 1433], I, 2, 17.

[121] Statuten [nach 1433], 24 Anm. 17 und 27 Anm. 32.

[122] Statuten [nach 1433], 16–74.

[123] *Johann Christian Eschenbach*, Etwas von gelehrten Rostockschen Sachen, in: Annalen der Rostockschen Academie. Rostock 1788, Bd. 1, 98ff. [Seitenzahlen zum Teil nicht lesbar].

[124] *Susi-Hilde Michael,* Teil 2: Quellen: Älteste Rostocker Universitätsstatuten – Deutsch, Anhang 2.2, 74–137.

Bei der Vorstellung der ältesten Rostocker Universitätsstatuten sollte man auch nach der Zeit fragen, in der diese Sollbestimmungen in Kraft getreten sind und wann sie im ausgehenden Mittelalter niedergeschrieben wurden. Über die Zeit, in der die ältesten Universitätsstatuten ausgearbeitet wurden und Rechtskraft erlangten, handelten bereits O. K. Krabbe, E. Schnitzler und M. A. Pluns. Schnitzler und Pluns meinen, dass die ältesten Universitätsstatuten weitestgehend seit Herbst 1421 vorlagen.[125] O. K. Krabbe hingegen spricht sich für eine Statutenvorlage nicht vor dem Jahr 1432 aus, in dem er fälschlicherweise die Einrichtung der Theologischen Fakultät annahm.[126] Tatsächlich wurde die Einrichtung der Theologischen Fakultät an der Universität Rostock mittels einer entsprechenden Urkunde durch Papst Eugen IV. erst am 27. Januar 1433 möglich.[127] Es ist davon auszugehen, dass gewiss sowohl vor als auch nach der Einrichtung der Theologischen Fakultät im Jahr 1433 Universitätsstatuten ausgearbeitet und beschlossen wurden. Diese These ist wie folgt zu belegen: Zu den vor der Gründung der Theologischen Fakultät abgefassten Statuten zählen unter anderem sicher die Universitätsstatuten I, 1 und XX, 5P. Die Sollbestimmung I, 1 macht deutlich, dass die Universität Rostock lediglich eine Juristische, eine Medizinische sowie eine Artistenfakultät haben durfte.[128] Ein solches Statut konnte nur vor der Einrichtung der Theologischen Fakultät 1433 in Kraft treten. Die Sollbestimmung XX, 5P ist ebenfalls auf die Zeit vor der Einrichtung der Theologischen Fakultät zu datieren, weil sie angibt, dass Magister Dietrich Zukow eine Pfingstreise nach Lübeck plante und dort im Auftrag des Rostocker Stadtrates einen Magister der Heiligen Schrift vom Predigerorden anwerben sollte.[129] Die besagte Reise ist für das Jahr 1421 belegt.[130] Das Anwerben eines Theologen in der Frühzeit der *Alma Mater Rostochiensis* ist gewiss auf den bereits in dieser Zeit bestehenden Wunsch der Universitätslehrer zurückzuführen, das Generalstudium um die Theologische Fakultät zu

---

[125] *E. Schnitzler*, Die Gründung der Universität Rostock 1419 (Anm. 38), 31; *Marko Andrej Pluns*, Die Universität Rostock 1418–1563. Eine Universität im Spannungsfeld zwischen Stadt, Landesherren und wendischen Hansestädten. Weimar/Köln/Wien 2007, 52–53.

[126] *Otto Karsten Krabbe*, Die Universität Rostock im fünfzehnten und sechzehnten Jahrhundert. Rostock 1854, Bd. 1, 75–76.

[127] *T. Schmidt*, Die Anfänge der Theologischen Fakultät der Universität Rostock im Jahr 1433, in: Mecklenburgische Jahrbücher 117, 2002, 7–10.

[128] Statuten [nach 1433], I, 1, 16.

[129] Statuten [nach 1433], XX, 5P, 135f.

[130] *M. A. Pluns*, Die Universität Rostock 1418–1563 (wie Anm. 125), 52–60.

erweitern.[131] Zu den nach der Einrichtung der Theologischen Fakultät beschlossenen Statuten zählen sicher beispielsweise die Bestimmungen I, 6 und VII, 4. Ihr Inhalt lässt deutlich die Existenz der Theologischen Fakultät erkennen. So wird in Statut I, 6 unter anderem angewiesen, dass jeder Dekan der vier Fakultäten, also der Theologischen, Juristischen, Medizinischen Fakultät sowie der Fakultät der *Artes liberales* Anspruch auf einen Schlüssel zum Universitätsfiskus hatte.[132] Statut VII, 4 führt die Fakultäten- und Graduiertenordnung an, wobei auch die Theologische Fakultät berücksichtigt wurde.[133] Dieses Statut konnte folglich ebenso nur nach der Einrichtung der Theologischen Fakultät in Kraft getreten sein.

In der Anordnung, wie die ältesten Universitätsstatuten im Statutenbuch der Universität und auch in den eben angeführten Texteditionen zu lesen sind, können sie nicht vor der Einrichtung der Theologischen Fakultät im Jahr 1433 niedergeschrieben worden sein. Sowohl die Sollbestimmungen, die Bestimmungen für die Theologische Fakultät als auch die, deren Anweisungen sich lediglich auf die drei 1419 bewilligten Fakultäten beziehen, wurden nämlich bis auf die wenigen bereits oben angeführten Statuten oder Statutenergänzungen nur von einer Hand ohne größere Zwischenräume auf den Pergamenten geschrieben, die Einfügungen ermöglicht hätten.

Die Vorstellung der ältesten Rostocker Universitätsstatuten bedarf jedoch auch der Frage nach der Sprache, in der die Statuten abgefasst wurden und nach dem Inhalt. Die Rubrikenordnung (siehe dazu auch Abb. 1), die Sollbestimmungen der Rubriken I bis XIX sowie die einleitenden Worte der 20. Rubrik wurden in Mittellatein abgefasst.[134] Die Bestimmungen der 20. und letzten Rubrik liegen in niederdeutscher Sprache vor.[135]

Setzt man sich mit dem Inhalt auseinander, muss man zuerst auf die kurze, vor den Statuten der ersten Rubrik stehende Einleitung eingehen. In dieser wird angeführt, was mit Statuten geschehen musste, deren Inhalt „*zum Teil oder im*

---

[131] Geschichte der Universität Rostock 1419–1969. Festschrift zur Fünfhundertfünfzig-Jahr-Feier der Universität, Bd. 1 (Anm. 1), 11–18.

[132] Statuten [nach 1433], I, 6, 78.

[133] Ebd., VII, 4, 100.

[134] Ebd., Rubrikenordnung, 16; I–IXX, 17–70; XX, Einleitung, 70.

[135] Ebd., XX, 1–XX, 5P, 70–74.

Ganzen"¹³⁶ das päpstliche Gründungsprivileg aufhob oder die kirchliche Freiheit schmälerte.¹³⁷

Der Einleitung folgt die Überschrift der Rubrik I: „*Über die Einrichtung der Universität und über ihre Statuten*".¹³⁸ Dieser Titel findet sich in gleichem Wortlaut im Inhaltsverzeichnis wieder.¹³⁹ Die Rubrik weist acht Statuten auf, von denen fünf sogenannte unabänderliche *statuta* sind.¹⁴⁰ Die Statuten zeigen, welche Fakultäten es an der Universität geben musste, wer der Leiter der Alma Mater und einer Fakultät zu sein hatte und wie lange die Amtszeit des Fakultätsoberhauptes währen durfte.¹⁴¹ Auch finden sich Anweisungen bezüglich der Einrichtung von Nationen.¹⁴² Ferner wird deutlich, wie und durch wen Universitäts- und Fakultätsstatuten auszuarbeiten, zu beschließen und zu ändern waren.¹⁴³ Es sind auch Bestimmungen zur Vermögensverwahrung und zu den Siegeln zu lesen.¹⁴⁴

Die Rubrik II ist mit den Worten „*Über die Wahl des Rektors*"¹⁴⁵ überschrieben. Der gleiche Wortlaut ist im einleitenden Inhaltsverzeichnis zu lesen.¹⁴⁶ Die Rubrik hat zwei mal drei Statuten, von denen zwei sogenannte unabänderliche *statuta* sind.¹⁴⁷ Sie gibt Anweisungen, wer der Universitätsangehörigen, zu welchem Termin und an welchem Ort zum Universitätsrektor, also zur höchsten Amtsperson der Alma Mater, gewählt werden konnte.¹⁴⁸ Es wird auch angeführt, wer als Rektorenwähler in Betracht kam und wie die Bestim-

---

[136] Ebd., Einleitung, 76.

[137] Ebd.

[138] Statuten [nach 1433], I, Überschrift, 76.

[139] Ebd., Rubrikenordnung, 75.

[140] Ebd., I, 1–8, 76–78; *S.-H. Michael*, Teil 2: Quellen: 216f.

[141] Statuten [nach 1433], I, 1; I, 2, 76.

[142] Ebd., I, 8, 78; *S.-H. Michael*, Teil 2: Quellen, 140: „Nationen nahmen jeweils Studenten und Professoren bestimmter Länder und Regionen auf.".

[143] Statuten [nach 1433], I, 3; I, 4 und 5, 77f.

[144] Ebd., I, 7, 78.

[145] Ebd., II, Überschrift, 78.

[146] Ebd., Rubrikenordnung, 75.

[147] Ebd., II, 1–3; II,1 [Zusatz]–3 [Zusatz], 78–81; 216.

[148] Ebd., II, 1 und 2, 79f.

mung der Wähler erfolgen musste.[149] Außerdem kann man ablesen, wie das Wahlverfahren, die Annahme der Wahl und die öffentliche Bekanntgabe des zum Rektor Gewählten zu erfolgen hatte.[150] Rubrik II weist sowohl den Eid der Rektorenwähler als auch den Amtseid des gewählten Rektors auf.[151]

Rubrik III trägt die Überschrift „*Über das Amt und die Amtsgewalt des Rektors*".[152] Im Inhaltsverzeichnis ist nur „*Über das Amt des Rektors*"[153] zu lesen. Die Rubrik hat 20 Statuten, von denen ein Statut mit dem Wort „*immutabile*" gekennzeichnet ist.[154] Wie es die Überschrift verrät, beinhaltet diese Rubrik ausführliche Bestimmungen zu den Rechten und Pflichten des Universitätsrektors.[155] Es wird auch deutlich, wer unter welchen Voraussetzungen als Vizerektor, also als stellvertretender Rektor tätig werden musste.[156] Außerdem wird erkennbar, dass sich die Rubrik zwar auf die Rechte und Pflichten des Rektors konzentriert, jedoch auch Anweisungen für andere Universitätsmitglieder zum Inhalt hat.[157]

Die Rubrik IV ist mit den Worten „*Über die Immatrikulation und den anfangs von dem Einzuschreibenden zu leistenden Eid*"[158] überschrieben. Das Inhaltsverzeichnis gibt nur den Kurztitel „*Über die Immatrikulation*" an.[159] Eins der insgesamt 21 Statuten ist als unabänderliches Statut gekennzeichnet.[160] Aus dem Inhalt der Rubrik geht hervor, was der Rektor vor und während der Einschreibung eines Immatrikulationswilligen in die Matrikel fordern und beachten musste beziehungsweise durfte.[161] Ferner wird deutlich, was die einschreibewilligen Personen im Hinblick auf die Immatrikulation beachten

---

[149] Ebd., II, 3, 80.
[150] Ebd., II, 1–3, 78–80.
[151] Ebd., II, 3; II, 1 [Zusatz], 80f.
[152] Ebd., III, Überschrift, 81.
[153] Ebd., Rubrikenordnung, 75.
[154] Ebd., III, 1–20, 81–85; 216.
[155] Ebd., III, 1–20, 81–85.
[156] Ebd., III, 19, 85.
[157] Ebd., III, 20, 85.
[158] Ebd., IV, Überschrift, 85.
[159] Ebd., Rubrikenordnung, 75.
[160] Ebd., IV, 1–21, 85–90; 216.
[161] Ebd., IV, 1; 2; 3; 4; 5; 6; 8; 10; 11; 14; 21, 85–90.

und wissen mussten und welche Bedeutung die Einschreibung für eine Promotion hatte.[162] Zu Beginn der Rubrik sind Immatrikulationseide zu lesen.[163] Es finden sich auch Bestimmungen, die zeigen, was die Bürger und Einwohner Rostocks, die Studenten, die Regentienleiter[164] und die Vorlesungen haltenden Lehrenden im Umgang mit Nichtimmatrikulierten beachten mussten.[165] Die Rubrik IV zeigt auch die Optionen bezüglich des Wohnens und der Verpflegung von Immatrikulierten auf und führt außerdem an, wie mit immatrikulierten, nachlässigen Studenten und Amtsinhabern zu verfahren war.[166]

Die Überschrift der Rubrik V lautet „*Über das Abhalten von Konzilien*".[167] Sie ist unter gleichem Wortlaut auch im Inhaltsverzeichnis zu finden.[168] Die Rubrik hat 14 Statuten, von denen sieben unabänderlich sind.[169] Die Lektüre zeigt, wem die Konzilsleitung oblag und wer Konzilsmitglied beziehungsweise Teilnehmer dieses entscheidungs- und weisungsbefugten Gremiums der Universität sein musste.[170] Ferner finden sich Ausführungen zur Einberufung, zur Abhaltung, zur Protokollierung von Konzilssitzungen sowie Anweisungen zu Verhaltensweisen in diesen Versammlungen.[171] Auch die Funktion der Konzilsmitglieder bei Schlichtungen wird angewiesen.[172] Am Ende der Rubrik findet sich eine Eidesformel, deren Inhalt den Notar betraf.[173]

---

[162] Ebd., IV, 1; 2; 3; 4; 5; 6; 8; 11; 12; 13; 14; 21, 85–90.

[163] Ebd., IV, 1; 2, 85f.

[164] *S.-H. Michael*, Teil 2: Quellen, 141: Regentien waren Wohn- und Unterrichtseinrichtungen an der Rostocker Universität. Ihre Leiter waren die Regentienleiter/Regentienrektoren.

[165] Statuten [nach 1433], IV, 17; 18; 19, 89f.

[166] Ebd., IV, 15; 16; 20, 88–90.

[167] Ebd., V, Überschrift, 90.

[168] Ebd., V, Rubrikenordnung, 75.

[169] Ebd., V, 1–14, 90–95.

[170] Ebd., V, 1 und 2, 90f.

[171] Ebd., V, 2; 3; 4; 5; 6; 7; 8; 9; 10; 12; 13, 91–94.

[172] Ebd., V, 11, 93f.

[173] Ebd., V, 14, 94f.

Rubrik VI ist mit den Worten „*Über das Amt des Promotors*"[174] überschrieben. Im Inhaltsverzeichnis steht „*Über den Promotor und sein Amt*"[175]. Die Rubrik beinhaltet 14 Statuten.[176] In diesen Statuten ist unter anderem zu lesen, wer für das Amt des Promotors in Betracht kam, wie und wann er zu bestimmen war, von welcher Dauer sein Amt war und auf welche Weise er ins Amt eingeführt werden musste.[177] Es finden sich ferner Anweisungen, die die Amtspflichten des Promotors zeigen und die deutlich machen, welche Rechte und Pflichten die Universitätsangehörigen dem Promotor gegenüber hatten.[178]

Die Rubrik VII ist mit den Worten „*Über die Ordnung der Fakultäten und der zu Promovierenden und am Anfang über die Fakultäten*"[179] überschrieben. Im Inhaltsverzeichnis ist die anders formulierte Überschrift „*Über die Ordnung der Graduierten und der Fakultäten und der Promovenden*"[180] zu lesen. Die Rubrik hat acht Statuten, von denen sieben sogenannte unabänderliche Statuten sind.[181] Wie die Überschrift erkennen lässt, führt die Rubrik an, wie die Ordnung der Fakultäten und der Graduierten bei gewissen akademischen Handlungen sein sollte.[182] Es finden sich auch Bestimmungen, die anweisen, was Studenten und Lehrende bei Promotionen beachten mussten und welche Eide es vor einem Examen seitens des zu Prüfenden und der Prüfer zu schwören galt.[183] Auch Bestimmungen zum Studienortwechsel sind abzulesen.[184] Darüber hinaus zeigt die Rubrik Regelungen zum Umgang mit Angehörigen unterschiedlicher Fakultäten und unter welchen Umständen sich Universitätskon-

---

[174] Ebd., VI, Überschrift, 95; *S.-H. Michael*, Teil 2: Quellen, 141: Der Promotor hatte den Statuten gemäß die Einhaltung der Statuten zu überwachen, für die Strafverfolgung zu sorgen und im Besonderen die Amtstätigkeit des Rektors zu überwachen.

[175] Statuten [nach 1433], Rubrikenordnung, 75.

[176] Ebd., VI, 1–14, 95–99; 216.

[177] Ebd., VI, 2; 3; 6; 8; 11; 13, 96–99.

[178] Ebd., VI, 1; 2; 4; 5; 7; 9; 10; 12; 14, 95–99.

[179] Ebd., VII, Überschrift, 99.

[180] Ebd., Rubrikenordnung, 75.

[181] Ebd., VII, 1–8, 99–103; 216.

[182] Ebd., VII, 4, 100f.

[183] Ebd., VII, 5; 6; 7; 8, 102f.

[184] Ebd., VII, 8 Zusatz, 103.

zilmitglieder oder der Rektor mit den Belangen einer Fakultät befassen durften.[185]

Die Rubrik VIII trägt die Überschrift „*Über das Amt der Berater und derer, die Ratgeber und Beisitzer des Rektors sind.*"[186] Im Inhaltsverzeichnis wurde die Überschrift hingegen mit den Worten „Über die Berater und somit über die Assessoren bei Gericht"[187] angeführt. Mit nur einem Statut ist Rubrik VIII die kürzeste.[188] Ihre Lektüre zeigt, wer Berater und Beisitzer des Rektors sein musste, wie oft der Rektor sie mindestens einzuberufen hatte und was zu ihren Pflichten zählte.[189]

Rubrik IX ist mit den Worten „Über das Amt der Regentienrektoren"[190] überschrieben. Im Inhaltsverzeichnis ist die Überschrift ausführlicher formuliert, denn es heißt: „*Über das Amt der Regentienrektoren und den Gehorsam und die Lebensführung der Regentialen*".[191] Die Rubrik zählt 28 Einzelstatuten, die unter anderem deutlich zeigen, was es seitens der Regentienrektoren beim Leiten von Regentien und beim Verlegen dieser Einrichtungen zu beachten galt.[192] Wie es die Überschrift im Inhaltsverzeichnis sagt, ist weiterhin zu lesen, was die in einer Regentie lebenden Studenten während ihres Aufenthaltes in diesen Einrichtungen ihren Mitbewohnern und ihrem Regentienleiter gegenüber beachten mussten.[193]

„*Über das Leben und die Lebensführung der Studenten*",[194] so ist die Rubrik X überschrieben. Der gleiche Wortlaut findet sich auch im Inhaltsverzeichnis der Statuten.[195] Diese Rubrik zählt 21 Statuten.[196] Das Statut 10, 15

---

[185] Ebd., VII, 1; 2; 3, 99f.

[186] Ebd., VIII, Überschrift, 103.

[187] Ebd., Rubrikenordnung, 75.

[188] Ebd., VIII, 1, 103f., 216.

[189] Ebd., VIII, 1, 103f.

[190] Ebd., IX, Überschrift, 104.

[191] Ebd., Rubrikenordnung, 75; *S.-H. Michael*, Teil 2: Quellen, 142: Regentialen sind die ungraduierten oder auch schon graduierten in einer Regentie lebenden Universitätsmitglieder.

[192] Statuten [nach 1433], IX, 1–28, 104–111; IX, 1, 5, 6, 7, 9, 10, 14, 15, 17, 18, 20, 21, 24, 25, 26, 27, 28, 104–111; Anhang 6, 216.

[193] Ebd., IX, 3, 4, 7, 8, 10, 11, 12, 16, 20, 21, 22, 23, 25, 26, 27, 104–110.

[194] Ebd., X, Überschrift, 111.

[195] Ebd., Rubrikenordnung, 75.

wurde in drei verschiedenen Fassungen ediert und übersetzt.[197] Sechs der 21 *statuta* sind unabänderliche Sollbestimmungen.[198] Wie die Überschrift es verrät, entnimmt man der Rubrik Anweisungen über „*das Leben und die Lebensführung*"[199] der Studenten.[200] Es finden sich jedoch auch zahlreiche Anweisungen, die das Verhalten aller Universitätsangehörigen an der Universität und in der Warnowstadt betrafen.[201] Außerdem sind zahlreiche Anweisungen zur Rechtsprechung der Rubrik zu entnehmen.[202]

Die Rubrik XI trägt die Überschrift „*Über die Pedelle das heißt über die Universitätsdiener*"[203] Im Inhaltsverzeichnis ist die Überschrift verkürzt mit den Worten „*Über die Pedelle der Universität*"[204] angeführt. Die Rubrik hat vier Statuten, von denen eines ein unabänderliches *statutum* ist.[205] Die Statuten zeigen die Amtspflichten und Rechte der Pedelle auf, doch finden sich auch Amtsanweisungen für den Universitätsnotar.[206] Die Pedelle hatten an der Universität unter anderem Botengänge zu erledigen.

Mit den Worten „*Über die Bestrafung der Delinquenten*"[207] ist Rubrik XII überschrieben. Die gleiche Überschrift findet man im Inhaltsverzeichnis notiert.[208] Die drei Statuten anführende Rubrik zeigt Anweisungen auf, unter welchen Voraussetzungen ein Delinquent als Meineidiger betrachtet werden

---

[196] Ebd., X, 1–21, 111–118, 216f.

[197] Ebd., X, 15 [Neue Fassung auf eingefügtem Blatt laut Statutenbuch im Universitätsarchiv]; X, 15 [Alte Fassung laut Statutenbuch im Universitätsarchiv]; X, 15 [Alte Fassung laut der Lesart bei Westphalen], 114f.

[198] Statuten [nach 1433], X, 1–21, 111–118.

[199] Ebd., X, Überschrift, 111.

[200] Ebd., X, 1–21, 111–118.

[201] Ebd., X, 1, 2, 3, 4, 10, 14, 19, 20, 21, 111–118.

[202] Ebd., X, 15 [Neue Fassung auf eingefügtem Blatt laut Statutenbuch im Universitätsarchiv]; X, 15 [Alte Fassung laut Statutenbuch im Universitätsarchiv]; X, 15 [Alte Fassung laut der Lesart bei Westphalen]; X, 16, 17, 18, 114–116.

[203] Ebd., XI, Überschrift, 118.

[204] Ebd., Rubrikenordnung, 75.

[205] Ebd., XI, 1–4, 118f., 216f.

[206] Ebd., XI, 1–4, 118f.

[207] Ebd., XII, Überschrift, 119.

[208] Ebd., Rubrikenordnung, 75.

musste, unter welchen Gegebenheiten ein Universitätsangehöriger als ein überführter Delinquent galt und was bei der Bestrafung wegen Beleidigungen gegen den Rektor und den Promotor und andere Personen beachtet werden musste.[209]

„Über die Stipendiaten der Universität und der einzelnen Fakultäten und über das Annahmeverfahren auf eine Lehrstelle bei Vakanz einer [Lehr]stelle und über Gunst und Strenge gegenüber den zu Promovierenden."[210]

Diese lange Überschrift leitet Rubrik XIII ein. Das Inhaltsverzeichnis führt hingegen nur den Kurztitel *„Über die Stipendiaten und ihre Einsetzung"*[211] an. Rubrik XIII hat 23 Statuten, die unter anderem beinhalten, wie viele Stipendiaten mit welcher Qualifikation an eine Fakultät berufen werden mussten und welche Besoldung sie zu erhalten hatten.[212] Darüber hinaus zeigt die Statutenlektüre, welche Stipendiaten jeweils auf eine genau festgelegte Vorgehensweise Kandidaten für eine zu besetzende Lehrstelle nominieren durften sowie welche Personen unter bestimmten Kriterien den auf die vakante Lehrstelle zu Berufenden zu bestimmen hatten.[213] Es finden sich auch Sollbestimmungen, die zeigen, wie man sich auf eine unbesetzte Lehrstelle bewerben konnte, wie mit im Lehren nachlässigen Stipendiaten zu verfahren war und welche Vorschriften Promovenden und die Promotion durchführende Lehrende beachten mussten.[214]

Rubrik XIV trägt die Überschrift *„Die [Studien]zeit, die für einen [universitären] Grad an den einzelnen Fakultäten gefordert wird und ausreicht".*[215] Im Inhaltsverzeichnis sind lediglich die Worte *„Über die Studienzeit der Promovenden für die Graduierung"* angeführt.[216] Die Rubrik enthält sechs Statuten,

---

[209] Ebd., XII, 1–3, 119f., 216f.

[210] Ebd., XIII, Überschrift, 120; *S.-H. Michael*, Teil 2: Quellen, 142: Stipendiaten sind ordentlich berufene Lehrkräfte.

[211] Ebd., Rubrikenordnung, 75.

[212] Ebd., XIII, 1–7, 120–123.

[213] Ebd., XIII, 1–10, 120–123.

[214] Ebd., XIII, 11–23, 123–127.

[215] Ebd., XIV, Überschrift, 127.

[216] Ebd., Rubrikenordnung, 75.

von denen eine Sollbestimmung unabänderlich ist.[217] Wie die Überschrift es ankündigt, finden sich Anweisungen für die Dauer der Studien.[218] Jedoch werden bei den Anweisungen nur die Studien der Artes liberales, des Kirchen- und des Zivilrechts berücksichtigt.[219] Außerdem sind Anweisungen zum Fachrichtungswechsel und der Anerkennung der Studienzeit an der Juristischen Fakultät sowie eingehende Bestimmungen, durch wen die Vorlesungen festzulegen waren, den Statuten zu entnehmen.[220]

Die Rubrik XV ist mit den Worten *„Über die Prüfer der einzelnen Fakultäten"*[221] überschrieben. Im Inhaltsverzeichnis ist nur der knappe Titel *„Über die Prüfer"*[222] zu lesen. Diese Rubrik hat zwei Statuten, die zeigen, wer an der Artistenfakultät beim Bakkalaren- oder beim Lizenziatenexamen Prüfer sein durfte beziehungsweise sein musste und auf welche Weise die Prüfer zu ermitteln waren.[223]

„Über das unabänderliche Verfahren der Anerkennung und Nichtanerkennung [von Prüfungsleistungen]",[224] so lautet die Überschrift der Rubrik XVI. Im Inhaltsverzeichnis ist jedoch *„Über die Bewirtung [der Prüfer] und der Art der Anerkennung [der Prüfungsleistungen]"*[225] zu lesen. In zwei Statuten wird angeführt, wer unter Berücksichtigung der Vermögenslage beim Examen etwas zur Bewirtung der Prüfer beisteuern musste beziehungsweise konnte.[226] Außerdem wird in dieser Rubrik der genaue Bewertungsvorgang von Examensleistungen angewiesen.[227]

---

[217] Ebd., XIV, 1–6, 127–129, 216f.

[218] Ebd., XIV, 1–5, 127f.

[219] Ebd.

[220] Ebd., XIV, 6, 129.

[221] Ebd., XV, Überschrift, 129.

[222] Ebd., Rubrikenordnung, 75.

[223] Ebd., XV, 1–2, 129f., 216f.

[224] Ebd., XVI, Überschrift, 130.

[225] Ebd., Rubrikenordnung, 75.

[226] Ebd., XVI, 1–2, 130f., 216f.

[227] Ebd., XVI, 2, 130f.

Rubrik XVII trägt die Überschrift „*Über den Beitrag zum Erhalt der Universität und der Fakultäten sowie zur Unterstützung ihrer Lasten, zahlbar in der Zeit der Promotion, gewöhnlich Bursenbeitrag genannt.*"[228] Im Inhaltsverzeichnis steht etwas verknappt „*Über die zu zahlende Unterstützung für die Universität und die Fakultäten.*"[229] In der Rubrik weisen zwei Statuten genau an, wann und in welcher Höhe die Promotionsgebühren zu entrichten waren.[230]

Den Statuten der Rubrik XVIII geht die Überschrift „*Über die Stadtwache*"[231] voran. Im Inhaltsverzeichnis heißt es etwas ausführlicher „*Über die Wachen und Diener der Stadt*".[232] Die Rubrik zählt zwei Statuten. Diese lassen erkennen, unter welchen Umständen die Stadtwache Universitätsangehörige aufgreifen durfte und musste und wem sie die betreffenden Universitätsangehörigen zu übergeben hatte.[233]

Mit den Worten „*Allgemeines zu den Vorschriften, die keine Statuten sind*"[234] wurde die vorletzte Rubrik überschrieben. „*Allgemeines über Vorschriften und Anweisungen des Rates; Verbesserung der Statuten bei Irrtümern*"[235] lautet stattdessen der Titel der Rubrik XIX im Inhaltsverzeichnis. In zwei Statuten wird angewiesen, dass nur Statuten und kein Gewohnheitsrecht Geltung und Anwendung finden durften. Es wird gezeigt, wem bestehende Statuten nicht zum Schaden gereichen durften und wie gegebenenfalls vorzugehen war.[236]

Die Überschrift der Rubrik XX ist mit den Worten „*Über die Petitionen der Herren vom Rostocker Bürgerschaftsrat*"[237] überschrieben. Im Inhaltsverzeichnis liest man hingegen „*Über die Vorschriften und Anweisungen des Rates*".[238]

---

[228] Ebd., XVII, Überschrift, 131.
[229] Ebd., Rubrikenordnung, 75.
[230] Ebd., XVII, 1–2, 131, 216f.
[231] Ebd., XVIII, Überschrift, 131.
[232] Ebd., Rubrikenordnung, 75.
[233] Ebd., XVIII, 1–2, 131f., 216f.
[234] Ebd., XIX, Überschrift, 132.
[235] Ebd., Rubrikenordnung, 75.
[236] Ebd., XIX, 1–2, 132, 216f.
[237] Ebd., XX, Übersicht, 132.
[238] Ebd., Rubrikenordnung, 75.

Den Statuten der Rubrik XX gehen einleitende Worte voran. Anschließend folgen sieben Statuten.[239] Nach diesen sieben Statuten ist das Wort „*Privileg*"[240] als Zwischenüberschrift eingeschoben. Dieser Zwischenüberschrift folgen fünf Statuten.[241] Die Einleitung zeigt, dass die Statuten dieser Rubrik auf Wunsch der Bürgermeister Rostocks von den Universitätsangehörigen anzunehmen und den anderen Statuten hinzuzufügen waren.[242] Die Statutenlektüre der Rubrik zeigt, dass festgelegt wurde, welche Personen der Universität und der Warnowstadt unter welchen Bedingungen Entlassungen von Lehrkräften vornehmen durften beziehungsweise mussten.[243] Auch sind Anweisungen zur Mitgliedschaft im Universitätskonzil, Bestimmungen zur Statutenneufindung oder zur -änderung und Weisungen zur Meldung von Dissensen der Universitäts- oder der Fakultätskonzilmitglieder abzulesen.[244] Außerdem zeigt die Statutenlektüre, was es an der Universität bezüglich des Erwerbs und Ausschanks des nach Rostock importierten Bieres zu beachten galt.[245] Weiterhin wird deutlich, wann die Universität unter welchen Umständen städtische Zuwendungen erhalten konnte beziehungsweise musste und welche Berufungen oder Umberufungen von Lehrkräften der Rat der Stadt vornahm.[246] Erneut finden sich Bestimmungen zur Mitgliedschaft im Universitätskonzil.[247] Außerdem führt Rubrik 20 Sollbestimmungen zur Schlichtung von Dissensen zwischen dem Rat Rostocks und dem Universitätskonzil an.[248]

Die Statuten der Rubriken I bis XX zeigen meistens auch die Strafen auf, die es bei Zuwiderhandlungen gegebenenfalls zu verhängen galt.[249]

Das älteste Rostocker Universitätsstatutenkorpus umfasst 199 Statuten, von denen 33 sogenannte unabänderliche *statuta* sind.[250]

---

[239] Ebd., XX, Einleitende Worte, 132f.; XX,1–7, 134f., 216f.

[240] Ebd., XX, Privileg, 134.

[241] Ebd., XX, 1P–5P, 134–136.

[242] Ebd., XX, Einleitende Worte, 132f.

[243] Ebd., XX, 1 und 2, 133.

[244] Ebd., XX, 3–7, 133f.

[245] Ebd., XX, 1P, 134.

[246] Ebd., XX, 2P–4P, 134f.

[247] Ebd., XX, 5P, 135f.

[248] Ebd.

[249] Siehe unter anderem: Statuten [nach 1433], II, 2, 79f.; IV, 7, 87; IX, 3, 104.

Die Universitätsstatuten von 1548

An erster Stelle gilt es, nach der Überlieferung, der Quellenbeschaffenheit und dem Aufbau der Rechtsquelle zu fragen. Auch die Rostocker Universitätsstatuten des Jahres 1548 befinden sich im Archiv der Universität Rostock.[251] Sie sind, wie die ältesten Rostocker Universitätsstatuten, im Statutenbuch der Alma Mater eingebunden.[252] Die Statuten wurden auf Pergamentfolianten geschrieben. Die Folianten wurden jeweils auf der Vorder- und Rückseite beschrieben.[253] Es wurde sowohl schwarze als auch rote Schreibflüssigkeit verwandt.[254] Die rote Schriftfarbe sollte gewiss der Hervorhebung und Textverschönerung dienen. Der Text der Universitätsstatuten von 1548 wurde in einer gut leserlichen Schreibschrift geschrieben.[255] Das Schriftbild lässt den Schluss zu, dass der komplette Text von ein und derselben Hand aufs Pergament gebracht wurde.[256] Die Randbemerkungen, die sich oft neben dem Statutentext finden lassen, sind hingegen nur selten gut lesbar.[257] Die Sollbestimmungen von 1548 befinden sich in einem guten Überlieferungszustand.[258]

Zum Quellenaufbau lässt sich anführen, dass die 1548er Universitätsstatuten mit den Worten „*Generalia duo*"[259] beginnen, denen sich ein einleitender mehrzeiliger Text anschließt.[260] Unter diesem Text ist das Datum des 12. Dezember 1548 zu lesen.[261] Dabei handelt es sich um das Datum, an dem die Statuten in Kraft traten. Der Datierung folgt eine zweite Überschrift: „*Statuta*

---

[250] Ebd., I–XX, 76–136; 216f.
[251] UAR R I A 1, Rostocker Universitätsstatuten 1548 (künftig: Statuten 1548).
[252] UAR R I A 1, Statuten 1548.
[253] Ebd.
[254] Ebd.
[255] Ebd.
[256] Ebd.
[257] Ebd.
[258] Ebd.
[259] Ebd.
[260] Ebd.; *S.-H. Michael*, Teil 2: Quellen, Anhang 3.1, 144–152 (künftig: Statuten 1548).
[261] UAR R I A 1, Statuten 1548; *S.-H. Michael*, Statuten 1548, 144–152, und Anhang 3.2, 153–161.

academiae Rostochiensis de studiis et moribus auditorum in schola proponenda".[262]

Dieser Überschrift folgen 46 Statuten, die jeweils durch ein dem Statutentext vorangestelltes Zahlwort nummeriert sind.[263] Nach dem letzten Statut heißt es: „*Anno et die quo supra.*"[264] Mit diesen Worten wird sich auf das vor allen Statuten geschriebene Datum des 12. Dezembers 1548 bezogen.[265] Abschließend ist dem im Werke gerechten Denken der katholischen Kirche Ausdruck gegeben: „*Deus dabit, si quisque nostrum suum faciat officium, suam benedictionem, in scholae nostrae nomen indies crescat.*"[266]

Der Historiker, der ein quellenkritisches Arbeiten mit den 1548er Statuten anstrebt, ist jedoch nicht mehr auf den Originaltext der Statuten im Statutenbuch angewiesen, denn es steht eine kürzlich erarbeitete Textedition in einem modernen Druck sowie eine erstmalig vorgenommene deutsche Übersetzung zur Verfügung.[267]

Ferner muss man bei der Quellenvorstellung die Frage nach der Sprache und dem Inhalt der Rostocker Universitätsstatuten von 1548 stellen. Die Sprache der Sollbestimmungen ist Neulatein. Bei der inhaltlichen Vorstellung ist zuerst auf die Einleitung der Statuten einzugehen: In dieser wird festgelegt, dass die ältesten Rostocker Universitätsstatuten auch mit dem Inkrafttreten der 1548er Statuten weiterhin ihre Rechtsgültigkeit behielten und dass Verstöße gegen die ältesten Universitätsstatuten weiterhin zu bestrafen waren.[268] In der Einleitung wird außerdem betont, dass die Akademieangehörigen verpflichtet waren, die 1548 in Kraft getretenen Statuten einzuhalten.[269] Die sich der Einleitung anschließenden 46 Einzelstatuten enthalten unter anderem Anweisungen, die zeigen, was es seitens des Universitätsrektors und der die Einschrei-

---

[262] UAR R I A 1, Statuten 1548. Statuten der Universität Rostock über Studien und Sitten der Hörerschaft, die an der [Hohen] Schule zu verkünden sind.

[263] Ebd.

[264] Im Jahr und am Tag wie oben. UAR R I A 1, Statuten 1548.

[265] Ebd.

[266] Gott wird seinen Segen geben, damit, wenn ein jeder von uns seine Pflicht erfüllt, der Ruhm unserer Lehranstalt von Tag zu Tag wachsen möge. UAR R I A 1, Statuten 1548; *M. A. Pluns*, Die Universität Rostock 1418–1563 (wie Anm. 125), 379, 501.

[267] Statuten 1548, 144–152, 153–161.

[268] Statuten 1548, Einleitung, 153.

[269] Ebd.

bung in die Matrikel nachsuchenden Personen zu beachten galt.[270] Ebenso finden sich Bestimmungen, die das Gast- und Bleiberecht der Akademieangehörigen bei Bürgern oder Einwohnern der Warnowstadt sowie die Zahlungshöhe und den Zahlungsturnus der an die Pedelle zu entrichtenden Gebühr regelten.[271]

Es gibt weiterhin Statuten, die anweisen, worauf die Lehrenden, die eine Regentie oder ein privates Unterrichtshaus leiteten, bei der Aufnahme von Studenten in die eben genannten Einrichtungen zu achten hatten.[272] Außerdem finden sich Bestimmungen, die anweisen, was die Lehrenden bei der Zulassung von Studenten zu ihrer Hörerschaft, beim Abhalten von studienrelevanten Lehrveranstaltungen, bei den Promotionen sowie im Umgang mit Angehörigen anderer Fakultäten und bei zahlreichen weiteren Belangen beachten mussten.[273] Auch an Anweisungen, die zeigen, was es bei der Betreuung der Studenten seitens der Regenten, das heißt der Leiter eines privaten Unterrichtshauses zu beachten galt, fehlt es in den Sollbestimmungen von 1548 nicht.[274] Ferner ist aus den 46 Universitätsstatuten zu entnehmen, was die Studenten hinsichtlich der ihrerseits zu besuchenden Vorlesungen, bei anderweitigen universitären Veranstaltungen, beim Wohnen während ihrer Studienzeit sowie bei einer Graduierung zu beachten hatten.[275] Weiterhin finden sich Statuten, die zeigen, wie sich die Studenten, die in einem privaten Unterrichtshaus wohnten und studierten, ihrem Regenten sowie den dort mit ihnen zusammen Wohnenden und Studierenden gegenüber verhalten mussten.[276] Darüber hinaus finden sich Anweisungen, die das Verhalten aller Studenten den universitären Amtsträgern und sonstigen Universitätsangehörigen, dem städtischen Patron sowie den Einwohnern und Bürgern der Warnowstadt gegenüber regelten.[277] Ferner ergibt die Statutenlektüre, dass die Sollbestimmungen von 1548 Anweisungen bein-

---

[270] Ebd., 1, 2, 4, 5, 8, 153–155.

[271] Ebd., 1, 5, 3, 153f.

[272] Ebd., 2, 153f.; 20, 25, 156f.; *S.-H. Michael*, Teil 2: Quellen, 161: Ein Haus des privaten Unterrichts diente als Wohn- und Studienort. Dort konnten Studierende die sogenannten Privatlektionen hören. Einrichtungen dieser Art gab es in Rostock seit 1544.

[273] Ebd., 2, 4, 11, 13, 23, 26, 27, 29, 36, 37, 38, 41, 44, 46, 153–161.

[274] Ebd., 16, 19, 21, 23, 24, 25, 156f.

[275] Ebd., 5, 6, 7, 14, 27, 156f.

[276] Ebd., 16, 17, 18, 20, 21, 22, 24, 156f.

[277] Ebd., 22, 28, 29, 30, 33, 34, 35, 36, 37, 38, 39, 40, 41, 45, 46, 157–161.

halten, die es seitens der Universitätsmitglieder bei Anzeigen von Delikten, bei Rechtfertigungen und bei Klagen gegen Delinquenten zu beachten galt.[278] Auch lassen sich Bestimmungen, die sich auf die Beschlussfassung der einzelnen Fakultäten beziehen sowie Anweisungen zur Fakultäten- und Graduiertenordnung beinhalten, bei der Statutenlektüre entdecken.[279] Abschließend ist noch anzuführen, dass die meisten Sollbestimmungen der Universitätsstatuten von 1548 Strafen anführen, die es über zu strafende Universitätsmitglieder zu verhängen galt.[280]

Die Zehn Rostocker Universitätsgesetze von 1563

Stellt man die Rostocker Universitätsgesetze, die 1563 in Kraft traten, vor, gilt es an erster Stelle zu fragen, wo und wie sie überliefert sind und wie sie gegenwärtig der Wissenschaft als Arbeitsmittel zur Verfügung stehen. Der lateinische Text der 1563 an der Universität Rostock verabschiedeten Universitätsgesetze ist im Archiv der Universität Rostock im Statutenbuch archiviert.[281] Der Statutentext wurde auf Pergament, in einer gut lesbaren Schreibschrift geschrieben.[282] Die Pergamentfolianten wurden jeweils auf der Vorder- und Rückseite beschrieben.[283] Der Text ist sehr gut erhalten und macht ein flüssiges Lesen möglich. Die Schriftfarbe ist durchgängig schwarz.[284] Hervorhebungen im Text wurden durch Großschreibung einzelner Wörter oder Wortgruppen vorgenommen.[285]

---

[278] Ebd., 9, 15, 31, 32, 42, 43, 155–160.

[279] Ebd., 10, 12, 155f.

[280] Siehe beispielsweise: Statuten 1548, 13, 14, 156; 44, 160.

[281] UAR R I A 1, Universitätsgesetze 1563. (UAR R I A 1 gilt auch als Signatur der Universitätsgesetze der Universität Rostock von 1563, da diese ebenfalls im Statutenbuch sind; künftig: UAR R I A 1, Gesetze 1563).

[282] UAR R I A 1, Gesetze 1563.

[283] Ebd.

[284] Ebd.

[285] Ebd.

Diese in Latein verfassten Universitätsgesetze wurden kürzlich zum ersten Mal in einem modernen Druck ediert sowie erstmalig aus dem Lateinischen ins Deutsche übersetzt.[286]

Nun wird untersucht, was es hinsichtlich der Sprache und des Aufbaus der Universitätsgesetze von 1563 festzustellen gibt. Bei den Universitätsgesetzen von 1563 handelt es sich um zehn, in neulateinischer Sprache verfasste, oft altgriechische Worte und Sätze enthaltende Festlegungen.[287] In diesen Universitätsgesetzen befinden sich zahlreiche, mit anderen Worten wiedergegebene Aussprüche, aber auch vollständige Zitate der Heiligen Schrift und antiker Autoren.[288] Die Übersetzung und Edition der Gesetze weist diesbezüglich genaue Angaben auf.[289]

Die Zehn Universitätsgesetze weisen in einem sehr frommen Sprachton an, was es seitens der Universitätsangehörigen zu unternehmen und zu unterlassen galt, um den Statuten und den Zehn Geboten der Heiligen Schrift zu entsprechen.[290] Die Rostocker Universitätsgesetze von 1563 sollte man deshalb nicht nur als Universitätsstatuten, sondern auch als einen Katechismus für die Universitätsangehörigen verstehen. Der Theologe David Chytraeus (1530–1600), der ab Frühsommer 1563 zu den Personen gehörte, die die Universitätsstatuten ausarbeiten und ihnen Rechtskraft verleihen durften, verfasste selbst einen Katechismus.[291] Es gilt nachstehend den Inhalt der Universitätsgesetze vorzustellen und zu fragen, ob sich Ausführungen und/oder Anweisungen des chytraeischen Katechismus in den Statuten von 1563 wiederfinden lassen.

Betrachtet man den Inhalt des Ersten Rostocker Universitätsgesetzes von 1563, erkennt man, dass in diesem Gesetz erklärt wird, wer Gott ist und wie er sich seiner Kirche und somit den Menschen zeigt. Es wird deutlich gemacht, wie die Lehre des göttlichen Gesetzes überliefert wurde, weshalb Gott Schulen, Kirchen und Obrigkeiten einrichtete und welche Aufgabe er den Bibliotheken

---

[286] Ebd. Siehe *S.-H. Michael*, Teil 2: Quellen, Anhang 4.1, 164–175; Anhang 4.2, 176–191 (künftig: Gesetze 1563).

[287] Gesetze 1563, Anhang 4.1, 164–175; 4.2, 176–191.

[288] Ebd., Erstes bis Zehntes Gesetz, 164–175.

[289] Ebd., Erstes bis Zehntes Gesetz, 164–191.

[290] Ebd., Erstes bis Zehntes Gesetz, 176–191.

[291] Catechesis in Academia Rostochiana ex praelectionibus Davidis Chytraei collecta, [hrsg. von Simon Pauli]. Wittenberg 1554 (künftig: Catechesis 1554); *Karl-Heinz Glaser/Hanno Lietz/Stefan Rhein* (Hrsg.), David und Nathan Chytraeus. Ubstadt – Weiher 1993, 113.

zugewiesen hat.[292] Vor allem geht aber aus dem Ersten Universitätsgesetz von 1563 hervor, was die Universitätsmitglieder zu unternehmen beziehungsweise zu unterlassen hatten, um das Erste der Zehn Gebote zu erfüllen.

„Du sollst keine anderen Götter haben neben mir. Du sollst dir kein Bildnis noch irgendein Gleichnis machen, weder von dem, was oben im Himmel, noch von dem, was unten auf Erden, noch von dem, was im Wasser unter der Erde ist: Bete sie nicht an und diene ihnen nicht!"[293]

Am Ende des Textes des Ersten Universitätsgesetzes wird noch angeführt, wie Gott mit denjenigen verfährt, die das Erste Gebot befolgen, und wie mit denen, die gegen dieses Gebot verstoßen.[294]

Der Text des Ersten Universitätsgesetzes zeigt unter anderem deutlich, dass das Erste Gebot seitens der Universitätsmitglieder mit rechter Anerkennung, echter Furcht und Liebe zu Gott zu erfüllen war.[295] Die Lektüre des Katechismus des David Chytraeus zeigt, dass der Autor in dieser religiösen Unterweisung die Gläubigen auch zur Liebe zu Gott, zur Gottesfurcht sowie zur wahren Anerkennung Gottes aufforderte, damit sie das Erste Gebot erfüllen.[296]

Das Zweite Rostocker Universitätsgesetz von 1563 führt an, wie die Universitätsmitglieder das Zweite Gebot „*Du sollst den Namen des Herrn, deines Gottes, nicht missbrauchen*",[297] zu erfüllen hatten.[298] Dabei wird auch aufgezeigt, wie die Universitätsangehörigen gegen das Zweite Gebot verstoßen konnten.[299] Der Quellentext zeigt deutlich, dass Verstöße gegen das Zweite Universitätsgesetz und somit gegen das Zweite Gebot an der Universität Rostock bestraft werden mussten.[300]

---

[292] Gesetze 1563, Erstes Gesetz, 176, Zeile 3–27.

[293] http://www.bibel-online.net/buch/luther_1912/2_mose/20/#2 [abgerufen am 9. 1. 2014]; Gesetze 1563, Erstes Gesetz, 176, Zeile 27–36; 177, Zeile 1–8.

[294] http://www.bibel-online.net/buch/luther_1912/2_mose/20/#2 [abgerufen am 9. 1. 2014]; Gesetze 1563, Erstes Gesetz, 177, Zeile 1–8.

[295] Gesetze 1563, Erstes Gesetz, 176, Zeile 12–18.

[296] Catechesis 1554, Primum praeceptum.

[297] http://www.bibel-online.net/buch/luther_1912/2_mose/20/#7 [abgerufen am 9. 1. 2014].

[298] Gesetze 1563, Zweites Gesetz, 177, Zeile 11–36, 178, Zeile 1–23.

[299] Ebd., Zweites Gesetz, 177, Zeile 20–30.

[300] Ebd., Zweites Gesetz, 178, Zeile 9–23.

Im Zweiten Universitätsgesetz heißt es unter anderem „*Fromm muss man Gott den Herrn preisen und ihn [...] durch das deutliche Bekenntnis des Glaubens den anderen Menschen zeigen*".[301] Gott zu preisen und zu ehren sowie ein wahres Bekenntnis des Glaubens zählt auch zu den Forderungen des Chytraeus in seinem Katechismus an die Gläubigen.[302] Im Zweiten Akademiegesetz von 1563 wird den Universitätsmitgliedern auch erklärt:

„Der Eid ist [...] die Anrufung des wahren Gottes, durch die wir bitten, dass Gott unser Zeuge ist, dass wir die Wahrheit sagen, und dass er die Lügner sehr streng bestraft."[303]

Diese Erklärung findet man auch im chytraeischen Katechismus, denn es heißt:

„Einen Eid schwören heißt den wahrhaftigen Gott anrufen, dass er unser Zeuge sei, dass wir die Wahrheit sagen und dass er uns streng bestraft, wenn wir lügen."[304]

Im Dritten Universitätsgesetz wurden die Universitätsmitglieder zur Heiligung des Feiertages und somit zur Erfüllung des Dritten Gebotes aufgefordert.[305] Es wird deutlich, wozu und durch welche Handlungen der Feiertag geheiligt werden musste und was es seitens der Universitätsmitglieder an diesem Tag zu unterlassen galt.[306] Es finden sich im Dritten Universitätsgesetz auch Anweisungen, die erkennen lassen, wer an der Universität Rostock Sorge tragen musste, damit die im Dritten Akademiegesetz angeführten Forderungen zur Heiligung des Feiertages seitens der Universitätsangehörigen erfüllt wurden.[307] Der Quellentext zeigt auch Strafmittel auf, die es bei Verstoß gegen die Bestimmungen des Dritten Gesetzes anzuwenden galt.[308]

---

[301] Ebd., Zweites Gesetz, 177, Zeile 17–19.
[302] Catechesis 1554, Secundum praeceptum.
[303] Gesetze 1563, Zweites Gesetz, 177, Zeile 3–6.
[304] Catechesis 1554, Secundum praeceptum.
[305] http://www.bibel-online.net/buch/luther_1912/2_mose/20/#8; http://www.bibel-online.net/buch/luther_1912/2_mose/20/#9 [abgerufen am 9. 1. 2014].
[306] Gesetze 1563, Drittes Gesetz, 178, Zeile 24–36, 179, Zeile 1–21.
[307] Ebd., Drittes Gesetz, 179, Zeile 15–21.
[308] Ebd., Drittes Gesetz, 179, Zeile 3–15.

Im Dritten Rostocker Universitätsgesetz von 1563 ist unter anderem zu lesen, dass die Universitätsmitglieder, um den Feiertag zu heiligen, willens sein mussten, Predigten zu hören und zum öffentlichen Gebet in die Kirchen zu gehen sowie dass sie zu Danksagungen, ähnlichen heiligen Handlungen für Gott oder zu feierlichen Verkündigungen bereit zu sein hatten und „*alle Arbeiten und Spiele*"[309] verpflichtet waren zu unterlassen. Die eben angeführten Anweisungen finden sich jedoch nicht nur in den Universitätsgesetzen von 1563, sondern die Lektüre des Katechismus des David Chytraeus zeigt, dass Chytraeus in dieser Unterweisungsschrift die Gläubigen aufforderte, dem Dritten Gebot unter anderem durch Beten, Danken und durch das Hören des Gotteswortes und nicht durch „*Spiele oder körperliche Arbeit*"[310] gerecht zu werden.

Das Vierte Universitätsgesetz von 1563 fordert die Universitätsangehörigen auf, das Vierte der Zehn Gebote, „*Du sollst deinen Vater und deine Mutter ehren, auf dass du lange lebest in dem Lande, das dir der Herr, dein Gott, geben wird*",[311] zu befolgen und zeigt, weshalb dieses Gebot auch seitens der Universitätsmitglieder eingehalten werden musste.[312] Um dem Vierten Universitätsgesetz und somit dem Vierten Gebot zu entsprechen, oblag es den Universitätsangehörigen während ihres Aufenthaltes an der *Alma Mater Rostochiensis* die acht Sollbestimmungen des Vierten Universitätsgesetzes zu befolgen.[313] Sie beinhalten unter anderem Anweisungen zur Immatrikulation, zur Graduierten- und Fakultätenordnung, zur Jurisdiktion und zu den Anzeigemodalitäten sowie zum Verhalten Studierender und Lehrender in den Regentien und Häusern des privaten Unterrichts.[314] Für Gesetzesverstöße finden sich im Gesetzestext oft auch Strafmaßnahmen angeführt, die es bei gesetzeswidrigem Verhalten anzuwenden galt.[315]

Im Vierten Universitätsgesetz wird unter anderem festgestellt, dass die Personen der Eltern, Lehrer und Obrigkeiten von Gott den Universitätsmitgliedern

---

[309] Ebd., Drittes Gesetz, 178, Zeile 35.

[310] Catechesis 1554, Tertium praeceptum.

[311] http://www.bibel-online.net/buch/luther_1912/2_mose/20/#12 [abgerufen am 9. 1. 2014].

[312] Gesetze 1563, Viertes Gesetz, 179, Zeile 24–38, bis 180, Zeile 1–39, 181, Zeile 1–39, 182, Zeile 1–39, 183, Zeile 1–23.

[313] Ebd., 180, Zeile 13–39, bis 183 Zeile 1–23.

[314] Ebd.

[315] Ebd., 180, Zeile 38f., 181, Zeile 33–35, 183, Zeile 19–23.

vorgesetzt wurden und dass ihnen durch die Angehörigen der Akademie ehrerbietiges Verhalten entgegenzubringen und Dank zu schulden war.[316] Chytraeus forderte in seiner Glaubensunterweisung die Gläubigen ebenfalls auf, Vater und Mutter zu ehren und zu lieben und dem Gesetz und der Obrigkeit Gehorsam entgegenzubringen.[317]

Das Fünfte Universitätsgesetz von 1563 macht deutlich, welches Verhalten von den Universitätsmitgliedern während ihres Aufenthaltes an der Universität erwartet wurde, um das Fünfte Gebot „*Du sollst nicht töten*"[318] zu erfüllen.[319] Dem Universitätsgesetz ist auch zu entnehmen, dass Universitätsangehörige, die gegen das Fünfte Universitätsgesetz und somit gegen das Fünfte Gebot verstießen, zu bestrafen waren.[320]

Im Fünften Universitätsgesetz wird jedoch nicht nur das Töten eines Menschen an sich verboten, um das Fünfte Gebot zu erfüllen, sondern es werden auch Delikte wie Lärmbelästigung durch nächtliches Umherziehen, Körperverletzung und Sachbeschädigung angeführt.[321] Auch im Katechismus des Chytraeus finden sich Anweisungen, um das Fünfte Gebot zu erfüllen, die über Tötungsdelikte hinausgehen, denn es heißt: „*Verletzt keinen Leib und fügt keinem in seinem Ruf und an seinem Besitz Schaden zu.*"[322]

Das Sechste Universitätsgesetz von 1563 behandelt das Sechste Gebot „*Du sollst nicht Ehebrechen!*"[323] Es wird im Quellentext deutlich angeführt, was der Wille Gottes ist und weshalb dieser Wille besteht. Ebenfalls macht der Text deutlich, wie Gott mit Verstößen gegen das Sechste Gebot verfährt. Das Sechste Universitätsgesetz führt an, was die Universitätsmitglieder im universitären Alltag zu unternehmen beziehungsweise zu unterlassen hatten, um das Sechste Universitätsgesetz und somit das Sechste Gebot zu erfüllen.[324]

---

[316] Ebd., 179, Zeile 25–31.
[317] Catechesis 1554, Quartum praeceptum.
[318] http://www.bibel-online.net/buch/luther_1912/2_mose/20/#13 [abgerufen am 9. 1. 2014].
[319] Gesetze 1563, Fünftes Gesetz, 183, Zeile 25–39, bis 184, Zeile 1–37; 185, Zeile 1f.
[320] Ebd., 184, Zeile 8–10, 184, Zeile 34f.
[321] Ebd., 183, Zeile 38f., 184, Zeile 1–37.
[322] Catechesis 1554, Quinque praeceptum.
[323] http://www.bibel-online.net/buch/luther_1912/2_mose/20/#14 [abgerufen am 9. 1. 2014].
[324] Gesetze 1563, Sechstes Gesetz, 185, Zeile 5–35, 186, Zeile 1–36, 187, Zeile 1–15.

Im Sechsten Universitätsgesetz heißt es unter anderem:

> „Eure Heiligung und Keuschheit ist der ewige und unabänderliche Wille Gottes, damit ihr [...] an der mit dem Willen Gottes übereinstimmenden Reinheit des Körpers und der Seele festhaltet [und] haltet euch sowohl von Unzuchtsvergehen als auch von allen Trieben, die von Gott verboten wurden, fern."[325]

Auch Chytraeus forderte in seinem Katechismus von den Gläubigen zur Erfüllung des Sechsten Gebotes Keuschheit.[326] Das nachstehende Zitat zeigt außerdem, dass die Ausführungen des Chytraeus in seinem Katechismus dem eben aus dem Sechsten Universitätsgesetz Zitierten sehr nahe kommen, denn es heißt in der Glaubensunterweisung:

> „Keuschheit oder Schamhaftigkeit ist eine Tugend, die Aufrechterhaltung der mit dem Willen Gottes übereinstimmenden Reinheit der Seele und des Körpers und das Vermeiden aller von Gott verbotenen Triebe."[327]

Das Siebte Universitätsgesetz bezieht sich auf das Siebte Gebot „*Du sollst nicht stehlen!*"[328] Es wird angeführt, wie Gott die Güter bei den Menschen verteilte und warum er sie „*verschieden und ungleichmäßig*"[329] anordnete. Es wird ferner aufgezeigt, wie die Universitätsmitglieder mit den durch Gott angeordneten Gütern umzugehen hatten, nach welchen Gütern sie in welchem Maß zu streben beziehungsweise nicht zu streben hatten. Auch der Umgang der Universitätsmitglieder mit den Gütern und dem Vermögen Anderer findet bei den Anweisungen Beachtung.[330] Der Gesetzestext zeigt außerdem, dass Verhaltensweisen, die gegen das Siebte Universitätsgesetz und somit auch gegen das Siebte Gebot waren, unter Strafe standen.[331]

---

[325] Ebd., 185, Zeile 6–9.

[326] Catechesis 1554, Sextum praeceptum.

[327] Ebd.

[328] http://www.bibel-online.net/buch/luther_1912/2_mose/20/#15 [abgerufen am 9. 1. 2014].

[329] Gesetze 1563, Siebtes Gesetz, 187, Zeile 19.

[330] Ebd., 187, Zeile 18–38, 188, Zeile 1–33, 189, Zeile 1–6.

[331] Ebd., 189, Zeile 6–10.

Im Siebten Universitätsgesetz ist unter anderem zu lesen:

„haltet und verwahrt [eure] eigenen Besitztümer in Gottesfurcht und christlichem Glauben sowie mit gutem Gewissen. Bemüht euch auch anzuerkennen, dass sie von Gott gegeben werden, mit ehrenhaften Gedanken zu wahren und zum Gott gefälligen Gebrauch zu verwenden sind."[332]

Dieses Zitat muss den Blick erneut auf den Katechismus des David Chytraeus lenken, denn auch Chytraeus wies in seiner Glaubensunterweisung die Gläubigen unter anderem an, dass sie

„die eigenen Güter in Gottesfurcht [erhalten und dass sie anerkennen, dass] sie von Gott gegeben [...] werden [...] und mit ehrenhaften Gedanken zu wahren und zu einem von Gott vorgesehenen Gebrauch zu verwenden [sind]."[333]

Das Achte Universitätsgesetz von 1563 enthält Ausführungen über die Bedeutung der Wahrheit für Gott und die Menschheit.[334] Es wird angeführt, wer und was durch die Wahrheit der Lehre über Gott, der Gesetze und der richterlichen Urteile unterstützt wird.[335] Das Universitätsgesetz macht ferner verständlich, wie Gott von den Menschen verstanden werden will, welches Verhalten er von den Menschen bezüglich der Wahrheit verlangt und welche Verhaltensweisen der Wahrheit entgegenwirken.[336] Es wird auch deutlich angeführt, wie Verstöße gegen die geforderten Verhaltensweisen der Universitätsangehörigen an der Universität Rostock zu bestrafen waren.[337] Abschließend ist zu sagen, das Achte Universitätsgesetz von 1563 macht deutlich, wie die Universitätsmitglieder das Universitätsgesetz und das Achte Gebot *„Du sollst nicht falsch Zeugnis reden wider Deinen Nächsten!"*[338] zu erfüllen hatten.[339]

---

[332] Ebd., 187, Zeile 33–37.
[333] Catechesis 1554, Septimum praeceptum.
[334] Gesetze 1563, Achtes Gesetz, 189, Zeile 13–39, 190, Zeile 1–26.
[335] Ebd., 189, Zeile 15–21.
[336] Ebd., 189, Zeile 20–39, 190, Zeile 1–26.
[337] Ebd., 190, Zeile 15f., 25f.
[338] http://www.bibel-online.net/buch/luther_1912/2_mose/20/#16 [abgerufen am 9. 1. 2014].
[339] Gesetze 1563, Achtes Gesetz, 189, Zeile 13–39, 190, Zeile 1–26.

Im Achten Universitätsgesetz wird unter anderem ausgedrückt, dass die Universitätsangehörigen die Wahrheit und Aufrichtigkeit in der christlichen Lehre, der gesamten Philosophie, den richterlichen Urteilen, Verträgen, Freundschaften, Gesprächen, Sitten und Gesten zu lieben und im ganzen Leben zu achten und zu bewahren hatten.[340] Chytraeus forderte in seiner christlichen Unterweisung zur Erfüllung des Achten Gebotes die Gläubigen ebenfalls zur Beachtung der Wahrheit in den richterlichen Urteilen, den Verträgen, in den Gesprächen und Gesten auf.[341]

Das Neunte Gesetz zeigt, was und was nicht durch staatliche Gesetze bestraft wird. Es wird deutlich, was die Universitätsangehörigen zu unternehmen beziehungsweise zu unterlassen hatten, um mit dem Geist Gottes zu sterben und um das Neunte und Zehnte Gebot zu erfüllen[342]: *„Du sollst nicht begehren deines Nächsten Haus. Du sollst nicht begehren deines Nächsten Weib, Knecht, Magd, Rind, Esel, noch alles, was dein Nächster hat."*[343]

Im Neunten Universitätsgesetz werden die Universitätsmitglieder der *Alma Mater Rostochiensis* unter anderem darauf hingewiesen, dass die lasterhaften Neigungen und Begierden, die *„Brände der Affekte im Herzen"*[344] gegen das göttliche Gesetz sind. Zur Wahrung des Neunten und Zehnten Gebotes werden die Universitätsmitglieder im Neunten Universitätsgesetz aufgefordert, unter anderem die Finsternis und die Zweifel ihrer Gedanken an Gott zu unterdrücken und zurückzudrängen.[345] Chytraeus forderte zur Erfüllung des Neunten und Zehnten Gebotes die Gläubigen in seinem Katechismus ebenfalls zur Vermeidung der Finsternis und der Zweifel an Gott, zur Unterlassung von Begierden und dem Vermeiden der Feuer der Affekte auf.[346]

Im Zehnten Universitätsgesetz von 1563 werden die Universitätsangehörigen noch einmal darauf hingewiesen, dass sie ihre *„Studien und Sitten nach der Richtschnur des Dekalogs [...] gewissenhaft auszurichten [hatten]".*[347] Es wird deutlich angeführt, worin die Vorteile des Handelns nach dem Dekalog für die

---

[340] Ebd., 189, Zeile 37–39, 190, Zeile 1–3.

[341] Catechesis 1554, Octavum praeceptum.

[342] Gesetze 1563, Neuntes Gesetz, 190, Zeile 29–37, 191, Zeile 1–13.

[343] http://www.bibel-online.net/buch/luther_1912/2_mose/20/#17 [abgerufen am 9. 1. 2014].

[344] Gesetze 1563, Neuntes Gesetz, 190, Zeile 32f.

[345] Ebd., 191, Zeile 5–7.

[346] Catechesis 1554, Nonum et decimum praeceptum.

[347] Gesetze 1563, Zehntes Gesetz, 191, Zeile 21f.

Universitätsmitglieder bestanden und was sie erwarten sollte, wenn sie dem nicht Folge leisteten.[348]

Indem der evangelische Katechismus des Chytraeus zur Ausarbeitung der Rostocker Universitätsgesetze herangezogen wurde, ist erkennbar, dass die Universität Rostock sich fortan als eine lutherische Bildungseinrichtung verstand. Gewiss wollte man mit derartig formulierten Universitätsgesetzen erreichen, dass die Studierenden und Lehrenden der *Alma Mater Rostochiensis* im Sinne des evangelischen Glaubens lebten, handelten und ihre Gedanken danach ausrichteten beziehungsweise dahingehend erzogen wurden.

Die *Formula concordiae* des Jahres 1563

Stellt man die Konkordienformel von 1563 vor, gilt es an erster Stelle zu fragen, wie sie überliefert ist und für ein wissenschaftliches Arbeiten zur Verfügung steht.

In der *Formula concordiae* heißt es: „*Und seynd dieß alles zu urkunde hierüber fünff Recess gleichs lauts auffgerichtet*".[349] Eine der geforderten fünf Ausfertigungen der am 11. Mai 1563 zwischen den Mecklenburger Herzögen und dem Rostocker Stadtrat über die Universität Rostock ratifizierten *Formula concordiae* ist im Stadtarchiv Rostock und eine zweite im Landeshauptarchiv in Schwerin gesammelt.[350] Die sich im Rostocker Stadtarchiv befindende Ausfertigung konnte ausgehoben werden, um eine Quellenbeschreibung durchführen zu können.

Der Einigungsvertrag über die *Alma Mater Rostochiensis* wurde auf Pergament geschrieben und ist in einem guten Überlieferungszustand.[351] Der Vertragstext ist auf mehreren Pergamentfolien zu lesen, die jeweils auf der Vorder- und Rückseite beschrieben wurden. Dem Text geht ein Deckblatt voran, auf dem die Worte *Formula concordiae* zu entziffern sind. Ferner ist auf dem Deckblatt erkennbar, dass der Vertrag über die Universität Rostock zwischen den oben genannten Herzögen Mecklenburgs und dem Rat der Warnowstadt

---

[348] Ebd., 191, Zeile 20–34.

[349] Siehe *S.-H. Michael*, Teil 2: Quellen, Anhang 5, 201–216, Konkordienformel 1563, *19, 214, Zeile 39f.

[350] AHR, U 1 q, 1563 Mai 11, Konkordienformel 1563 [Signatur der Konkordienformel von 1563 im Rostocker Stadtarchiv]; *M. A. Pluns*, Die Universität Rostock 1418–1563 (wie Anm. 125), 485.

[351] AHR, U 1 q, 1563 Mai 11, Konkordienformel 1563.

geschlossen wurde.[352] Der Vertragstext liegt in einer ausschließlich in schwarz geschriebenen, schwer lesbaren Schreibschrift vor. Im Text angeführte Personennamen oder universitäre Einrichtungen wurden in einer etwas größeren und besser lesbaren Schreibschrift geschrieben, sodass sie bei der Quellenbetrachtung deutlich hervorstechen.[353] Es ist außerdem auf den einzelnen Pergamentfolianten erkennbar, dass der Vertragstext in einzelne, häufig mit Zahlwörtern versehene, insgesamt sieben Abschnitte eingeteilt wurde.[354] Das vermittelt ein sehr strukturiertes und übersichtliches Bild der Quelle. Neben dem Text finden sich oft Randbemerkungen, die noch schwerer als der eigentliche Quellentext zu entziffern sind.[355] Beim Quellenstudium wird der Blick schnell auf den letzten Pergamentfolianten gelenkt, da dieser am unteren Rand mehrere Risse aufweist. Sie sind durch die Entfernung der Siegel des Universitätsrektors, der landesherrlichen Dozenten, des Stadtrates und der Mitglieder des Sechzigerausschusses der Bürger entstanden, die dem Einigungsvertrag einst seine Rechtskraft gaben.[356]

Zum Quellenstudium muss jedoch schon seit längerer Zeit nicht mehr die eben näher beschriebene Originalausfertigung herangezogen werden, sondern es steht sowohl der 1707 von Johann Weppling in Fraktur gedruckte als auch das anhand dieser Druckvorlage Wepplings 2005 durch Kersten Krüger in einem modernen Druck erstellte Typoskript der Konkordienformel von 1563 zur Verfügung.[357]

Setzt man sich mit der *Formula concordiae* auseinander, sollte man ferner nach der Sprache und dem Inhalt des Quellentextes fragen. Die Quelle wurde in frühneuhochdeutscher Sprache abgefasst. Sie enthält aber auch zahlreiche

---

[352] Ebd.
[353] Ebd.
[354] Ebd.
[355] Ebd.
[356] Ebd. M. A. *Pluns*, Die Universität Rostock 1418–1563 (wie Anm. 125), 485.
[357] Eigentlicher Abdruck: Formulae Concordiae, so Anno 1563, den 11. Maii zwischen I.I.F. F. Gn. Gn. Denen Hertzogen zu Mecklenburg &c. &c. Und einem Ehrbahren Raht der Stadt Rostock wegen der Universität dasselbst getroffen, Rostock Gedruckt durch Johann Weppling, Hoch.-Fürstl. Und Acad. Buchdruckern Anno MDCCVII [1707], Typoskript Kersten Krüger. Rostock 2005; http://webcms.uni-rostock.de/fileadmin/UniHome/Geschichte/FormulaConcordiae/1Concord.htm [abgerufen am 12. Januar 2014].

lateinische Wörter und Satzteile sowie sich aus dem Kontext erschließende Abkürzungen.[358]

Befasst man sich mit dem Inhalt der Konkordienformel, erkennt man, dass eingangs die Vertragsparteien genannt werden. Außerdem wird gesagt, dass mit dem Inkrafttreten dieser *Formula concordiae* alle „*Irrungen und Spann*",[359] die sich um die Reorganisation der Universität Rostock vor dem Frühsommer 1563 abspielten, mit der Ratifizierung des Einigungsvertrages „*auf heut Dato [...] gäntzlich beygelegt, auffgehoben und vortragen seynd.*"[360]

Der Einleitung schließt sich der erste Abschnitt an. In ihm wird angewiesen, welcher Konfession die Universitätsmitglieder angehören mussten und welche religiösen Strömungen und Lehren an der Alma Mater Rostochiensis untersagt waren.[361] Weiterhin finden sich Ausführungen zur Gültigkeit der Universitätsstatuten und der Universitätsprivilegien.[362] Der erste Abschnitt der Konkordienformel führt auch an, wie die Besoldung der ordentlichen Professoren nach ihrem Inkrafttreten zu bewältigen war und was mit den Einkommensregistern und den „*alten Einkommen*"[363] der Universität, falls vorhanden, zu geschehen hatte und wie die Betreuung der Studierenden an der Rostocker Akademie in den „*Collegia, Regentien und Häusere der Universität*"[364] auszusehen hatte.[365] Auch die Überlassung der Universitätsgebäude, wenn „*die Universität zerrunne oder ganz abginge*"[366] wird im ersten Abschnitt des Einigungsvertrages von 1563 geregelt.[367]

„*Zum andern ist auch verhandelt und allseits einmütiglich bewilligt, beschlossen und angenommen worden,*"[368] mit diesen Worten wurde der zweite

---

[358] Siehe *Susi-Hilde Michael*, Teil 2: Quellen, Konkordienformel 1563, Anhang 5, 201–216 (künftig: Konkordienformel 1563) Konkordienformel 1563, *10, 208, Zeile 6.

[359] Konkordienformel 1563, *2, 202, Zeile 2.

[360] Ebd., *2, 202, Zeile 11–14.

[361] Ebd., *2, 202, Zeile 15–22; *3, 202, Zeile 25–32.

[362] Ebd., *3, 202, Zeile 33–38; 203, Zeile 1–3.

[363] Ebd., *5, 204, Zeile 33.

[364] Ebd., *6, 205, Zeile 3.

[365] Ebd., *3, 203, Zeile 5–14; *4, 203, Zeile 16–40, 204, Zeile 1–5; *5, 204, Zeile 7–34; *6, 204, Zeile 36–40, 205, Zeile 1–23.

[366] Ebd., *4, 203, Zeile 20–22.

[367] Ebd., *4, 203, Zeile 22–29.

[368] Ebd., *7, 205, Zeile 26.

Abschnitt der Konkordienformel eingeleitet. In diesem liest man, wer dem Universitätskonzil als stimmberechtigtes Mitglied angehören musste, wie die Sitzordnung der Mitglieder bei den Konzilsversammlungen zu sein hatte und nach welchen Bestimmungen die Nomination und Berufung der ordentlichen Professoren ablaufen musste.[369]

Im dritten Abschnitt der *Formula concordiae* von 1563 folgen Anweisungen zur Wahl des Universitätsrektors sowie zur Bestimmung des Promotors.[370] Ferner weist der dritte Abschnitt Festlegungen zur Dauer einer Amtsperiode des Rektorenamtes, inhaltliche Änderungen zum Rektoreneid sowie Bestimmungen zum Scholareneid auf.[371] Auch Anweisungen, wie bei der Ausarbeitung und Beschlussfassung über neue und alte Universitätsstatuten, die neben der Universität auch „*den Raht und gemeine Bürgerschafft der Stadt Rostock mit angingen*"[372] vorzugehen war, finden sich in diesem Abschnitt.[373]

Im vierten Abschnitt des Vertrages finden sich Anweisungen zur Jurisdiktion über die Universitätsangehörigen sowie zur Bestrafung der zu Delinquenten gewordenen Universitätsmitglieder.[374] Es wird außerdem in der Konkordienformel von 1563 geregelt, wem bei gewissen, seitens der Studenten verübten Straftaten „*die Einführung ins Gefähngnis*" oblag.[375]

Der fünfte Abschnitt der *Formula concordiae* macht deutlich, wer unter den Universitätsmitgliedern unter welchen Voraussetzungen Abgaben an die Warnowstadt oder an den Landesherrn zu leisten hatte und welche Steuerbefreiungen den Universitätsangehörigen zustanden.[376] Weiterhin finden sich Anweisungen, wie, bis wann und durch wen die Einrichtung einer *mensa pauperum*, d. h. des Armentischs für mittellose Studenten durchzuführen war.[377]

---

[369] Ebd., *7, 205, Zeile 26–40; *8, 206, Zeile 17–37; *9, 207, Zeile 12–14.

[370] Ebd., *8, 206, Zeile 37–40; 207, Zeile 1–3; *9, 207, Zeile 6–11.

[371] Ebd., *9, 207, Zeile 6–11; 207, Zeile 25–29.

[372] Ebd., *10, 208, Zeile 13.

[373] Ebd., *10, 208, Zeile 10–18.

[374] Ebd., *10, 208, Zeile 19–27; *11, 208, Zeile 31–37, 209, Zeile 1–19; *12, 209, Zeile 22–40, 210, Zeile 1–8; *13, 210, Zeile 11–33.

[375] Ebd., *13, 210, Zeile 34–38; *14, 211, Zeile 2–28; *15, 211, Zeile 30–40; 212, Zeile 1–8.

[376] Ebd., *15, 212, Zeile 9–18; *16, 212, Zeile 20–34.

[377] Ebd., *16, 212, Zeile 35–40, 213, Zeile 1f.

Der sechste Abschnitt der Konkordienformel zeigt Anweisungen auf, die deutlich machen, wie der Unterhalt der Universitätsgebäude zu bewältigen war.[378] Weiterhin wird vorgeschrieben, unter welchen Voraussetzungen die Mitglieder des Universitätskonzils Kandidaten für das Amt des Rostocker Archi-Diakons und des Offizials vorschlagen durften.[379]

Der letzte Abschnitt des Einigungsvertrages führt an, wie im Fall der Auflösung der Universität mit den durch die Universität genutzten Häusern zu verfahren war.[380] Außerdem wird auf die Rechtsverbindlichkeit der Konkordienformel nach ihrem Inkrafttreten hingewiesen und deutlich gemacht, wer den Vertrag besiegelte und wem eine besiegelte Abschrift der *Formula concordiae* auszuhändigen war.[381]

Nach den Anweisungen des Vertrages sind final der Ort und das Datum der Ratifizierung der Konkordienformel zu lesen.[382]

Die Eide in den Rostocker normativen Rechtsquellen

Neben den Immatrikulationseiden, dem Amtseid des Rektors befinden sich in den ältesten Universitätsstatuten zahlreiche weitere Eidesformeln oder statuarische Bestimmungen, die anweisen, was es seitens der Universitätsmitglieder gegebenenfalls zu schwören gab.[383] Die Universitätsstatuten des Jahres 1548 beinhalten keine Eidesformeln. Das heißt, dass auch nach 1548 die Eidesformeln der ältesten Universitätsstatuten weiterhin Anwendung finden mussten.[384] In den Universitätsgesetzen von 1563 sind auch keine neuen Eidesformeln zu lesen, aber es ist ein unverkennbarer Bezug auf die in den ältesten Statuten unter IV, 1 und IV, 2 angeführten Immatrikulationseide zu erkennen.[385] Die Konkordienformel von 1563 führt die Eidesformel des Amtseides des Rektors neu an, da sich diese Formel in ihrem Inhalt änderte.[386] Die *Formula con-*

---

[378] Ebd., *16, 213, Zeile 3–8; *17, 213, Zeile 11–26.

[379] Ebd., *17, 213, Zeile 27–37; *18, 214, Zeile 2–7.

[380] Ebd., *18, 214, Zeile 8–16.

[381] Ebd., *18, 214, Zeile 17–28; *19, 214, Zeile 30–38.

[382] Ebd., *19, 214, Zeile 38–40, 215, Zeile 1–15.

[383] Statuten [nach 1433], I, 3, 77; II, 2 [Zusatz], 81; IV, 1 und 2, 85f.

[384] Statuten 1548, Einleitung, 153.

[385] Gesetze 1563, Zweites Gesetz, 178 Zeile 1–6; Viertes Gesetz, 180, Zeile 25–29.

[386] Konkordienformel 1563, *9, 207, Zeile 30–34; *10, 208, Zeile 2–5.

cordiae lässt auch erkennen, dass die anderen Eidesformeln, die die ältesten Rostocker Universitätsstatuten aufzeigen, mit dem Inkrafttreten des Vertrages unverändert gültig blieben.[387]

Setzt man sich mit den Eiden der Sollbestimmungen auseinander, ist nach dem Aufbau und nach der Art der Eide zu fragen. Die Eide in den ältesten Rostocker Universitätsstatuten und der Konkordienformel von 1563 beginnen jeweils mit „*Ich N. schwöre, [...]*"[388] oder „*Ich N. [...] verspreche und schwöre, [...]*".[389] Eidesformeln, die mit dem Verb promittere [versprechen] beginnen, weisen sich damit schon zu Beginn der Formel eindeutig als promissorische Eide aus.[390] Sie dienen dazu, etwas zu schwören und zu versprechen, was es seitens des Schwörenden nach der Vereidigung zu unternehmen beziehungsweise zu unterlassen gilt.[391] In den Universitätsstatuten finden sich auch Eide, die eingangs gebieten, wem der zu Vereidigende etwas schwor. So zeigt der erste unter IV, 1 angeführte Immatrikulationseid deutlich, dass dieser Eid dem Universitätsrektor und dessen Amtsnachfolgern zu schwören war.[392] Die Eidesformeln weisen am Anfang stets ein „*N.*" auf.[393] Dieser Großbuchstabe steht für *nomen* also für den Namen, den der zu Vereidigende beim Sprechen der Eidesformel gleich zu Beginn nennen musste.

Mit der Konjunktion „*dass*"[394] wird unter anderem bei den promissorischen Eiden der hier im Zentrum stehenden Rostocker normativen Rechtsquellen die *dispositio* der Eidesformel eingeleitet, die das zu Unternehmende beziehungsweise das zu Unterlassende des Eidleistenden anführt.[395] Die Ausführungen der *dispositiones* sind in den promissorischen Eiden der Universitätsstatuten in anderen Beispielen aus der Forschungszeit sowie auch in den gegenwärtig zu leistenden promissorischen Eiden stets im Tempus des Futur I formuliert.[396]

---

[387] Ebd., *10, 208, Zeile 6–9.

[388] Statuten [nach 1433], II, 3, 80.

[389] Ebd., II, 1 [Zusatz], 81.

[390] *Lothar Kolmer*, Promissorische Eide im Mittelalter, Kallmünz 1989, 47f.

[391] Ebd., 47–52.

[392] Statuten [nach 1433], IV, 1, 85f.

[393] Ebd., II, 1Z, 81; IV, 1; 2, 85f.

[394] Statuten [nach 1433], II, 3, 80.

[395] *Kolmer*, Eide (wie Anm. 390), 275.

[396] Statuten [nach 1433], II, 1 [Zusatz], 81; IV, 1 und 2, 85f., *Kolmer*, Eide (wie Anm. 390), 47–50, 275.

Die Verwendung des Futur I gilt als das Haupterkennungsmerkmal für promissorische Eide.[397] In den *dispositiones* der Eide in den Rostocker Sollbestimmungen finden sich Wendungen wie „*ohne List und Arg*"[398], „*unter Ausschluss von jeglicher Zuneigung, von Hass, Gunst oder Gabe und Hoffnung [auf Vorteil]*" und „*nach [bestem] Wissen und Können*".[399] Kolmer führt noch weitere Wendungen an und macht darauf aufmerksam, dass diese im promissorischen Eid zeigen, auf welche Weise der Eid erfüllt oder aber auch nicht erfüllt werden sollte.[400]

Die promissorischen Eide wurden stets, wie auch an den Eidesformeln der zu untersuchenden normativen Rechtsquellen der Universität Rostock abzulesen ist, mit dem Satz „*So wahr mir Gott helfe*"[401] beschlossen. Die *corroborationes* mancher Eidesformeln in den ältesten Rostocker Universitätsstatuten wurden zusätzlich noch um die Worte „*und die Verfasser der heiligen Evangelien*"[402] oder „*und die Verfasser der heiligen Evangelien und die Evangelien*"[403] ergänzt. Die Anrufung Gottes beziehungsweise die Anrufung Gottes und der Evangelienverfasser, der Evangelien selbst oder auch anderer Personen und Gegenstände, ist als die Garantie der Umsetzung des Versprechens zu verstehen.[404] Ein Eid, der nicht mindestens mit den Worten „*So wahr mir Gott helfe*"[405] beschlossen wurde, hatte keine Rechtsgültigkeit.[406] Gegenwärtig beschließen lediglich Personen, die eine christliche Konfession haben, den Eid mit den Worten „*So wahr mir Gott helfe*".[407] Personen, die nicht an eine christliche Konfession gebunden sind, beenden die Eidesformel hingegen nur mit den Worten „*Ich schwöre es.*"[408]

---

[397] *Kolmer*, Eide (wie Anm. 390), 268–275.

[398] Statuten [nach 1433], II, 1 [Zusatz], 81.

[399] Ebd., II, 3; II, 1Z, 80f.

[400] *Kolmer*, Eide (wie Anm. 390), 270.

[401] Ebd., 51, 275; Statuten [nach 1433], II, 1 [Zusatz], 81.

[402] Statuten [nach 1433], IV, 1; 2, 85f.

[403] Ebd., II, 3, 80.

[404] *Kolmer*, Eide (wie Anm. 390), 275.

[405] Ebd., 51, 275; Statuten [nach 1433], II, 1 [Zusatz], 81.

[406] *Kolmer*, Eide (wie Anm. 390), 51.

[407] http://www.bpb.de/wissen/LOBP7N,0,0,Eid.html [abgerufen am 20. 1. 2014].

[408] http://www.bpb.de/wissen/LOBP7N,0,0,Eid.html [abgerufen am 20. 1. 2014].

Doch bestand im Spätmittelalter und in der Frühen Neuzeit die Vereidigung von Universitätsangehörigen nur aus dem Sprechen einer Eidesformel? Die Forschungsliteratur führt an, dass unter anderem auch die promissorischen Eide stets auf einen Eidgegenstand zu leisten waren und auch gegenwärtig zu schwören sind.[409] Im ausgehenden Mittelalter und der Frühen Neuzeit gebrauchte man beispielsweise die vier Evangelien oder auch nur eines der Evangelien als Eidgegenstand.[410] Im Statutenbuch der *Alma Mater Rostochiensis* befindet sich unter anderem ein Schwurblatt aus Pergament.[411] Das Pergament zeigt Christus am Kreuz sowie Maria, die Mutter Christi, und Johannes den Täufer.[412] Unter diesem Bild findet sich das Bibelzitat: „*In principio erat Verbum, Et Verbum erat apud Deum, Et Deus erat Verbum. Hoc erat in principio apud Deum. Omnia per ipsum facta sunt.*"[413]

Mit dem Bild des gekreuzigten Christus und dem Zitat aus dem Johannesevangelium auf dem Schwurblatt des Statutenbuches sollte den zu Vereidigenden an der Universität Rostock deutlich gezeigt werden, dass sie auf das Evangelium des Johannes als Eidgegenstand vereidigt wurden.

Die Forschungsliteratur weist darauf hin, dass es zum Beispiel üblich war, die Schwurfinger, das heißt den Mittel- und den Zeigefinger der rechten Hand über oder auf den Eidgegenstand zu halten.[414] Das mit wenigen Zeilen beschriebene Schwurblatt im Statutenbuch weist am unteren Ende in der Mitte eine Stelle, die deutlich dunkler als das übrige Pergament ist, auf. Das lässt den Schluss zu, dass an der Alma Mater der Eidgegenstand mit den Schwurfingern berührt wurde (Abb. 2).

---

[409] *Kolmer*, Eide (wie Anm. 390), 234.

[410] Ebd., 234.

[411] UAR R I A 1, Schwurblatt im Statutenbuch der Universität Rostock.

[412] Ebd.

[413] Am Anfang war das Wort, und das Wort war bei Gott und Gott war das Wort. Das [Wort] war am Anfang bei Gott. Alles wurde durch das [Wort]; Biblia Sacra Vulgata., Johannes 1, 1f.

[414] *Kolmer*, Eide (wie Anm. 390), 244.

Wesentliche normative Rechtsquellen der Universität Rostock 119

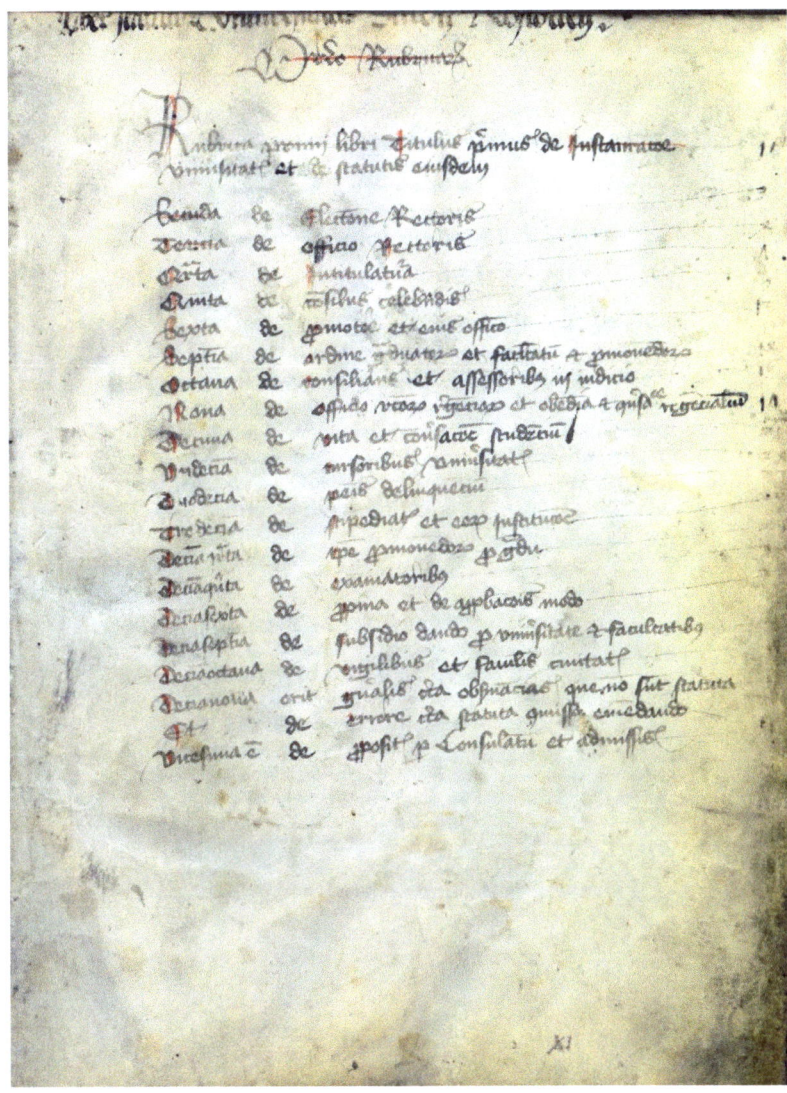

Abbildung 1: Rubrikenordnung der ältesten Rostocker Universitätsstatuten (UAR IRA1, Statutenbuch)

Abbildung 2: Schwurblatt im Statutenbuch der Universität Rostock (UAR IRA1, Statutenbuch)

Ralf Modlich[*]

Adalbert Dessau (1928–1984), ein Pionier der deutschen Lateinamerikanistik

Erwachsenwerden in Weimarer Republik, Nationalsozialismus und Besatzungszeit (1928–1949)

Adalbert Dessau (Abb. 1), mit vollem Namen Adalbert Gustav Adolf Karl Dessau,[1] wurde am 15. März 1928 als ältester Sohn des Buchhalters Adolf Dessau (1902–1976) und der Hausfrau Martha Dessau (1900–1967), geborene Tischer, in Heintrop im Kreis Soest in Westfalen geboren.[2] Er wuchs in bescheidenen Verhältnissen auf. Sein Vater arbeitete im nahegelegenen Familienbetrieb des Großvaters, einer Bonbonfabrik, die durch die 1929 einsetzende Weltwirtschaftskrise jedoch derart belastet wurde, dass Adolf Dessau sich nach einer neuen Arbeitsstelle umsehen musste.[3] Er fand schließlich 1932 eine Beschäftigung als kaufmännischer Angestellter in Coswig in der Nähe seines

---

[*] Der Autor bedankt sich bei Gisela Boeck und Hans-Uwe Lammel für die Unterstützung bei der Veröffentlichung und bei Albrecht Buschmann, Ilse Dessau †, Svend Plesch, Clara Ruvituso, Christoph Schreiber, Detlev Wahl und Nikolaus Werz für Hinweise, Anregungen und Korrekturen.

[1] Die bisher vollständigste biographische Würdigung Adalbert Dessaus findet sich in *Birgit Gerstenberg/Svend Plesch/Desiderio Saavedra Pino*, Adalbert Dessau (1928–1984). Forscher, Hochschullehrer und Wissenschaftsorganisator, in: Lateinamerika 23, 1988, 104–128. Die darin befindliche Bibliographie wurde von Birgit Gerstenberg und Svend Plesch unter der Hinzuziehung von Materialien zusammengestellt, die von Ilse Dessau zur Verfügung gestellt wurden. Kurzeinträge außerdem in folgenden Nachschlagewerken: *Günter Albrecht/Kurt Böttcher*, Schriftsteller der DDR. Leipzig 1975, 115–116. *Wilhelm Kosch/Hubert Herkommer/Carl Ludwig Lang* (Hrsg.), Deutsches Literatur-Lexikon: biographisch-bibliographisches Handbuch. Band 3. Bern 1997, 177–178. *Wilhelm Kosch/Carl Ludwig Lang/Konrad Feilchenfeldt* (Hrsg.), Deutsches Literatur-Lexikon: das 20. Jahrhundert. Band 6. Zürich 2004, 118–119. *Grete Grewolls*, Wer war wer in Mecklenburg und Vorpommern: das Personenlexikon. Rostock 2011, 2039.

[2] Vgl. Universitätsarchiv Rostock (*UAR*), Personalakte Adalbert Dessau, Band 1, Kurzbiographie vom 07.07.1966.

[3] Vgl. *UAR*, Personalakte Adalbert Dessau, Band 1, Lebenslauf vom 13.12.1958.

Geburtsortes Dresden, woraufhin die junge Familie Dessau ein Jahr später dorthin zog.[4]

Abb. 1: Adalbert Dessau [Universitätsarchiv Rostock, Personalakte Adalbert Dessau]

In Coswig, damals noch ein Dorf,[5] besuchte Adalbert Dessau von 1934 bis 1938 die Grundschule, in den Jahren 1938 bis 1940 deren „*höhere Abteilung*", wo ihm auch Englischunterricht erteilt wurde.[6] In einer Ausgabe der „Reichszeitung des Nationalsozialistischen Lehrerbundes" aus dem Jahr 1939 wird diese Schulform, die es nur in Sachsen gab,[7] als Abteilung innerhalb der Volksschulen beschrieben:

„In ihnen [den Volksschulen] beginnt bereits eine strenge Schülerauslese. Neben den Normal-(Haupt-)Klassen bestehen Nachhilfeklassen und Klassen der höheren Abteilung, die in einer Fremdsprache (Englisch) unterrichtet werden und deren Unterrichtsziele höher gesteckt sind. Nach drei- bzw. vierjährigem Besuch der Grundschule gehen die begabten Schüler und Schülerinnen in die höhere Abteilung der Volksschule oder in eine höhere Schule über."[8]

---

[4] Vgl. ebd.

[5] Coswig wurde erst im Jahre 1939 das Stadtrecht verliehen, kurz nachdem es eine Bevölkerungszahl von 10.000 Einwohnern erreicht hatte. Vgl. dazu *Evelies Baumann*, Coswig in Sachsen. Erfurt 2000, 7.

[6] Vgl. *UAR*, Personalakte Adalbert Dessau, Band 1, Lebenslauf vom 10.06.1954. Vereinzelte Versuche aus Zeiten der Weimarer Republik, Fremdsprachenunterricht bereits regulär in der Grundschule zu erteilen, wurden nach der Machtergreifung der Nationalsozialisten wieder eingestellt. Vgl. dazu *Jenny Demircioglu*, Englisch in der Grundschule. Auswirkungen auf Leistungen und Selbstbewertung in der weiterführenden Schule. Berlin 2008, 14–15.

[7] Vgl. *Manfred Kaul*, Erinnerungen an frühe Jahre. Berlin 2009, 3.

[8] *Nationalsozialistischer Lehrerbund*, Der Deutsche Erzieher. Reichszeitung des Nationalsozialistischen Lehrerbundes. Ausgabe Gau Berlin. Bayreuth 1939, I.

Der frühe Kontakt mit einer Fremdsprache war also damals in Sachsen den wenigen als „begabt" eingestuften Schülerinnen und Schülern vorbehalten. In Leipzig – für Dresden oder Coswig sind ähnliche Zahlen anzunehmen – beliefen sich diese auf lediglich 7,4 Prozent der Schülerschaft.[9]

Auch im weiteren Verlauf seiner Schullaufbahn gehörte Dessau offenbar zu den leistungsstarken Schülern. Im Jahr 1940 wechselte er – nach seinen eigenen Worten „*wegen besonderer Begabung*" – auf die Fürstenschule Meißen, ein humanistisches Gymnasium, welches Ende 1942 durch die Nationalsozialisten in eine „Deutsche Heimschule" umgewandelt wurde.[10] Sinn und Zweck dieser Art von Internatsschulen wird in einer Parteiveröffentlichung der NSDAP aus demselben Jahr mit aller Deutlichkeit beschrieben:

„Darüber hinaus sollen gemäß Anordnung des Führers die Heimschulen künftig ein Mittel zur Verwirklichung des totalen staatlichen Erziehungsanspruches werden. Wir müssen also viele Heimschulen schaffen, daß die bisher in konfessionell ausgerichteten Internaten erzogenen Kinder auf Heimschulen weiter erzogen werden können."[11]

Die Schule in Meißen wurde somit im Laufe von Dessaus Schulzeit in eine exemplarische Stätte der nationalsozialistischen Indoktrination verwandelt. Die Tatsache, dass Dessaus Vater den Verbleib seines Sohnes an der Schule in Meißen nach ihrer Umwandlung in eine „Deutsche Heimschule" befürwortete, begründet Adalbert Dessau in einem Lebenslauf aus dem Jahre 1958 folgendermaßen:

„Wie die Eltern vieler anderer Schüler trug sich auch mein Vater mit dem Gedanken, mich von der Schule wegzunehmen, sah aber aus zwei Gründen davon ab: erstens galt die Schule als beste Oberschule in Sachsen, und zweitens hätte mein Abgang den Verlust der Schulgeld- und In-

---

[9] Vgl. ebd.

[10] *UAR*, Personalakte Adalbert Dessau (wie Anm. 6). Während seiner Schulzeit in Meißen lernte Dessau den späteren Lateinamerikanisten Hanns-Albert Steger (*1923) kennen (der Autor dankt Nikolaus Werz für diesen Hinweis). 1974 übernahm Steger den Lehrstuhl für Auslandswissenschaft (Romanischsprachige Kulturen) an der Universität Erlangen-Nürnberg. Der Kontakt mit den Dessaus blieb über lange Zeit bestehen, selbst nach Adalbert Dessaus Tod war Ilse Dessau noch mit Steger in Verbindung (Interview mit Ilse Dessau am 07.02.2012).

[11] *Partei-Kanzlei der NSDAP*, Verfügungen, Anordnungen, Bekanntgaben. Band 2. München 1942, 365.

ternatskostenfreiheit mit sich gebracht und damit eine Fortsetzung des Schulbesuches überhaupt unmöglich gemacht, da meines Vaters Gehalt derartige Ausgaben nicht gestattete."[12]

Diese Darstellung könnte den Eindruck erwecken, Dessaus Vater hätte seinen Sohn nur widerwillig und aus Alternativlosigkeit dem Zugriff und Einfluss der Nationalsozialisten ausgesetzt. Die hohe Qualität und gleichzeitige Kostenfreiheit der schulischen Ausbildung stellten für eine Familie mit begrenzten Mitteln sicherlich einen wichtigen Faktor bei der Entscheidung über die Schulwahl dar. Angesichts der NSDAP-Mitgliedschaft von Adolf Dessau[13] lässt sich jedoch daran zweifeln, ob Adalbert Dessaus Eltern der politischen Erziehung ihres Sohnes an einer „Deutschen Heimschule" wirklich abgeneigt waren.

So verwundert es umso weniger, dass Adalbert Dessau als Heranwachsender nationalsozialistischen Jugendorganisationen angehörte. Von 1938 bis 1942 war er beim sogenannten „Deutschen Jungvolk", danach bei der Hitlerjugend.[14] Dort hatte er zwischen 1942 und 1945 die Funktion eines „Scharführers" inne.[15] Dies zeugt von einem gewissen eigenständigen Engagement in der Hitlerjugend und von einem relativ frühen Anstreben und Ausfüllen von Führungspositionen. Obwohl gegen Ende des Krieges auch sehr junge „Hitlerjungen" noch zur Waffe greifen mussten, wurde Dessau aus gesundheitlichen Gründen nicht in die Wehrmacht einberufen.[16]

Durch Dessaus besondere schulische Einbindung, seine Position in der Hitlerjugend und die Parteizugehörigkeit seines Vaters stellt sich die Frage, ob er trotz seines jungen Alters womöglich auch Mitglied der NSDAP war. Eine Antwort darauf liefert das Aufnahmeverfahren der Partei in den letzten Kriegsjahren:

„Gemäß Anordnung 1/44 des Reichsschatzmeisters vom 07.01.1944 wurde hinsichtlich der Aufnahme von weiblichen und männlichen HJ-Angehörigen der Jahrgänge 1926 und 1927 verfügt, dass das Aufnah-

---

[12] *UAR*, Personalakte Adalbert Dessau (wie Anm. 3).

[13] Vgl. *UAR*, Personalakte Adalbert Dessau, Band 1, Kurzbiographie vom 15.02.1977. Dessau geht zu Lebzeiten seines Vaters in sämtlichen im Universitätsarchiv Rostock auffindbaren Lebensläufen nicht auf dessen Parteimitgliedschaft ein.

[14] Vgl. *UAR*, Personalakte Adalbert Dessau, Band 1, Lebenslauf vom 11.02.1966.

[15] Vgl. *UAR*, Personalakte Adalbert Dessau, Band 1, Personalbogen vom 08.02.1978.

[16] Vgl. *UAR*, Personalakte Adalbert Dessau (wie Anm. 3).

mealter von 18 auf 17 Jahre herabzusetzen war. [...] Als Aufnahmedatum war der 20.04.1944 vorgesehen. [...] Für die Angehörigen der Hitlerjugend des Geburtsjahrganges 1928 war gemäß Anordnung 24/44 vom 30.09.1944 eine Aufnahme in die NSDAP nicht mehr geplant. Die tatsächliche Aushändigung der Mitgliedskarten bzw. der Mitgliedsbücher durch die örtlichen Hoheitsträger (in der Regel die NSDAP-Ortsgruppenleiter) ist hier nur in den seltensten Fällen belegt."[17]

Dessau vollendete erst knapp zwei Monate vor Kriegsende das 17. Lebensjahr. Für seine Aufnahme in die Partei wären also ganz besondere Umstände nötig gewesen, auf die es jedoch keinerlei Hinweise gibt.

Da die Schule in Meißen nach dem Zweiten Weltkrieg zunächst nicht weitergeführt wurde, absolvierte Dessau 1946 sein Abitur an der Oberschule Radebeul. Im Anschluss daran war er vier Jahre lang als Lehrer an der Zweiten Grundschule in Coswig tätig und legte 1948 und 1949 die erste und zweite Lehrerprüfung ab.[18] Die Zeit dieser Berufstätigkeit in Coswig beschreibt Dessau als „*für [s]eine Entwicklung entscheidend*".[19] Im Jahr 1948 lernte er nicht nur seine zukünftige Ehefrau, Ilse Dessau, geborene Wollmann (1930-2012) kennen, die Lehrerin an derselben Schule war. Er erwähnt außerdem, dass er den Weg zu „*sozialistischem Gedankengut*" durch den „*Kontakt mit fortschrittlichen Kollegen*" während seiner Zeit als Grundschullehrer fand.[20]

Um Dessaus Sozialisation in der besonders prägenden Lebensphase der Kindheit und Jugend in einen größeren Kontext zu stellen, eignet sich die von Werner Mittenzwei in seinem Buch *Die Intellektuellen* (2001) vorgenommene Charakterisierung des Jahrgangs 1927, mit dem Dessau eingeschult worden war, als „*Scheidelinie*":

„Der Jahrgang 1927, der 1934 in die Schule gekommen war, besaß keine Erinnerungen an die Kultur der Weimarer Republik. Wesentlich geprägt vom Krieg und vom Untergang ihrer Lebensvorstellungen, gab es für diese jungen Männer nichts, was ihnen Halt, eine geistige Orientierung hätte sein können. Sie blieben den Schuldvorwürfen wie den neuen

---

[17] *Bundesarchiv.* http://www.bundesarchiv.de/fachinformationen/01003 (abgerufen am 07.01.2014)

[18] Vgl. *UAR*, Personalakte Adalbert Dessau (wie Anm. 14).

[19] *UAR*, Personalakte Adalbert Dessau (wie Anm. 3).

[20] *UAR*, Personalakte Adalbert Dessau (wie Anm. 14).

Gedanken und Illusionen wehrlos ausgesetzt. [...] Anerzogen war dieser Jugend ein gewisser Gemeinschaftssinn, der pervertiert verbrecherischen Zielen zugeführt worden war. Nach einer Phase allgemeiner Ratlosigkeit und Verzweiflung suchten diese Katastrophenkinder einen neuen Weg. Sie schienen für Ziele, die über das eigene Wohlbefinden hinausgingen, nicht verloren. Vor allem traf das auf jene zu, die verführt, aber nicht eigentlich schuldig geworden waren. So unerreichbar für den Aufbau einer sozialistischen Welt war diese Jugend folglich nicht. Aber sie blieb wehrlos gegenüber Risiken. Was ihr vom Marxismus angeboten wurde, war die stalinistische Interpretation."[21]

Es lässt sich auch bei Dessau von einem *„Untergang"* der *„Lebensvorstellungen"* und einer daraus resultierenden Halt- und Orientierungslosigkeit nach Kriegsende sprechen. Auch bei Dessau konnte der unter den Nationalsozialisten anerzogene *„Gemeinschaftssinn"* im Nachkriegsdeutschland unter anderen Vorzeichen wieder auf fruchtbaren Boden fallen. Auch Dessau suchte einen neuen Weg – und fand ihn schließlich:

„Das Jahr 1945 war für mich der Beginn einer längeren Periode des Neulernens und Umlernens; denn die nazistische Schulerziehung und der Einfluß der faschistischen Jugendorganisation hatten eine Wirkung auf meine Entwicklung nicht verfehlt. Ich beschäftigte mich stark mit geschichtlichen, kulturellen und philosophischen Problemen und erkannte nach und nach den richtigen Weg. Kleinere Funktionen im FDGB (seit 1946) und in der FDJ (seit 1948) halfen mir auf diesem Wege, der 1949 mit dem Eintritt in die SED einen qualitativen Abschluß fand."[22]

Das Jahr 1949 – für die deutsche Geschichte des 20. Jahrhunderts wohl eines der bedeutsamsten – markierte somit auch eine wichtige Zäsur in Dessaus Leben. Dazu gehörten nicht nur der Abschluss der ersten Berufsphase und der von ihm als richtungsweisend hervorgehobene Eintritt in die zukünftige Staatspartei der neu gegründeten Deutschen Demokratischen Republik, sondern auch

---

[21] *Werner Mittenzwei*, Die Intellektuellen. Literatur und Politik in Ostdeutschland 1945 bis 2000. Berlin 2003, 70–71.

[22] *UAR*, Personalakte Adalbert Dessau, Band 1, Lebenslauf vom 12.06.1963.

das Erreichen der Volljährigkeit[23] und die Entscheidung für ein Studium der Romanistik in Berlin.

Studium, Aspiranturen und erste Auslandserfahrungen - Die Zeit an der Humboldt-Universität zu Berlin (1950–1958)

Im Jahr 1950 zog Dessau nach Berlin-Prenzlauer Berg und begann ein Diplomstudium der Romanistik an der Humboldt-Universität mit dem Hauptfach Französisch und den Nebenfächern Spanisch und Portugiesisch.[24] Als im Rahmen der „Zweiten Hochschulreform" der DDR[25] im Jahr 1951 vom neu gegründeten Staatssekretariat für Hochschulwesen eine Konzentration der Romanistik in Leipzig angeordnet wurde,[26] zog Dessau für kurze Zeit nach Leipzig. Nach einem „*Machtkampf*" um die Neuordnung der Romanistik zwischen den großen Romanisten Victor Klemperer (1881–1960) und Werner Krauss (1900–1976), beide wichtige akademische Lehrer Dessaus, wurde die Fachrichtung letzten Endes doch nicht in Leipzig, sondern in Berlin konzentriert.[27] Dessau musste somit zur Fortführung seines Studiums wieder nach Berlin zurückkehren, wo er fortan bis zur Beendigung seines Studiums in Köpenick wohnte.[28]

---

[23] Erst im Jahr 1950 wurde das Volljährigkeitsalter in der DDR von 21 auf 18 Jahre herabgesetzt. Vgl. dazu *Gesetzblatt der Deutschen Demokratischen Republik*, Gesetz über die Herabsetzung des Volljährigkeitsalters vom 17. Mai 1950. Berlin 1950, 437.

[24] Vgl. *UAR*, Personalakte Adalbert Dessau (wie Anm. 15 und 22).

[25] Die Umstrukturierungsmaßnahmen an den Universitäten der DDR wurden Anfang der fünfziger Jahre in der „*offiziellen DDR-Lesart*" später als „Zweite Hochschulreform" bezeichnet. Siehe dazu *Tobias Kaiser*, Planungseuphorie und Hochschulreform in der deutsch-deutschen Systemkonkurrenz, in: Michael Grüttner et al. (Hrsg.), Gebrochene Wissenschaftskulturen. Universität und Politik im 20. Jahrhundert. Göttingen 2010, 257.

[26] Vgl. *Gerdi Seidel*, Vom Leben und Überleben eines „Luxusfachs". Die Anfangsjahre der Romanistik in der DDR. Heidelberg 2005, 69.

[27] Vgl. ebd., 73. Dazu schreibt *Peter Jehle*, Werner Krauss: „Deutschland ist nur in einem Zustand des Projekts erträglich". Zur Reorganisation der literaturwissenschaftlichen Romanistik zwischen Ost und West, in: Petra Boden/Rainer Rosenberg (Hrsg.), Deutsche Literaturwissenschaft 1945–1965: Fallstudien zu Institutionen, Diskursen, Personen, Berlin 1997, 97–118, hier 110: „*Die Reorganisation der Romanistik in der jungen DDR erscheint zudem von Anfang an bestimmt durch die Konkurrenz zwischen Berlin und Leipzig, die verknüpft ist mit zwei Namen: Klemperer und Krauss.*"

[28] Vgl. *UAR*, Personalakte Adalbert Dessau (wie Anm. 15).

Während Dessaus Studienzeit wurde die literaturwissenschaftliche Lateinamerikanistik in Deutschland noch nicht als eine eigenständige Teildisziplin der Romanistik angesehen.[29] Bekannte Romanisten wie Karl Vossler (1872–1949) oder Max Leopold Wagner (1880–1962) wagten sich zwar auch schon vor dem Zweiten Weltkrieg bisweilen auf dieses Gebiet vor,[30] jedoch konnte damals nicht von einer universitären Institutionalisierung die Rede sein. Es gab auch keine außeruniversitäre Einrichtung, die sich gezielt auf Lateinamerikaforschung konzentrierte. In den zwanziger Jahren existierte zwar kurzzeitig ein „*privates Ibero-Amerikanisches Forschungsinstitut*" in Hamburg,[31] welches aber nach dem Krieg nicht weitergeführt wurde. Selbst die heutzutage wichtigste außeruniversitäre Forschungseinrichtung zu Lateinamerika in Deutschland, das 1930 gegründete Ibero-Amerikanische Institut in Berlin, wurde in den Nachkriegsjahren in ihrer zu Beginn der vierziger Jahre gerade erst angelaufenen Funktion als Forschungseinrichtung wieder eingeschränkt.[32]

Einen wichtigen Beitrag zur universitären Lehre im Bereich der Lateinamerikanistik im institutionellen Rahmen der Romanistik der Humboldt-Universität leistete in der Nachkriegszeit Traugott Böhme (1884–1954), ein Philologe mit Auslandserfahrung in Mexiko und Affinität zu Lateinamerika.[33]

---

[29] *Karl Kohut*, Literaturwissenschaft, in: Nikolaus Werz (Hrsg.), Handbuch der deutschsprachigen Lateinamerikakunde. Freiburg 1992, 389–427, hier 389.

[30] Zu nennen sind hier zum Beispiel *Max Leopold Wagner*, Die spanisch-amerikanische Literatur in ihren Hauptströmungen. Leipzig 1924; sowie *Karl Vossler*, Die „zehnte Muse von Mexico". Sor Juana Inés de la Cruz. München 1934.

[31] *Reinhard Liehr*, Die Geschichte Lateinamerikas in Berlin, in: Reimer Hansen/Wolfgang Ribbe (Hrsg.), Geschichtswissenschaft in Berlin im 19. und 20. Jahrhundert. Berlin/New York, 1992, 633–655, hier 644.

[32] Vgl. *Ibero-Amerikanisches Institut* (Hrsg.), 75 Jahre Ibero-Amerikanisches Institut. Berlin 2005, 10.

[33] Traugott Böhme leitete von 1920 bis 1927 die deutsche Schule in Mexiko-Stadt. Vgl. dazu *Silke Nagel*, Ausländer in Mexiko. Die „Kolonien" der deutschen und US-amerikanischen Einwanderer in der mexikanischen Hauptstadt 1890–1942. Frankfurt am Main 2005, 257. Folgende Publikation ging aus seinem Mexiko-Aufenthalt hervor: *Traugott Böhme*, Der Deutsche in Mexiko. Für Jugend und Volk zusammengestellt. Berlin/Leipzig 1929. Böhme war außerdem zwischen Juni 1945 und Dezember 1946 kommissarischer Vorsitzender des Ibero-Amerikanischen Instituts, dessen Liquidation in diesem Zeitraum abgewendet und eine Weiterführung in Westberlin als „Lateinamerikanische Bibliothek" entschieden wurde. Vgl. dazu *Günter Vollmer*, Gerdt Kutschers Leben, in: Indiana 10, 1985, 485–518, hier 497–499.

Er erteilte seit dem Wintersemester 1947/48 bis zu seinem Tod im Jahr 1954 Lehrveranstaltungen zur lateinamerikanischen Literatur und Kultur.[34] Dessau verfolgte nicht nur die Lehrveranstaltungen Böhmes mit besonders großem Interesse,[35] sondern unterhielt auch ein freundschaftliches Verhältnis zu seinem akademischen Lehrer und Mentor.[36] So vermachte Böhme Dessau seine sämtlichen „*Materialien und Arbeiten für Vorlesungen*".[37] Durch dieses Erbe verfügte Dessau unmittelbar nach seinem Studium, welches er mit dem Prädikat „sehr gut" abschloss,[38] über hervorragendes und in Deutschland damals kaum anderweitig zugängliches Lehr- und Arbeitsmaterial zur lateinamerikanischen Literatur.

Im Anschluss an sein Studium begann Dessau eine wissenschaftliche Aspirantur mit dem Ziel der Promotion an der Humboldt-Universität zu Berlin.[39] Die Aspirantur wurde zur „*systematischen Nachwuchsförderung*" im Zuge der „Zweiten Hochschulreform" im Jahr 1951 eingeführt.[40] Obwohl Dessau zu einem Thema der mittelalterlichen französischen Heldenepik promovierte,[41] handelten beinahe alle Lehrveranstaltungen, die er zwischen 1955 und 1958 an der Humboldt-Universität anbot, von spanisch- und portugiesischsprachiger Literatur.[42] Zur lateinamerikanischen Literatur hielt Dessau vor seiner Promotion noch keine Lehrveranstaltungen.

---

[34] Vgl. z.B. *Humboldt-Universität zu Berlin*, Personal- und Vorlesungsverzeichnis, Wintersemester 1947/48, 57, Wintersemester 1950/51, 50 und Frühjahrssemester 1953/54, 97.

[35] Vgl. *UAR*, Personalakte Adalbert Dessau, Band 1, Brief von Adalbert Dessau an das Prorektorat für den wissenschaftlichen Nachwuchs der Humboldt-Universität vom 01.03.1958.

[36] Interview mit Ilse Dessau am 07.02.2012.

[37] BStU, MfS, AIM 18532/80, I, Bd. 1, Bl. 17.

[38] Vgl. *UAR*, Personalakte Adalbert Dessau (wie Anm. 22).

[39] Vgl. ebd.

[40] *Mitchell G. Ash*, Wissenschaft und Politik als Ressourcen für einander, in: Rüdiger Bruch/Brigitte Kaderas (Hrsg.), Wissenschaften und Wissenschaftspolitik. Bestandsaufnahmen zu Formationen, Brüchen und Kontinuitäten im Deutschland des 20. Jahrhunderts. Stuttgart 2002, 32–51, hier 44.

[41] *Adalbert Dessau*, Raoul de Cambrai. Untersuchungen zum Problem der materiellen und geistig-strukturellen Historizität der französischen Heldenepik. Berlin 1958.

[42] Vgl. z.B. *Humboldt-Universität zu Berlin*, Personal- und Vorlesungsverzeichnis, Herbstsemester 1955/56, 102 und Herbstsemester 1957/58, 121–122.

Zusätzlich zu seiner Forschungs- und Lehrtätigkeit bekam Dessau die Gelegenheit, seine umfangreichen kulturellen und fremdsprachlichen Kenntnisse im Rahmen von Auslandsreisen auch außerhalb des Universitätsbetriebs anzuwenden und zu vertiefen.[43] In der zweiten Hälfte der fünfziger Jahre begann seine Tätigkeit als sogenannter Reisekader, zuerst vorwiegend als Dolmetscher. Er hielt sich beispielsweise 1955 und 1956 jeweils für etwa zehn Tage als Kongressdolmetscher in Finnland auf, zum Jahreswechsel 1955/56 für neun Wochen als Delegationsdolmetscher in Chile.[44] Er war außerdem Dolmetscher für eine Delegation unter Leitung des damaligen Direktors der DDR-Notenbank, Georg Kulessa (*1918), während eines Aufenthalts in Brasilien im Jahr 1958.[45] Die Reise der Delegation hatte die Unterzeichnung eines Handelsabkommens zwischen Brasilien und der DDR zur Folge.[46]

Dessaus Auslandsreisen trugen offensichtlich dazu bei, dass das in den fünfziger Jahren noch im Aufbau befindliche Ministerium für Staatssicherheit (MfS) der DDR auf ihn erstmals aufmerksam wurde. In einem Ermittlungsauftrag der Abteilung VIII[47] vom April 1956 bekundet man „*[o]peratives Interesse*" an der Person Dessau und wünscht neben Informationen zu seinem politischen Werdegang, moralischen Lebenswandel und Kontakt zu anderen Personen auch die Gründe „*für Reisen nach Chile*" zu erfahren.[48] Schon im Mai 1956 leitete die Abteilung VIII einige Auskünfte über Dessau an die Hauptabteilung XV weiter.[49] Da Dessau aber in Berlin ein Zugezogener war, konnten

---

[43] Nach seinen eigenen Angaben beherrschte Dessau Spanisch, Portugiesisch und Französisch „*perfekt in Wort und Schrift*" und verfügte über Lesekenntnisse in Italienisch, Russisch, Englisch, Latein, Katalanisch und Provenzalisch. Vgl. dazu *UAR*, Personalakte Adalbert Dessau (wie Anm. 13).

[44] Vgl. *UAR*, Personalakte Adalbert Dessau, Band 1, Aufstellung Auslandsreisen (1955–1962).

[45] Vgl. *UAR*, Personalakte Adalbert Dessau, Band 1, Aktennotiz vom 10.08.1957 und Lebenslauf vom 13.12.1958.

[46] Vgl. *Neues Deutschland*, Samstag 27. September 1958, Jahrgang 13, Ausgabe 233, 1.

[47] Die 1950 gegründete selbstständige Abteilung VIII wurde im Jahr 1958 in HA VIII umbenannt, zu deren Aufgaben die „*auftragsgebundene Durchführung operativer Beobachtungen und operativer Ermittlungen*" zählte. Zitiert nach *Angela Schmole*, Hauptabteilung VIII: Beobachtung, Ermittlung, Durchsuchung, Festnahme. Berlin 2011, 11–12.

[48] BStU, MfS, HA VIII, RF, 1765/37 (2916/56), Bl. 1.

[49] Die Hauptabteilung XV wurde noch im selben Jahr 1956 zur HV A (Hauptverwaltung Aufklärung). Siehe dazu *Der Bundesbeauftragte für die Unterlagen des Staatssicherheits-*

zu diesem Zeitpunkt weder sein „*beruflicher und politischer Werdegang*" noch seine „*politische Einstellung*" in Erfahrung gebracht werden.[50] Es ließ sich jedoch herausfinden, dass er „*häufig als Dolmetscher tätig*" ist, „*fünf oder sechs Sprachen*" beherrscht und „*Weihnachten 1955 mit einer Delegation in Chile*" verbracht hat.[51] Im Laufe der sechziger Jahre sollte Dessau erneut für die Staatssicherheit von Bedeutung sein, worauf an entsprechender Stelle eingegangen wird.

Neben seinen Beschäftigungen als Lehrender und Dolmetscher konnte Dessau seine Dissertation mit großem Erfolg zu Ende bringen. Im Mai 1958 wurde er mit dem Prädikat „summa cum laude" zum Dr. phil. promoviert.[52] Offensichtlich plante er, seine universitäre Karriere lückenlos fortzusetzen und an die Promotion sofort eine Habilitation anzuschließen, denn er beantragte schon im März 1958 beim Prorektorat für den wissenschaftlichen Nachwuchs der Humboldt-Universität die Aufnahme in die planmäßige Habilitationsaspirantur. Dessau erklärt in seinem Bewerbungsschreiben sein Vorhaben, die Lateinamerikanistik im Sinne Traugott Böhmes weiterzuführen. Dabei unterstreicht er die Bedeutung dieser Fachrichtung für die DDR und bringt seine fachspezifische Ausbildung als persönliches Alleinstellungsmerkmal zur Geltung:

„Bereits während meiner Studienzeit sollte ich durch meinen damaligen Lehrer, Herrn Prof. Dr. Böhme, speziell zur wissenschaftlichen Arbeit auf den Fachgebieten Hispanistik und Iberoamerikanistik ausgebildet werden. Prof. Böhme hat mir bei seinem Tode 1954 seine sämtlichen Aufzeichnungen, Papiere usw. hinterlassen. Durch sein Ableben war ich gezwungen, bereits vor meinem Staatsexamen als Hilfsassistent Spanischunterricht zu erteilen. Sofort nach dem Staatsexamen habe ich begonnen, Vorlesungen und Übungen in spanischer Literaturgeschichte zu halten und bin seit 1954 für die Hispanistik am Romanischen Institut verantwortlich. Die Vorbereitung meiner Lehrveranstaltungen hat neben der Ausarbeitung der Dissertation meine ganze Zeit beansprucht, so daß eine Weiterführung der durch Prof. Böhme begründeten iberoamerikanistischen Lehrtätigkeit zunächst unterbleiben mußte. Es besteht in An-

---

dienstes der ehemaligen DDR (Hrsg.), Hauptverwaltung A (HV A). Aufgaben – Strukturen – Quellen. Berlin 2013, 39.

[50] BStU, MfS, HA VIII, RF, 1765/37 (2916/56), Bl. 2.

[51] BStU, MfS, HA VIII, RF, 1765/37 (2916/56), Bl. 2–3.

[52] Vgl. *UAR*, Personalakte Adalbert Dessau (wie Anm. 22).

betracht unserer Handelsbeziehungen zu lateinamerikanischen Staaten und aus anderen Gründen seitens offizieller Stellen ein großes Interesse daran, daß dieser Zustand geändert wird. Ich bin jetzt, nach Abschluß der Dissertation, auch dazu in der Lage. Da ich in der DDR der einzige Romanist mit iberoamerikanistischer Ausbildung bin, sehe ich in der Fortführung dieser durch Prof. Böhme geschaffenen Tradition eine Verpflichtung, zumal bei Forschungsarbeiten auch theoretisch sehr interessante Ergebnisse erzielt werden können."[53]

Dessau wurde seinem Wunsch entsprechend zum Juni 1958 in die Habilitationsaspirantur aufgenommen.[54] Schon zum darauffolgenden Herbstsemester 1958/59 bot er zum ersten Mal Lehrveranstaltungen mit Bezug zu Lateinamerika an. Unter der Rubrik „*Spezialvorlesungen*" finden sich im Vorlesungsverzeichnis der Humboldt-Universität die Lehrveranstaltung „*Einführung in die Latein-Amerika-Kunde*" und die Vorlesung „*Einführung in die Geschichte der mexikanischen Literatur*" mit einem dazugehörigen Seminar, welches sich auf die „*Literatur der mexikanischen Revolution*" spezialisierte.[55] Zusätzlich hielt er zwei Lektürekurse zur spanischen Literatur. Sämtliche genannten Lehrveranstaltungen wiederholten sich im darauffolgenden Frühjahrssemester.[56] Durch die thematische Gewichtung der im Studienjahr 1958/59 gehaltenen Lehrveranstaltungen lässt sich gegen Ende der fünfziger Jahre eine im Gegensatz zu klassischen Bereichen der Romanistik immer intensiver werdende Beschäftigung Dessaus mit der Lateinamerikanistik erkennen.

Der Ruf nach Rostock, der Aufbau der Lateinamerikanistik und die Habilitationsschrift (1959–1968)

Das Jahr 1959 begann mit einem Ereignis von weltpolitischer Bedeutung in Lateinamerika, dessen Folgen entscheidenden Einfluss auf Dessaus weitere

---

[53] *UAR*, Personalakte Adalbert Dessau (wie Anm. 35).

[54] Vgl. *UAR*, Personalakte Adalbert Dessau (wie Anm. 3).

[55] *Humboldt-Universität zu Berlin*, Personal- und Vorlesungsverzeichnis, Herbstsemester 1958/59, 132 – 133. Die Vorlesung „*Einführung in die Latein-Amerika-Kunde*" erteilte Dessau zusammen mit dem nur wenige Monate älteren Historiker, Ethnologen und späteren Mexiko-Spezialisten Friedrich Katz (1927–2010).

[56] Vgl. *Humboldt-Universität zu Berlin*, Personal- und Vorlesungsverzeichnis, Frühjahrssemester 1958/59, 32.

Berufslaufbahn hatten. Bewaffnete Kämpfer unter Fidel Castro (*1926) brachten Kuba unter ihre Kontrolle und schlugen den vorherigen Machthaber Fulgencio Batista (1901-1973) in die Flucht. Am 3. Januar 1959 berichtete das SED-Zentralorgan *Neues Deutschland* folgendermaßen über die Vorkommnisse:

„Das kubanische Volk hat einen großen Sieg errungen: die blutbefleckte Diktatur Fulgencio Batistas ist zusammengebrochen. Am Freitag marschierten die ersten Einheiten der Aufständischen in die Hauptstadt Havanna ein. Die Streitkräfte Kubas haben den Kampf gegen die Freiheitskämpfer eingestellt [...]."[57]

Auch wenn sich die Beziehungen zwischen Kuba und der DDR in den sechziger Jahren sehr komplex gestalten sollten,[58] war die DDR-Führung den Rebellen schon seit ihrer Landung auf der Karibikinsel im November 1956 wohlgesonnen[59] und fand über Kuba immer größeres Interesse an Lateinamerika. *„Den Anstoß, sich überhaupt auf wissenschaftlicher Basis mit dem entfernten Kontinent zu befassen, hatte 1959 bereits die Kubanische Revolution gegeben"*, so Detlev Wahl.[60]

Schon im Laufe des Jahres 1958 schien ein Sieg der Truppen Castros immer wahrscheinlicher, auch aus Sicht der DDR-Presse. *„Batistas Tage sind gezählt"* lautet zum Beispiel ein Beitrag in der *Berliner Zeitung* vom 2. April

---

[57] *Neues Deutschland*, Samstag 3. Januar 1959, Jahrgang 14, Ausgabe 3, 5.

[58] *Raimund Krämer*, Che Guevara und die DDR. Anmerkungen zu einem wechselvollen Verhältnis, in: Tranvía 47, 1997, 5–10, hier 6, beschreibt die Beziehung zwischen der DDR und Kuba im ersten Jahrzehnt nach der Kubanischen Revolution als problematisch: *„Die Schwierigkeiten resultierten [...] zunächst aus den Unterschieden zwischen einer institutionell wenig verfestigten autoritären Entwicklungsdiktatur und einem poststalinistischen Kommandosozialismus. [...] Die kritische Distanz der SED-Führung gegenüber Fidel Castro und seiner Bewegung zog sich trotz Solidaritätsbekundungen für Kuba die gesamten sechziger Jahre hindurch."*

[59] Die DDR-Presse stellte schon seit 1956 die Rebellen um Castro als Vertreter des allgemeinen Volkswillens dar. *„Volksaufstand auf Kuba"* heißt es zum Beispiel in *Neues Deutschland*, Sonntag 2. Dezember 1956, Jahrgang 11, Ausgabe 287, 1. *„Kubas Volk kämpft gegen Diktator Batista"* in *Neues Deutschland*, Dienstag 5. März 1957, Jahrgang 12, Ausgabe 55, 5.

[60] *Detlev Wahl*, Lichter aus! Die Abwicklung der Lateinamerikawissenschaften in Rostock, in: Lateinamerika Nachrichten 287, 1998, 53–54, hier 53.

1958.[61] So überrascht es nicht, dass das Staatssekretariat für Hochschulwesen schon vor dem Jahreswechsel 1958/59 die universitäre Institutionalisierung der Lateinamerikanistik in die Wege leitete. In den letzten Monaten des Jahres 1958 bestand diesbezüglich Briefkontakt mit dem damaligen Dekan der Philosophischen Fakultät der Universität Rostock, Heimar Cumme (1898 – 1964).[62] Da die DDR-Regierung vor allem an der *„Förderung der Handelsbeziehungen zu Lateinamerika"* interessiert war, erwähnte Cumme dem Staatssekretariat gegenüber die *„Bedeutung Rostocks als Handelsplatz"*.[63] Außerdem war Adalbert Dessau als Leiter der neu zu gründenden Lateinamerikanistik bereits im Gespräch.[64]

In einem Schreiben vom 23. Januar 1959 befürwortet schließlich das Staatssekretariat für Hochschulwesen der DDR den *„Antrag der Philosophischen Fakultät Rostock, Genossen Dr. Dessau zum Wahrnehmungsdozenten für Romanische Literaturwissenschaft an die dortige Fakultät zu berufen."*[65] Darin wird die Wahl Dessaus als Nachfolger des „republikflüchtigen" Rudolf Brummer (1907–1989)[66] durch seine *„politischen und fachlichen Voraussetzungen für die Leitung des Instituts und den Aufbau der Latein-Amerikanistik"* begründet, die Wahl des Standortes Rostock durch die geplante *„Entwicklung von Rostock zu einem Welthafen"*.[67] Im selben Schreiben wird der direkte Zusammenhang zu den Ereignissen in Kuba erneut sehr deutlich, wenn auch nicht explizit genannt: *„Latein-Amerika, seine Sprache, Geschichte und Kultur,*

---

[61] *Berliner Zeitung*, Mittwoch 2. April 1958, Jahrgang 14, Ausgabe 78, 2.

[62] Heimar Cumme im Catalogus Professorum Rostochiensium: http://cpr.uni-rostock.de/metadata/cpr_person_00002367 (abgerufen am 11.01.2014).

[63] *UAR*, Personalakte Adalbert Dessau, Band 1, Brief von Heimar Cumme an das Staatssekretariat für Hochschulwesen vom 07.11.1958.

[64] Vgl. ebd.

[65] *UAR*, Personalakte Adalbert Dessau, Band 1, Hausmitteilung des Staatssekretariats für Hochschulwesen vom 23.01.1959.

[66] Rudolf Brummer im Catalogus Professorum Rostochiensium: http://cpr.uni-rostock.de/metadata/cpr_person_00002285 (abgerufen am 11.01.2014).

[67] Der Standortfaktor Welthafen war damals schon beinahe Wirklichkeit. Ende April 1960 nahm „*der von der SED als ‚Tor zu den Weltmeeren' deklarierte Überseehafen*" in Rostock, dessen Bau 1957 begonnen hatte, seinen Betrieb auf. Zitiert nach *Frank Petzold*, Die „Staatsgrenze Nord". Zur Entwicklung der Ostseeküste als Teil des DDR-Grenzregimes, in: Heiner Timmermann (Hrsg.), Die DDR - Erinnerung an einen untergegangenen Staat. Berlin 1999, 453–484, hier 466.

wurde bisher innerhalb der Romanistik vernachlässigt. Die gegenwärtige politische und gesellschaftliche Entwicklung verpflichtet uns jedoch, ein Zentrum für dieses Gebiet aufzubauen."[68] Mit dem 1. Februar 1959 wurde Dessau schließlich „*Wahrnehmungsdozent*" für romanische Philologie an der Universität Rostock.[69] Nur wenige Wochen später wurde er mit der kommissarischen Leitung des Romanischen Instituts betraut und zum Fachrichtungsleiter der Fachrichtung Romanistik ernannt.[70] Er erhielt „*den Auftrag, eine Fachrichtung Lateinamerikanistik sowie die Grundlagen für ein Lateinamerikanisches Institut zu schaffen.*"[71] Schon kurz nach seiner Ankunft in Rostock äußerte sich Dessau gegenüber dem Dekan Heimar Cumme in einem Brief über den „*Stand der Entwicklung des Instituts*" und die „*geplante[n] Massnahmen*".[72] Als „*dringlichste Aufgabe*" nennt er zunächst den „*Wiederaufbau des Institutsbetriebes*" nach der „*Republik-*

---

[68] *UAR*, Personalakte Adalbert Dessau (wie Anm. 65).

[69] Vgl. *UAR*, Personalakte Adalbert Dessau (wie Anm. 22). Zur Bezeichnung „Wahrnehmungsdozent" schreibt *Hans Bergner*, Mein Leben, vom ostpreußischen Bauernsohn zum Professor an der Humboldt-Universität. Norderstedt 2003, 183: *„Der Wahrnehmungsdozent stellte die niedrigste Stufe eines Hochschullehrers der DDR mit allen Pflichten eines ordentlichen Hochschullehrers nach den gesetzlichen Bestimmungen des Staates dar. Die Vergütung betrug 75 % des regulären Dozenten."*

[70] Vgl. *UAR*, Personalakte Adalbert Dessau, Band 1, Ernennung zum kommissarischen Leiter des Romanischen Instituts vom 19.02.1959 sowie Ernennung zum Fachrichtungsleiter der Fachrichtung Romanistik vom 07.03.1959.

[71] *UAR*, Personalakte Adalbert Dessau (wie Anm. 22). Für eine ausführlichere Darstellung der früheren Rostocker Lateinamerikanistik siehe unter anderem folgende Veröffentlichungen: *Dörte Ahrendt-Völschow*, Die Lateinamerikawissenschaften an der Universität Rostock von 1958 bis 1995. Rostock 2004. *Martin Franzbach*, Die Anfänge der Lateinamerikanistik in der DDR, in: Iberoamericana 21, 1997, 5–12. *Werner Pade*, Ergebnisse der wissenschaftlichen Arbeit zu Lateinamerika in Rostock, in: Martin Guntau/Michael Herms/Werner Pade (Hrsg.), Zur Geschichte wissenschaftlicher Arbeit im Norden der DDR 1945 bis 1990. Rostock 2007, 138–144. *Detlev Wahl*, Lichter aus! (wie Anm. 60), 53–54. *Nikolaus Werz*, Lateinamerikaner in der DDR, in: Deutschland-Archiv 42, 2009, 846–855. *Nikolaus Werz*, Hinter der Mauer - Lateinamerika in der DDR, in: Detlev Brunner/Mario Niemann (Hrsg.), Die DDR - eine deutsche Geschichte: Wirkung und Wahrnehmung. Paderborn 2011, 445–464. *Max Zeuske*, Zur Geschichte der Lateinamerikawissenschaften der DDR, in: Quetzal 6/7, 1994, 8–11. *Max Zeuske*, Lateinamerikawissenschaften der DDR. Entwicklung und Ende, in: Quetzal 10, 1995, 26–30.

[72] *UAR*, Phil. Fak. 1945–1968, 562, Informationsberichte 1953–1968, Brief von Adalbert Dessau an Heimar Cumme vom 15.02.1959.

flucht fast des gesamten Lehrkörpers" im Vorjahr. Er macht außerdem auf die Notwendigkeit der Verstärkung des Lehrkörpers, der Beschaffung von Bibliotheksbeständen für die Ibero-Amerikanistik und der Bereitstellung von mehr Räumlichkeiten aufmerksam, um einem Anwachsen der Studentenschaft gerecht zu werden.

Ein Blick auf die Entwicklung der Personal- und Vorlesungsverzeichnisse in den Jahren nach Dessaus Ankunft zeigt deutlich, dass ihm die Wiederaufnahme des Lehrbetriebs am Romanischen Institut mitsamt einer schrittweisen Orientierung zur Lateinamerikanistik bzw. Ibero-Amerikanistik sehr gut gelungen ist. Die Zahl der Lehrveranstaltungen im Fachbereich Romanistik erhöhte sich von nur neun im Herbstsemester 1959/60 auf achtundzwanzig im Herbstsemester 1960/61.[73] Auch die Ausrichtung der Lehre auf Lateinamerika manifestierte sich sehr bald durch Lehrveranstaltungen des zeitgleich an der Humboldt-Universität tätigen chilenischen Literaturwissenschaftlers Waldo Ross (*1926) und des Wirtschaftswissenschaftlers Heinz Bleckert (*1926).[74] Dessau selbst bot seit der Erstimmatrikulation von Studierenden in den Studiengang „Iberoamerikanistik" im Jahr 1961[75] neben Kursen zur Hispanistik und Franko-Romanistik ebenfalls Lehrveranstaltungen zu Lateinamerika an, die nicht immer ausschließlich literaturwissenschaftlicher Art waren, wie deren Titel *„Einführung in die Lateinamerikakunde", „Geschichte Mexikos"* und *„Gegenwartsprobleme Mexikos"* erkennen lassen.[76] Seine Übernahme von Lehrveranstaltungen außerhalb der Literaturwissenschaft sind zum einen auf den Mitarbeitermangel zurückführen.

> „Er verstand es geschickt, in den ersten Jahren des Bestehens der Lateinamerika-Abteilung am damaligen Romanischen Institut fehlende Lehrkapazitäten z. B. auf dem Gebiet der Geschichte und Ökonomie zu ersetzen, indem er selbst die betreffenden Vorlesungen übernahm",[77]

---

[73] Vgl. *Universität Rostock*, Personal- und Vorlesungsverzeichnis, Herbstsemester 1959/60, 70 und Herbstsemester 1960/61, 74.

[74] Vgl. *Universität Rostock*, Personal- und Vorlesungsverzeichnis, Frühjahrssemester 1959/60, 75. Heinz Bleckert im Catalogus Professorum Rostochiensium: http://cpr.uni-rostock.de/metadata/cpr_person_00001277 (abgerufen am 13.01.2014).

[75] Vgl. *Ahrendt-Völschow*, Lateinamerikawissenschaften (wie Anm. 71), 13.

[76] Vgl. *Universität Rostock*, Personal- und Vorlesungsverzeichnis, Frühjahrssemester 1960/61, 86.

[77] BStU, MfS (wie Anm. 37), Bl. 25–27.

so ein Informant der Staatssicherheit in der zweiten Hälfte der sechziger Jahre. Zum anderen zeugt die fächerübergreifende Lehrtätigkeit auch von einem sehr breit gestreuten Wissen über und Interesse an Lateinamerika. So leistete Dessau als ausgebildeter Romanist und Literaturwissenschaftler nicht nur einen Beitrag zur Entwicklung der literaturwissenschaftlichen Lateinamerikanistik aus der Romanistik heraus, sondern prägte auch maßgeblich den *„richtungsweisenden interdisziplinären Charakter"* der Rostocker Lateinamerikanistik.[78]

In seiner Funktion als Institutsleiter baute sich Dessau im Laufe der Jahre einen Ruf als *„fleißiger Arbeiter"*[79] mit einem hohen Maß an *„Zielstrebigkeit"*, *„Initiative"* und *„Tatkraft"*[80] auf. Man lobte ihn unter anderem für seine *„beharrliche Leitungstätigkeit"* und seine *„wissenschaftliche Aktivität"*.[81] Ein Informant der Staatssicherheit beschreibt ihn im Jahr 1961 als *„sachlich, offen, ehrlich, parteilich, intelligent."*[82] Ein anderer wiederum bezeichnet ihn zwar in seiner Funktion des Institutsleiters insgesamt als den *„richtige[n] Mann auf dem richtigen Platz"*, der *„unserem Staat mit allen seinen Kräften dient"*, macht jedoch gleichzeitig darauf aufmerksam, dass seine *„straffe Leitungstätigkeit"* in Bezug auf die *„Atmosphäre unter den Mitarbeitern des Instituts"* auch *„negative Auswirkungen"* habe, weil er *„keinen Widerspruch"* dulde.[83] Ein weiterer Informant merkt sogar an, dass Dessau *„bei den Studenten und Mitarbeitern nicht sonderlich beliebt"* sei.[84] Die sehr subjektiven Beurteilungen Dessaus durch Personen aus seinem Arbeitsumfeld zeigen, dass offenbar niemand an seinen fachlichen Leistungen zweifelte, jedoch auf persönlicher wie auf professioneller Ebene nicht alle gleich gut mit ihm harmonierten. Durch seine Führungsposition befand sich Dessau jedoch in einem von Machtverhältnissen und Interessenkonflikten bestimmten Spannungsfeld, das es kaum erlaubte oder erstrebenswert machte, bei allen Studierenden, Mitarbeitern und Vorgesetzten in gleichem Maße beliebt zu sein.

---

[78] *Daniel Lehmann*, Zwischen Umbruch und Erneuerung. Die Universität Rostock von 1989 bis 1994. Rostocker Studien zur Universitätsgeschichte Band 26. Rostock 2013, 60.
[79] BStU, MfS (wie Anm. 37), Bl. 13.
[80] *UAR*, Personalakte Adalbert Dessau, Band 1, Beurteilung vom 30.06.1966.
[81] Ebd.
[82] BStU, MfS (wie Anm. 37), Bl. 16.
[83] BStU, MfS (wie Anm. 37), Bl. 25–27.
[84] BStU, MfS (wie Anm. 37), Bl. 30.

Um an dem kurz vor der offiziellen Gründung stehenden Lateinamerika-Institut einen Lehrstuhl übernehmen zu können, musste Dessau zur Qualifikation zunächst seine Habilitation zu Ende führen. Die hierzu von ihm angefertigte Habilitationsschrift trug folgenden Titel: *Der mexikanische Revolutionsroman. Untersuchungen zur Entwicklung einer lateinamerikanischen Nationalliteratur unter den Bedingungen der antiimperialistischen, antifeudalen, nationalen und demokratischen Revolution.* Ahrendt-Völschow beschreibt zwar die „*Arbeitsbedingungen*" für Rostocker Lateinamerikanisten für die Zeit vor den achtziger Jahren wegen der großen Schwierigkeiten bei der Beschaffung von Fachliteratur generell als „*ungünstig*".[85] Jedoch konnte Dessau dieser Schwierigkeit zumindest teilweise Abhilfe schaffen, indem er mit der Unterstützung der Regierung der DDR 1962 für einen Forschungsaufenthalt nach Mexiko reiste.[86] Dort konnte er nicht nur in Deutschland unzugängliche Materialien sammeln, sondern auch mit mexikanischen Kollegen und Zeitzeugen Kontakt aufnehmen.[87] Es stellte jedoch eine besondere Herausforderung für Dessau dar, dass die Ausarbeitung der Qualifikationsarbeit zeitlich mit zahlreichen anderen beruflichen Verpflichtungen zusammenfiel. Trotzdem schloss er das Habilitationsverfahren am 29. Mai 1963 an der Philosophischen Fakultät mit großem Erfolg ab.[88] Nach den Worten des damaligen Dekans, Fritz Müller (1900-1973),[89] kamen alle vier Gutachter „*übereinstimmend*" zu dem Ergebnis, „*daß die Habilitationsschrift nicht nur eine imponierende Arbeitsleistung, sondern zugleich eine gültige, marxistische Darstellung eines komplizierten Abschnittes der modernen mexikanischen Literatur ist*".[90] Von der Qualität der Arbeit

---

[85] *Ahrendt-Völschow*, Lateinamerikawissenschaften (wie Anm. 71), 40, nennt als Hauptgrund für diese Bewertung die Schwierigkeiten bei der Beschaffung von Fachliteratur.

[86] Vgl. *UAR*, Personalakte Adalbert Dessau (wie Anm. 14).

[87] Näheres dazu in *Adalbert Dessau*, Der Mexikanische Revolutionsroman, Berlin 1967, 23.

[88] Vgl. *UAR*, Personalakte Adalbert Dessau, Band 1, Bescheinigung vom 25.03.1964. Zu Dessaus Habilitationsvortrag vgl. folgenden gleichnamigen Aufsatz: *Adalbert Dessau*, Probleme der lateinamerikanischen Literaturgeschichte im Lichte der Arbeiten José Carlos Mariáteguis, in: Wissenschaftliche Zeitschrift der Universität Rostock XII, 4, 1963, 709–718. Gutachter der Habilitationsschrift waren Werner Krauss (Berlin), Rita Schober (Berlin), Oldřich Bělič (Prag) und Friedrich Katz (Berlin).

[89] Fritz Müller im Catalogus Professorum Rostochiensium: http://cpr.uni-rostock.de/metadata/cpr_person_00002297 (abgerufen am 17.01.2014).

[90] Vgl. *UAR*, Personalakte Adalbert Dessau, Band 1, Brief von Fritz Müller an das Staatssekretariat für Hoch- und Fachschulwesen vom 30.05.1963.

zeugt die Tatsache, dass sie 1967 beim Ostberliner Verlag Rütten & Loening in einer leicht gekürzten und überarbeiteten Fassung veröffentlicht wurde,[91] von ihrer internationalen Bedeutung, dass sie 1972 auch in der spanischen Übersetzung bei einem der bedeutendsten Verlagshäuser Mexikos, Fondo de Cultura Económica, unter dem Titel *La novela de la Revolución Mexicana* verlegt wurde und dort in den Jahren 1973, 1980, 1986 und 1996 Nachdrucke erfuhr.[92] Der Hamburger Romanist Klaus Meyer-Minnemann beurteilte sie im Jahr 1982 folgendermaßen:

> „Die umfassendste Arbeit über den mexikanischen Revolutionsroman stammt von dem Rostocker Lateinamerikanisten Adalbert Dessau [...]. Sie ist besonders seit ihrer Übersetzung ins Spanische, die einige Einschätzungen sprachlich geglättet hat, zu einem Standardwerk und obligatorischen Bezugspunkt geworden. An Aufarbeitung des Materials kann ihr nichts an die Seite gestellt werden. Ihre Deutung der geschichtlichen Abläufe ist bei aller Überbewertung der Rolle der mexikanischen KP durchweg korrekt und wird wohl von der Geschichtsschreibung insgesamt geteilt."[93]

Dessau kann mit seinem Hauptwerk als „*Entdecker der ersten Stunde*" gelten, indem er als erster deutscher Romanist eine Habilitationsschrift über lateinamerikanische Literatur vorlegte.[94] Hans-Otto Dill zufolge handelt es sich außerdem um „*das international am häufigsten zitierte und anerkannteste Werk der deutschen lateinamerikanistischen Literaturwissenschaft.*"[95]

Nach der erfolgten Habilitation im Mai 1963 wurde Dessau mit Wirkung vom 1. September 1963 zum Dozenten für das Fachgebiet Romanistik und Lateinamerikanistik ernannt, genau ein Jahr später zum Professor mit Lehrauf-

---

[91] *Dessau*, Revolutionsroman (wie Anm. 87).

[92] *Adalbert Dessau*, La novela de la Revolución Mexicana, México 1972.

[93] *Klaus Meyer-Minnemann*, Der mexikanische Revolutionsroman, in: Iberoamericana 15, 1982, 88–97, hier 95.

[94] Zitiert nach *Kohut*, Literaturwissenschaft (wie Anm. 29), 404/409. Vgl. außerdem *Seidel*, Anfangsjahre (wie Anm. 26), 191, und *Dieter Janik*, „Wie ich einige meiner Bücher geschrieben habe." Aspekte literaturwissenschaftlicher Forschung, in: Klaus-Dieter Ertler (Hrsg.), Romanistik als Passion: Sternstunden der neueren Fachgeschichte. Wien 2007, 215–228, hier 219.

[95] *Hans-Otto Dill*, Die lateinamerikanische Literatur in Deutschland: Bausteine zur Geschichte ihrer Rezeption. Frankfurt am Main 2009, 63.

trag für die Fachgebiete Romanistik und Lateinamerikawissenschaften.[96] 1964 wurde außerdem offiziell das Lateinamerika-Institut ins Leben gerufen. Die sich daran anschließende „*Konstituierungsphase des Rostocker ‚Lateinamerika-Instituts' bis 1968*" war eine „*herausragende Etappe in der Arbeit Adalbert Dessaus*", denn er war nicht nur durch Lehre und Forschung in seinem eigenen Fachbereich beschäftigt, sondern war zwischen 1966 und 1968 zudem Prorektor für Gesellschaftswissenschaften, was zweifelsohne eine „*Doppelbelastung*" darstellte.[97] Das Jahr 1968 brachte dann letztendlich die Umwandlung des vorherigen Lateinamerika-Instituts in die Sektion Lateinamerikawissenschaften mit sich.

Zur Gründung von „Sektionen" an den Universitäten der DDR schreibt Günter Heidorn (1925–2010),[98] Rektor der Universität Rostock von 1965 bis 1976, in einem Zeitzeugenbericht aus dem Jahre 2007: „*Mir persönlich wäre eine andere Bezeichnung wie zum Beispiel Departement lieber gewesen. Eine Sektion war für mich eine Sache der Pathologen.*"[99] Trotzdem setzte sich Heidorn, der vor seiner Ernennung zum Rektor den Lehrstuhl für Geschichte der Arbeiterbewegung innehatte, für die Umstrukturierungsmaßnahmen im Rahmen der „*Dritten Hochschulreform*" ein: „*Es lag im Gesamtinteresse der DDR, unter Berücksichtigung der zum Teil geringen personellen und materiellen Kapazitäten, die vorhandenen Kräfte in der Forschung und Lehre zu konzentrieren.*"[100] Mit dieser Position teilte Heidorn Dessaus Auffassung, denn auch dieser war zwar ein „*eifriger Befürworter der 3. Hochschulreform*",[101] konnte sich aber mit der Bezeichnung „Sektion" genauso wenig anfreunden.[102]

---

[96] Vgl. *UAR*, Personalakte Adalbert Dessau, Band 1, Briefe von Fritz Müller an das Staatssekretariat für das Hoch- und Fachschulwesen vom 30.05.1963 und vom 14.03.1964.

[97] *Gerstenberg/Plesch/Saavedra Pino*, Dessau (wie Anm. 1), 105.

[98] Günter Heidorn im Catalogus Professorum Rostochiensium: http://cpr.uni-rostock.de/metadata/cpr_person_00001456 (abgerufen am 06.03.2014).

[99] *Günter Heidorn*, Die III. Hochschulreform – Versuch einer Verbesserung der Leitung und Planung im Hochschulwesen der DDR, in: Kersten Krüger (Hrsg.), Die Universität Rostock zwischen Sozialismus und Hochschulerneuerung. Zeitzeugen berichten. Teil 1. Rostocker Studien zur Universitätsgeschichte Band 1. Rostock 2007, 40–43, hier 42.

[100] Ebd., 43.

[101] *Nikolaus Werz*, Ausländische Studierende in Mecklenburg und Vorpommern, in: Nikolaus Werz/Reinhard Nuthmann (Hrsg.), Abwanderung und Migration in Mecklenburg und Vorpommern. Wiesbaden 2004, 123–146, hier 131–132.

[102] Interview mit Ilse Dessau am 07.02.2012.

Zur aktiven Mitarbeit an der Umsetzung der Maßnahmen wurde Dessau im Jahr 1968 von Heidorn in die „*Kommission des Rektors zur Ausarbeitung des Entwurfes des Modells einer modernen sozialistischen Universität*" berufen.[103]

Abb. 2: Adalbert Dessau mit dem späteren Rektor Günter Heidorn am 1. Mai 1964 im Konzilzimmer des Universitätshauptgebäudes [Universitätsarchiv Rostock, Fotosammlung Veranstaltungen, Bild 010679/Fotograf: unbekannt]

Dessau und der langjährige Rektor, der während seiner Laufbahn selbst den „*größten Teil Lateinamerikas*"[104] bereiste, harmonierten außerdem in einem weiteren Punkt. Wolfgang Brauer (*1925),[105] Rektor der Universität Rostock von 1976 bis 1989, hebt seinen Vorgänger Heidorn als eine Person hervor, die „*viel dafür getan hat, dass es manche unnötigen Schwierigkeiten bei der internationalen Arbeit nicht gab*" und „*dass die objektiv gegebenen Möglichkeiten*

---

[103] *UAR*, Personalakte Adalbert Dessau, Band 2, Brief von Günter Heidorn an Adalbert Dessau vom 22.04.1968.

[104] *Günter Heidorn*, Zeitzeugenbericht von Prof. Dr. Günter Heidorn am 17. November 2006, in: Kersten Krüger (Hrsg.), Die Universität Rostock zwischen Sozialismus und Hochschulerneuerung. Zeitzeugen berichten. Teil 1. Rostocker Studien zur Universitätsgeschichte Band 1. Rostock 2007, 21–39, hier 29.

[105] Wolfgang Brauer im Catalogus Professorum Rostochiensium: http://cpr.uni-rostock.de/metadata/cpr_person_00001285 (abgerufen am 06.03.2014).

internationaler Arbeit, weiß Gott, bis zum letzten ausgereizt wurden".[106] Eine solche Unterstützung war Dessau mit Sicherheit sehr willkommen, da seine Arbeit per se international ausgerichtet war. Darauf wird im Folgenden genauer eingegangen.

Internationale Beziehungen, außenpolitische Aktivitäten und Interesse der Staatssicherheit seit 1960

Mit der Übernahme der Institutsleitung in Rostock bekamen internationale Beziehungen für Dessau eine noch größere Bedeutung als zuvor. Er war zwar zunächst weiterhin in seiner Rolle als Dolmetscher und Übersetzer im Staatsdienst sehr gefragt, vertrat nun jedoch gleichzeitig eine an Bedeutung zunehmende regionalwissenschaftliche Lehr- und Forschungseinrichtung.[107] Dementsprechend häufiger und verschiedenartiger waren auch seine Kontakte mit Lateinamerika, sowohl im Inland als auch auf Reisen. Infolgedessen lernte er in den sechziger Jahren eine ganze Reihe prominenter Persönlichkeiten aus lateinamerikanischen Ländern kennen und setzte sich für Partnerschaften mit dortigen Universitäten ein. Viele Auslandsreisen Dessaus waren zudem nicht nur mit wissenschaftlichen und hochschulpolitischen Zielsetzungen verbunden, sondern standen nebenbei auch unter dem Zeichen eines außenpolitischen Auftrages. Dessaus Auslandskontakte und seine aktive Reisetätigkeit waren nicht zuletzt Gründe dafür, dass auch das Ministerium für Staatssicherheit Kontakt zu ihm suchte.[108]

---

[106] *Wolfgang Brauer*, Zeitzeugenbericht von Prof. Dr. Wolfgang Brauer am 7. November 2008, in: Kersten Krüger (Hrsg.), Die Universität Rostock zwischen Sozialismus und Hochschulerneuerung. Zeitzeugen berichten. Teil 3. Rostocker Studien zur Universitätsgeschichte Band 3. Rostock 2009, 9–37, hier 30.

[107] Weitere regionalwissenschaftliche Einrichtungen der DDR wurden später mit der „Dritten Hochschulreform" in Leipzig (Afrika- und Nahostwissenschaften), Berlin (Asienwissenschaften) und Greifswald (Nordeuropawissenschaften) ebenfalls als Sektionen gegründet. Vgl. dazu *Zeuske*, Geschichte (wie Anm. 71), 8–11.

[108] Nach Dessaus eigenen Angaben fanden auch ausländische Nachrichtendienste Interesse an seinen Auslandsreisen: „*Meine Tätigkeit in Chile wurde in keiner Weise offiziell behindert. Eine Beschattung durch sehr ungeschickte Spitzel in Concepción scheint auf westdeutsche Initiative zurückzugehen*", schreibt er in einem Reisebericht. Zitiert nach *UAR*, Personalakte Adalbert Dessau, Band 1, Bericht über eine Studien- und Vortragsreise in verschiedene Länder Lateinamerikas vom 13.07.1965.

Zu den bedeutendsten Lateinamerikanern, die auf einer DDR-Reise mit Dessau zusammentrafen, gehört der durch die Kubanische Revolution bekannt gewordene Argentinier Ernesto „Che" Guevara (1928–1967).[109] Der Jahrgangsgenosse Dessaus war seit 1959 Präsident der Kubanischen Nationalbank und galt damals „*im außenpolitischen Bereich*" als „*der verlängerte Arm von Fidel Castro*".[110] Bereits Ende 1959 war er von der SED-Führung in die DDR eingeladen worden,[111] kam dieser Einladung aber erst ein Jahr später nach. So traf eine kubanische Delegation unter seiner Führung am 13. Dezember 1960 am Flughafen Berlin-Schönefeld auf die Regierungsdelegation der DDR, geführt von Heinrich Rau (1899 – 1961), damals unter anderem Minister für Außenhandel.[112] Wie mehrere Fotos des bekannten Fotografen Horst Sturm (*1923) belegen, fungierte Dessau damals bei mehreren Anlässen als Dolmetscher Che Guevaras (Abb. 3). Ergebnis des mehrtätigen Aufenthalts der kubanischen Delegation, die unter anderem „*die Leunawerke ‚Walter Ulbricht' und die Messestadt Leipzig*" besuchte, war die „*Unterzeichnung eines langfristigen Handels- und Zahlungsabkommens und eines Abkommens über technischwissenschaftliche Zusammenarbeit für die Jahre 1961 bis 1965.*"[113] Es sollten aber trotzdem noch etwas mehr als zwei Jahre vergehen, bis die DDR mit Kuba als erstem lateinamerikanischem Land diplomatische Beziehungen aufnahm. Wie schon im Falle Brasiliens ging auch hier der offiziellen Anerkennung ein Handelsabkommen voraus.[114] Nicht zuletzt durch Dessaus Anwesenheit bei solch wichtigen außen- und wirtschaftspolitischen Anlässen ist es glaubhaft, wenn Franzbach seine „*exzellenten Kontakte zum Zentralkomitee der SED und*

---

[109] Der Autor dankt Detlev Wahl für den Hinweis.

[110] *Krämer*, Guevara (wie Anm. 58), 5.

[111] Vgl. ebd.

[112] Vgl. *Neues Deutschland*, Kubanische Delegation in Berlin, Dienstag 13. Dezember 1960, Jahrgang 15, Ausgabe 344, 7.

[113] *Neues Deutschland*, Handelsabkommen DDR – Kuba, Sonntag 18. Dezember 1960, Jahrgang 15, Ausgabe 349, 1.

[114] Das Handelsabkommen mit Brasilien wurde zwar früher abgeschlossen als das mit Kuba, diplomatische Beziehungen mit dem südamerikanischen Land wurden aber erst nach der Ratifizierung des Grundlagenvertrages zwischen der BRD und der DDR im Jahr 1973 aufgenommen.

zum Politbüro, den Schaltstellen, in denen die politischen Entscheidungen fielen",[115] hervorhebt.

Abb. 3: Adalbert Dessau (4. von links) mit Ernesto „Che" Guevara (3. von links) beim Besuch der Leunawerke. [Bundesarchiv, Bild 183-78795-0002 / Fotograf: Horst Sturm]

Einen direkteren Bezug zu Dessaus Rolle als Professor für Literatur und Philosophie Lateinamerikas[116] hatte das Zusammentreffen mit dem späteren Lenin-Friedenspreisträger (1966) und Literaturnobelpreisträger (1967), dem guatemaltekischen Autor Miguel Ángel Asturias (1899 – 1974) im Jahr 1965.[117] Damals war Asturias Gast auf einem vom Rostocker Lateinamerika-Institut ausgerichteten internationalen Studentenseminar. Zu diesem Anlass berichtete

---

[115] *Franzbach*, Anfänge (wie Anm. 71), 5.

[116] Adalbert Dessau vertrat den *„für deutsche Verhältnisse wohl einmaligen Lehrstuhl für Literatur und Philosophie Lateinamerikas"*. Zitiert nach *Pade*, Ergebnisse (wie Anm. 71), 141.

[117] Laut *Carina Welly*, Literarische Begegnungen mit dem Fremden. Würzburg 2004, 21, war Asturias *„der erste Schriftsteller, der die begehrten Literaturpreise sowohl der kommunistischen als auch der westlich-demokratischen Welt erhalten hatte."*

die Zeitung *Neues Deutschland* am 23. September 1965 unter der Überschrift „*Miguel Angel Asturias geehrt*":

„Anläßlich des III. Internationalen Studentenseminars über Probleme der Gegenwartsentwicklung in Lateinamerika, das vom 21. bis 24. September an der Rostocker Universität stattfindet, wurde der berühmte lateinamerikanische Schriftsteller Miguel Angel Asturias geehrt. Die Studenten, darunter viele lateinamerikanische Kommilitonen, die aus 12 Ländern nach Rostock gekommen waren, begrüßten Miguel Angel Asturias mit stürmischem Beifall. Der Direktor des Lateinamerika-Instituts der Universität Rostock, Prof. Dr. Adalbert Dessau, würdigte Werk und Wirken des Dichters."[118]

Dessau versuchte daraufhin auch, die Beziehungen der Universität Rostock zu dem zentralamerikanischen Autor zu vertiefen. Im Protokoll einer ebenfalls im September 1965 stattfindenden Institutsleitungssitzung heißt es: „*Herr Prof. Dr. Dessau regte an, für Herrn Asturias zu einem späteren Zeitpunkt eine Gastprofessur zu beantragen und ihm eventuell eine Ehrenpromotion zu verleihen.*"[119] Tatsächlich beantragte er daraufhin im November 1965 beim Dekan der Philosophischen Fakultät eine Gastprofessur für Asturias für das Frühjahrssemester 1966,[120] im April 1966 teilte man Dessau jedoch von Seiten der Deutsch-Lateinamerikanischen Gesellschaft mit, „*daß nach Auskunft des Ministeriums für Kultur mit dem Besuch von Herrn Asturias vorläufig doch nicht zu rechnen ist.*"[121] Auf eine tatsächlich erfolgte Ehrenpromotion gibt es in den im Universitätsarchiv Rostock untersuchten Akten keine Hinweise, doch kam es immerhin zu einem Wiedersehen zwischen Dessau und Asturias an der Universität Paris-Sorbonne: „*Asturias – Prof. Dessau trafen sich wieder*", so lautete eine kurze Meldung in der Zeitung *Der Demokrat* vom 30. und 31. Dezember 1967.[122] Im Zuge des persönlichen Kontaktes mit Asturias verfasste Dessau

---

[118] *Neues Deutschland*, Miguel Angel Asturias geehrt, Donnerstag 23. September 1965, Jahrgang 20, Ausgabe 262, 1.

[119] *UAR*, Phil. Fak. 1945–1968, 539, Leitungssitzungsprotokolle 1964–1968, Protokoll der Institutsleitungssitzung vom 07.09.1965.

[120] *UAR*, Phil. Fak. 1945–1968, 542, Lehraufträge, Gastdozenten 1953–1968, Brief von Adalbert Dessau an Fritz Müller vom 03.11.1965.

[121] *UAR*, Phil. Fak. 1945–1968, 558, Zusammenarbeit 1958–1968, Brief der Deutsch-Lateinamerikanischen Gesellschaft an Adalbert Dessau vom 04.04.1966.

[122] *UAR*, Personalakte Adalbert Dessau, Band 1, Zeitungsausschnitt vom 30./31.12.1967.

in den Folgejahren zahlreiche Aufsätze zum Werk des zentralamerikanischen Autors.[123]

Als im August 1961 die Berliner Mauer gebaut wurde war Dessau noch relativ neu in Rostock, das Institut offiziell noch nicht gegründet. *„Zu den Maßnahmen der Regierung der DDR vom 13.8.1961 hat er eine positive Meinung und unterstützt diese mit ganzer Kraft"*,[124] heißt es von Seiten eines Mitarbeiters der Staatssicherheit im Oktober 1961 über Dessau. Für ihn als Institutsleiter und Reisekader bedeutete die Abschottung jedoch kein Hindernis für weitere Auslandsreisen. Im Zuge der Ereignisse wurde die *„Reiseorganisation [...] formalisiert und systematisiert"*.[125] Von nun an war Reisen – insbesondere in das nichtsozialistische Wirtschaftsgebiet – ein Privileg eines extrem kleinen Prozentsatzes der Bevölkerung,[126] zu der auch Dessau gehörte. *„Herr Professor Dr. Dessau genießt in Bezug auf Vortragsreisen ins Ausland das volle Vertrauen der Universität"*,[127] äußerte sich der Leiter der Kaderabteilung der Universität Rostock im Jahr 1967. Weder im Universitätsarchiv noch in den Akten der Stasiunterlagenbehörde lässt sich ein Hinweis darauf finden, dass Dessau jemals eine Auslandsreise von einer höheren Instanz untersagt wurde.

Anfang der sechziger Jahre reiste Dessau besonders häufig nach Kuba. Als erster sozialistischer Staat in der westlichen Hemisphäre übte das Land selbstverständlich eine große Anziehungskraft auf DDR-Bürger im Allgemeinen und auf Dessau als Lateinamerikaspezialist im Besonderen aus. Es war zudem eine Zeit, in der die rezente Revolution, die Invasion in der Schweinebucht (April 1961) und die Kubakrise (Oktober 1962) die Antilleninsel immer wieder ins

---

[123] *Adalbert Dessau*, Mythus und Wirklichkeit in Miguel Angel Asturias' Bananentrilogie, in: Lateinamerika, Frühjahrssemester 1966, 7–51. *Adalbert Dessau*, Mito y realidad en la trilogía bananera de Miguel Angel Asturias, in: Islas, IX, 1967, 389–408. *Adalbert Dessau*, Mito y realidad en „Los ojos de los enterrados" de Miguel Angel Asturias, in: Iberoamericana, 67, 1969, 77–86. *Adalbert Dessau*, Miguel Angel Asturias zum 70. Geburtstag, in: Horizont, 42, 1969, 28–29. *Adalbert Dessau*, Guatemala en las novelas de Miguel Angel Asturias, in: Papeles de Son Armadans, 185–186, 1971, 291–316.

[124] BStU, MfS (wie Anm. 37), Bl. 38.

[125] *Astrid Hedin*, Die Reiseorganisation der Hochschulen der DDR - ein Reisekadersystem sowjetischen Typus, in: Heiner Timmermann (Hrsg.), Die DDR in Europa - zwischen Isolation und Öffnung. Münster 2005, 280–290, hier 288.

[126] Die Reisekader machten Mitte der siebziger Jahre nicht einmal 0,2 % und gegen Ende der achtziger Jahre etwa 0,5 % der Gesamtbevölkerung aus. Vgl. dazu ebd., 287.

[127] *UAR*, Personalakte Adalbert Dessau, Band 1, Beurteilung vom 30.06.1967.

Rampenlicht der Weltöffentlichkeit rückten. Im November 1961 trat Dessau als Tourist auf dem FDGB-Urlauberschiff MS Völkerfreundschaft gemeinsam mit seiner Frau eine einmonatige Reise nach Havanna an, mit der er „*aufgrund seiner fachlichen und gesellschaftlichen Leistungen*" ausgezeichnet worden war.[128] Eine dreiwöchige Vortragsreise nach Kuba folgte im darauffolgenden Jahr gleich im Anschluss an seine Mexikoreise,[129] sowie eine weitere Reise 1963.[130] Bei diesen zahlreichen Gelegenheiten hielt er Gastvorlesungen an verschiedenen kubanischen Universitäten: an der *Universidad de La Habana*, der *Universidad Central de Las Villas* in Santa Clara und der *Universidad de Oriente* in Santiago de Cuba.[131] Nicht zufällig wurde im Jahr 1963 die Universität Rostock Partneruniversität der beiden letztgenannten Universitäten sowie auch der *Universidad de Ciencias Médicas* in Santiago de Cuba.[132] Aber Dessaus Vernetzungstätigkeit beschränkte sich nicht nur auf Kuba: „*Er hat wesentlichen Anteil am Zustandekommen der Freundschaftsverträge der Universität Rostock mit den Universitäten [...] Lima (Peru), Cochabamba (Bolivien) und Concepción (Chile)*",[133] so ein Parteisekretär über Dessau im Jahre 1966.

In den meisten Aufgabenstellungen für Auslandsreisen oder in Reiseberichten Dessaus ist neben wissenschaftlichen und hochschulpolitischen Aktivitäten meist von „*außenpolitischen*" oder „*auslandsinformatorischen*" Aktivitäten die Rede, bei denen man „*Gelegenheiten*" suchte, „*über Probleme der DDR zu sprechen*".[134] Diese Gelegenheiten konnten verschiedenster Art sein, wie zum Beispiel ein „*Lichtbildervortrag über Stadt und Hafen Rostock*" (Kuba 1962),[135] ein Vortrag über „*[d]ie technische Entwicklung und Fragen der Kul-

---

[128] *UAR*, Personalakte Adalbert Dessau, Band 1, Brief der Universitätsgewerkschaftsleitung an die Fakultätsgewerkschaftsleitung vom 02.08.1961.

[129] BStU, MfS, AIM 18532/80, II, Bd. 1, Bl. 25. Folgende Publikation war Ergebnis dieser Vortragsreise: *Adalbert Dessau*, La cultura y el Movimiento de Liberación Nacional en América Latina. Santiago de Cuba 1962.

[130] BStU, MfS (wie Anm. 37), Bl. 65.

[131] *UAR*, Personalakte Adalbert Dessau, Band 1, Verzeichnis der Publikationen und Gastvorlesungen vom 10.02.1966.

[132] Zu den Universitätspartnerschaften der Universität Rostock siehe: http://www.uni-rostock.de/internationales/programme-partnerschaften/

[133] *UAR*, Personalakte Adalbert Dessau (wie Anm. 80).

[134] Vgl. z.B. *UAR*, Personalakte Adalbert Dessau, Band 2, Bericht über eine Vortrags- und Studienreise durch mehrere Länder Lateinamerikas vom 15.09.1970.

[135] BStU, MfS (wie Anm. 129), Bl. 27.

tur in der DDR" (Chile 1965)[136] oder ein Vortrag mit dem Titel „*Die III. Hochschulreform in der DDR*" (Kolumbien 1970).[137] Es konnten aber auch persönliche Gespräche mit herausragenden Wissenschaftlern über die „*Rolle des westdeutschen Imperialismus*" (Peru 1971) sein.[138] Die genannten außenpolitischen Aktivitäten Dessaus standen in der Regel mit seiner Funktion als Leiter einer von vier Länderkommissionen der Deutsch-Lateinamerikanischen Gesellschaft (DEULAG) in Verbindung,[139] seit 1969 mit seiner Funktion als Vizepräsident dieser Organisation.[140] Die Deutsch-Lateinamerikanische Gesellschaft, gegründet 1961 unter der Dachorganisation Liga für Völkerfreundschaft, „*war eine der Freundschaftsgesellschaften, über die die DDR vor der völkerrechtlichen Anerkennung versuchte, ‚so etwas wie' Außenpolitik in den nichtsozialistischen Staaten zu realisieren.*"[141] Hauptaufgabe war, „*den Forderungen der DDR nach ihrer staatlichen Anerkennung [...] Nachdruck zu verleihen*",[142] oder in anderen Worten, „*das außenpolitische Manko der Nichtanerkennung zu durchbrechen*".[143] In der Trauerrede zu Dessaus Beerdigung wurde würdigend erwähnt, dass er im Rahmen der DEULAG „*als praktizierender Politiker an der Realisierung der Außenpolitik*" der DDR mitwirkte.[144]

Mit Dessaus Übernahme des Rostocker Instituts wurde er erneut durch das Ministerium für Staatssicherheit überprüft. Die lückenhaften Informationen aus den fünfziger Jahren wurden somit erheblich erweitert. In seiner Akte liegen alleine acht Einschätzungen über ihn vor, die eindeutig dem Jahr 1961 zuzuordnen sind.[145] Als man sich auf diese Weise seiner Zuverlässigkeit vergewis-

---

[136] *UAR*, Personalakte Adalbert Dessau (wie Anm. 108).

[137] *UAR*, Personalakte Adalbert Dessau (wie Anm. 134).

[138] *UAR*, Personalakte Adalbert Dessau, Band 2, Bericht über die Teilnahme am V. Internationalen Kongress für Geschichte Amerikas vom 29.09.1971.

[139] Dessau war seit 1962 ehrenamtlicher Leiter der Kommission „*für Mexiko, ganz Mittelamerika, Ecuador, Kolumbien und die drei Guayanas.*" Siehe dazu Inga Emmerling, Die DDR und Chile (1960–1989): Außenpolitik, Außenhandel und Solidarität. Berlin 2013, 82.

[140] Vgl. *UAR*, Personalakte Adalbert Dessau (wie Anm. 13).

[141] *Emmerling*, Chile (wie Anm. 139), 79.

[142] Ebd.

[143] Ebd., 81.

[144] *UAR*, Personalakte Adalbert Dessau, Band 1, Trauerrede für die Trauerfeier am 13.11.1984.

[145] BStU, MfS (wie Anm. 37), Bl. 13–21.

sert hatte, wurde im Oktober 1961 vorgeschlagen, ihn als Geheimen Informanten (GI) anzuwerben.[146] Ein Kontaktmann traf sich mit Dessau am 30.10.1961, kurz vor Antritt seiner ersten Kubareise, mit dem Ziel, ihn eine Verpflichtungserklärung unterschreiben zu lassen, wovon er aber „nicht begeistert" war und sich deshalb lediglich zum Stillschweigen verpflichtete.[147] Auch in anderen Belangen ließ sich Dessau vom MfS anscheinend nicht viel vorschreiben. In einem Treffbericht aus dem Jahr 1963 ist folgendes zu lesen:

„Z. Zeit arbeitet er am Material über seinen Besuch in Kuba[,] hierbei handelt es sich um einen ‚vertraulichen' Bericht für das ZK in Berlin. Der GI wurde gebeten uns diesen Bericht zur Einsicht zuzusenden. Hierzu erklärte er jedoch, daß er nicht weiß, ob er uns diesen Bericht geben darf und ob wir kompetent genug währen [sic]."[148]

Schon wenige Monate vorher hatte der Verfasser der zitierten Schilderung in einem Treffbericht notiert: „Der GI machte einen etwas zurückhaltenden zum Teil auch überheblichen Eindruck."[149] Jedoch schien Dessaus geringschätziges Verhalten für ihn keine negativen Konsequenzen nach sich gezogen zu haben. In einer Notiz eines Stasi-Mitarbeiters aus den siebziger Jahren ist lediglich davon die Rede, dass der frühere Kontaktmann gegenüber Dessau „sehr unterwürfig" aufgetreten sei und sein Verhältnis zu ihm „vom Bildungsunterschied bestimmt" gewesen sei,[150] was im Hinblick auf die Rechtschreibung des Mitarbeiters durchaus glaubwürdig erscheint.[151] Insgesamt war die Zusammenarbeit Dessaus mit dem MfS in den sechziger Jahren eher sporadisch, wie aus einem vorläufigen Abschlussbericht aus dem Jahre 1968 hervorgeht. Die Initiative scheint stets vom MfS ausgegangen zu sein. Dessau hätte zwar gelegentlich „Einschätzungen über Personen in mündlicher Form und Übersetzungen" geliefert, man vermutete aber, dass er „in der Zeit der Zusammenarbeit nicht

---

[146] Ebd., Bl. 35–40.
[147] Ebd., Bl. 41–45.
[148] BStU, MfS (wie Anm. 129), Bl. 56.
[149] Ebd., Bl. 55.
[150] Ebd., Bl. 186.
[151] Man kann davon ausgehen, dass dies kein Einzelfall war. *Jens Gieseke*, Die hauptamtlichen Mitarbeiter der Staatssicherheit. Personalstruktur und Lebenswelt 1950–1989/90. Berlin, 2000, 271, macht auf den „extrem niedrige[n] Bildungsstand" vieler hauptamtlicher Mitarbeiter der Staatssicherheit Anfang der sechziger Jahre aufmerksam.

das rechte Vertrauen zu unserem Organ fand oder finden wollte, obwohl er sich immer wieder bereiterklärte, das MfS zu unterstützen."[152] Abschließend heißt es in dem Dokument: „*Seitens der Abt. XV der BV Rostock besteht an einer weiteren Zusammenarbeit kein Interesse mehr.*"[153]

Es sollte ganze acht Jahre dauern, bis erneut Interesse an Dessaus Informationspotential entstand. Im März 1976 schlug man vor, ihn als Inoffiziellen Mitarbeiter im besonderen Einsatz (IME) zu verpflichten.[154] Man versprach sich davon einen „*Ausbau der Kontakte zu Botschaften und Diplomaten lateinamerikanischer Länder in der DDR.*"[155] Dessau erklärte zwar seine Bereitschaft, „*zur Klärung von Fragen im Zusammenhang mit Vertretungen Lateinamerikas beizutragen*", war aber nicht zu „*Verstöße[n] gegen zentrale Weisungen*" bereit,[156] besonders gegen die vom Ministerium für Hoch- und Fachschulwesen auferlegten Beschränkungen im Kontakt zu Diplomaten. Eine von ihm „*angeforderte Pauschalzustimmung zur Aufrechterhaltung und Festigung von Verbindungen zu diplomatischen Vertretungen wurde vom Ministerium für Hoch- und Fachschulwesen abgelehnt.*"[157] Zuwiderhandlungen wollte Dessau wegen möglicher „*Auswirkungen auf die gesamte Sektion und deren Lehrkörper*" vermeiden.[158] Das Wohl der ihm unterstellten Wissenschaftseinrichtung und seiner Mitarbeiter hatte für ihn also bei aller Treue zur Partei deutliche Priorität vor einer bedingungslosen Zusammenarbeit mit dem „Schild und Schwert" derselben. Die soeben beschriebene Gratwanderung bestätigt die von dem Zeitzeugen Werner Pade (*1940)[159] vorgenommene Charakterisierung Dessaus:

„Den Aufbau der gegenwartsbezogenen Lateinamerikaforschung verstand er als Parteiauftrag und setzte ihn hartnäckig, engagiert, unendlich erfindungsreich und man das darf man wohl sagen: mit einer gehörigen

---

[152] BStU, MfS (wie Anm. 37), Bl. 52.

[153] Ebd.

[154] Ebd., Bl. 166.

[155] Ebd., Bl. 183.

[156] Ebd., Bl. 187–188.

[157] Ebd., Bl. 187.

[158] Ebd., Bl. 188.

[159] Werner Pade im Catalogus Professorum Rostochiensium: http://cpr.uni-rostock.de/metadata/cpr_person_00001750 (abgerufen am 06.03.2014).

Portion Schlitzohrigkeit um, wenn es darum ging, die Entwicklung des Instituts bzw. der Sektion voranzutreiben."[160]

Letzte Publikationen, Rücktritt als Sektionsleiter und Vermächtnis

Eines der letzten großen und noch zum Abschluss gebrachten Projekte Dessaus war die Monographie mit dem Titel *Politisch-ideologische Strömungen in Lateinamerika - Historische Traditionen und aktuelle Bedeutung*, erschienen 1987 im Akademie-Verlag und entstanden durch die Zusammenarbeit von Lateinamerikawissenschaftlern aus unterschiedlichen Ländern des damaligen Rates für gegenseitige Wirtschaftshilfe (RGW). Dessau oblag die Leitung des Projektes, welches maßgeblich von ihm initiiert wurde,[161] und gut ein Viertel der Kapitel wurden von ihm selbst verfasst; weitere Beiträge aus Deutschland stammen von Max Zeuske (1927–2001) und Walter Reuter (*1948). In den Adalbert Dessau gewidmeten einführenden Worten des Buches ist vom *„späte[n] Erscheinen des Endprodukts"* die Rede, *„bedingt auch durch die schwere Krankheit und das Ableben des Projektleiters."*[162] Der ursprüngliche Plan war, die Monographie bereits Ende 1980 an den Verlag liefern zu können.[163] Im Jahre 1980 vorliegende Kapitelentwürfe Dessaus wurden damals in einer sektionsinternen Einschätzung seiner Arbeit folgendermaßen beurteilt:

„Sie behandeln zum großen Teil erstmalig aus marxistisch-leninistischer Sicht viele wichtige Probleme der Ideologieproduktion in Lateinamerika vom 16. bis zum 19. Jahrhundert und bringen diesbezüglich eine Fülle neuer Fakten und Erkenntnisse."[164]

Nikolaus Werz äußert sich in seiner Habilitationsschrift mit dem Titel *Das neuere politische und sozialwissenschaftliche Denken in Lateinamerika* (1991) über das Gemeinschaftsprojekt unter Dessaus Leitung nicht unkritisch, aber

---

[160] *Pade*, Ergebnisse (wie Anm. 71), 141.

[161] Der Autor dankt Svend Plesch für den Hinweis.

[162] *Walter Reuter*, An Stelle eines Vorworts: In memoriam Adalbert Dessau, in: Adalbert Dessau et al.: Politisch-ideologische Strömungen in Lateinamerika. Historische Traditionen und aktuelle Bedeutung. Berlin 1987, X–XII, hier X–XI.

[163] Vgl. *UAR*, Personalakte Adalbert Dessau, Band 2, Einschätzung vom 11.04.1980.

[164] Ebd.

insgesamt durchaus anerkennend: „*Die Gliederung und die Auswahl der Themen zeigen zwar den Einfluß eines orthodoxen Marxismus, die Aufarbeitung einzelner historischer Strömungen ist jedoch zum Teil recht gut gelungen.*"[165] Außerdem hebt er die Publikation als die bis dahin „*umfangreichste Arbeit*" unter den deutschsprachigen „*Studien zur Ideengeschichte in Lateinamerika*" hervor.[166] Dessau nahm also auch in seiner letzten Schaffensphase, fast zwanzig Jahre nach der Abfassung seiner richtungsweisenden Habilitationsschrift, erneut eine Vorreiterrolle in der deutschen Lateinamerikanistik ein.

Aus der bereits erwähnten sektionsinternen Beurteilung Dessaus aus dem Jahre 1980 geht zudem hervor, dass er sich in den vorangegangenen zwei Jahren „*im Fachgebiet Ideologie/Philosophie [...] fast ausschließlich*" auf die Projektleitung für diese große Veröffentlichung konzentriert hatte.[167] Im selben Dokument ist trotz großen Lobes seiner Arbeit bereits von „*Erscheinungen der Instabilität*" und einem „*angegriffenen Gesundheitszustand*" die Rede.[168] Solche und ähnliche Charakterisierungen von Dessaus Befinden häufen sich in vielen Beurteilungen und Aktennotizen aus den folgenden Monaten, bis schließlich die Übergabe der Sektionsleitung an den Historiker Max Zeuske in einem Kadergespräch zwischen Rektor Wolfgang Brauer und Adalbert Dessau im März 1981 besprochen[169] und offiziell am 31. August 1981 vollzogen wurde.[170] In den nachfolgenden Jahren verschlechterte sich Dessaus Gesundheitszustand jedoch erheblich. Nichtsdestotrotz führte er die Betreuung von Studenten und Promovenden nach all seinen Kräften sogar noch von seinem Krankenbett aus fort.[171] Er verstarb am 20. Oktober 1984 nach „*langer und schwerer Krankheit*" und wurde am 13. November im Ehrenhain des Rostocker Neuen Friedhofs bestattet.[172] Karl-Christian Göthner (*1946),[173] selbst Absolvent

---

[165] *Nikolaus Werz*, Das neuere politische und sozialwissenschaftliche Denken in Lateinamerika, Freiburg 1991, 13.

[166] Ebd. Der Autor dankt Clara Ruvituso für den Hinweis.

[167] *UAR*, Personalakte Adalbert Dessau (wie Anm. 163).

[168] Ebd.

[169] *UAR*, Personalakte Adalbert Dessau, Band 2, Aktennotiz vom 25.03.1981.

[170] *UAR*, Personalakte Adalbert Dessau, Band 2, Leistungseinschätzung vom 15.04.1982.

[171] Der Autor dankt Svend Plesch für den Hinweis.

[172] *UAR*, Personalakte Adalbert Dessau (wie Anm. 144).

[173] Karl-Christian Göthner im Catalogus Professorum Rostochiensium: http://cpr.uni-rostock.de/metadata/cpr_person_00002760 (abgerufen am 06.03.2014).

der Sektion Lateinamerikawissenschaften und Zeuskes Nachfolger als Sektionsleiter, schreibt dazu im fünfundzwanzigsten Jubiläumsjahr der Rostocker Lateinamerikanistik:

> „Leider war es ihm [Dessau] infolge schwerer Krankheit und frühen Todes nicht mehr vergönnt, seine Absicht umzusetzen, sich nach seiner Entlastung als Sektionsdirektor verstärkt der wissenschaftlichen Arbeit und der Betreuung des wissenschaftlichen Nachwuchses in seinen beiden Spezialdisziplinen Literaturwissenschaft und Ideologiekritik zu widmen."[174]

Trotz seines kurzen Lebens hat Adalbert Dessau eine beträchtliche Anzahl an Werken hinterlassen, zahlreiche deutsche und internationale Wissenschaftler ausgebildet und geprägt, hohe staatliche Auszeichnungen erhalten[175] und auch Spuren seines Wirkens an der Rostocker Universität hinterlassen. Seine Bibliographie umfasst insgesamt über 130 Titel.[176] Mehrfach wurde Dessau die Ehrennadel für Verdienste um die Freundschaft der Völker verliehen (in Bronze, Silber und Gold, zuletzt 1976). Diese Auszeichnung ist sicherlich nicht nur auf das Arrangieren zahlreicher Partnerschaften mit lateinamerikanischen Universitäten zurückzuführen, sondern auch auf das besondere Engagement für chilenische Exilanten nach dem Pinochet-Putsch im Jahr 1973. Etwa in denselben Zeitraum fallen außerdem Dessaus erfolgreiche Anstrengungen, nach der Nelken-Revolution in Portugal im Jahre 1974 zur Deckung des plötzlich erhöhten Bedarfs der DDR an Portugiesisch-Übersetzern beizutragen.[177] Über Dessaus Rolle bei der Portugiesisch-Ausbildung in Rostock berichtet Werner Pade Folgendes:

> „Um 1970 gab es ernsthafte Bestrebungen des Hochschulministeriums, die Portugiesischausbildung in der Annahme einzustellen, dass für diese

---

[174] *Karl-Christian Göthner*, 25 Jahre Lateinamerikawissenschaften an der Wilhelm-Pieck-Universität Rostock, in: Asien, Afrika und Lateinamerika 13, 1985, 299–307, hier 301.

[175] Für eine Auflistung sämtlicher Auszeichnungen Dessaus vgl. *UAR*, Personalakte Adalbert Dessau (wie Anm. 15).

[176] Dessaus Beiträge zu wissenschaftlichen Zeitschriften und Sammelbänden erschienen in so verschiedenen Ländern wie Argentinien, der BRD, Chile, der DDR, Frankreich, Kolumbien, Kuba, Mexiko, Peru, Spanien, der Sowjetunion, der Tschechoslowakei, Ungarn, den USA und Venezuela. Vgl. dazu *Gerstenberg/Plesch/Saavedra Pino*, Dessau (wie Anm. 1), 104–128.

[177] Der Autor dankt Svend Plesch für den Hinweis.

Sprache kaum Bedarf bestehen würde. Es war wiederum Adalbert Dessau, der mit dem ihm eigenen Engagement und einer gewissen Sturheit die Fortsetzung der Ausbildung sicherte, so dass Rostock 1974, im Moment der Unabhängigkeit der ehemaligen portugiesischen Kolonien in Afrika, als einzige Einrichtung in der DDR über ein nennenswertes Potential für die portugiesische Sprache verfügte."[178]

In einem Vorschlag zur Auszeichnung Dessaus mit dem Vaterländischen Verdienstorden der DDR, der ihm 1977 verliehen wurde, werden die soeben erwähnten Leistungen ebenfalls hervorgehoben: sein *„Anteil [...] an der Integration einer Gruppe chilenischer Wissenschaftler an der Sektion"* und sein Einsatz *„zur Erfüllung des Politbürobeschlusses zum verstärkten Ausbau der Portugiesisch-Ausbildung in der DDR"*.[179] In seinem letzten Lebensjahr wurde Dessau zudem der Karl-Marx-Orden verliehen, die *„[h]öchste staatliche Auszeichnung der [...] DDR, die fast ausschließlich der politischen Führungsspitze [...] sowie einigen herausragenden politischen Freunden [...] verliehen wurde."*[180]

Der nationale und internationale Erfolg der Rostocker Lateinamerikanistik ist zu einem großen Teil auf Dessaus fachliche Kompetenz, seine Weltgewandtheit, seinen wissenschaftlichen Weitblick und seine ausgeprägten Führungsqualitäten zurückzuführen, wenn auch sein Führungsstil zeitweise autoritär gewesen sein muss. Man kann zwar nur von einer *„vermeintlichen Konzentration der Lateinamerikawissenschaften in Rostock"* zu Zeiten des Bestehens der DDR sprechen, da sich auch Berlin und Leipzig als *„wichtige Orte der Lateinamerikaforschung"* etablieren konnten.[181] Dessau hat sich jedoch binnen kurzer Zeit mit der Universität Rostock identifiziert[182] und sehr viel für den

---

[178] *Pade*, Ergebnisse (wie Anm. 71), 139.

[179] *UAR*, Personalakte Adalbert Dessau, Band 2, Vorschlag zur staatlichen Auszeichnung vom 13.12.1976.

[180] *Birgit Wolf*, Sprache in der DDR: Ein Wörterbuch. Berlin 2000, 118.

[181] *Werz*, Mauer (wie Anm. 71), 452.

[182] Als im Jahr 1968 durch einen Vorschlag des Zentralen Rates für Asien-, Afrika- und Lateinamerikawissenschaften (ZENTRAAL) kurzzeitig eine Konzentration der Lateinamerikanistik in Berlin zur Debatte stand, setzte sich Dessau mit Hinweis auf die Bedeutung für Bezirk und Universität sehr energisch für die Weiterführung der Fachrichtung in Rostock ein. Vgl. dazu *UAR*, Phil. Fak. 1945 – 1968, 561, Perspektivplanung 1959–1968, Aktennotiz zu Fragen der Entwicklung der Regionalwissenschaften in der DDR vom 17.07.1968.

Forschungsstandort Rostock erreicht. Letzteres wird besonders durch die Ausstattung der Universitätsbibliothek deutlich. Im Jahr 1960 umfasste die Bibliothek der Romanistik und beginnenden Lateinamerikanistik „rund 16 000 Bände" und hatte „rund 40 bis 50 Zeitschriften" im Abonnement.[183] Im Jahr 1985 war die Sektionsbibliothek „mit ihren inzwischen mehr als 40 000 bibliographischen Einheiten die größte ihrer Art in der DDR."[184] Dessau war an diesem Anwachsen der Bestände nicht unerheblich beteiligt. Zum einen bemühte er sich auf seinen zahlreichen Reisen trotz knapp bemessener Mittel stets um den Erwerb von ausländischer Fachliteratur, zum anderen förderte er gezielt den Tausch von DDR-Publikationen gegen begehrte und sonst oft nur in Devisen zu bezahlende Bücher.[185] Besonders hervorzuheben ist in diesem Zusammenhang die an der Universität Rostock zwischen 1965 und 1990 erschienene Zeitschrift *Lateinamerika: Semesterbericht der Sektion Lateinamerikawissenschaften*. Sie wurde „*bis auf das allerletzte Heft von Ilse Dessau redigiert*", und entwickelte sich „*zum wichtigsten Organ in der DDR bei der Darstellung neuer Forschungsergebnisse über Lateinamerika aus der eigenen Einrichtung, der DDR und dem Ausland.*"[186]

Adalbert Dessau kann insgesamt als Vertreter einer neuen Generation von Hochschullehrern der DDR bezeichnet werden, „*die ihre wissenschaftliche Ausbildung, politische Bindung und mentale Prägung in der Nachkriegszeit erfahren hatten*".[187] Bei der vorhergehenden Generation handelte es sich in der Regel um Professoren, die sich noch vor dem Zweiten Weltkrieg habilitiert hatten, so auch Traugott Böhme, Victor Klemperer und Werner Krauss. Diese für Dessaus Prägung äußerst bedeutenden Professoren[188] waren besonders durch ihre antifaschistische Gesinnung bevorzugte Kandidaten für einen Lehrstuhl in der Sowjetischen Besatzungszone und der späteren DDR. Wer sich „*mit den Nationalsozialisten eingelassen*" hatte, kam damals natürlich „*kaum

---

[183] *Universität Rostock*, Personal- und Vorlesungsverzeichnis (wie Anm. 76), 8.
[184] *Göthner*, Lateinamerikawissenschaften (wie Anm. 174), 304.
[185] Der Autor dankt Svend Plesch für den Hinweis.
[186] *Pade*, Ergebnisse (wie Anm. 71), 141.
[187] *Ralph Jessen*, Akademische Elite und kommunistische Diktatur: die ostdeutsche Hochschullehrerschaft in der Ulbricht-Ära. Göttingen 1999, 26.
[188] Dessau bezeichnet Traugott Böhme, Victor Klemperer und Werner Krauss neben Rita Schober (1918–2012) und Kurt Baldinger (1919–2007) als seine wichtigsten akademischen Lehrer. Vgl. dazu *UAR*, Personalakte Adalbert Dessau (wie Anm. 3).

als Erzieher eines neuen, ‚antifaschistischen' akademischen Nachwuchses in Frage."[189] Als Vertreter dieses Nachwuchses und als vom Nationalsozialismus nicht relevant Belasteter, bekam Dessau durch seine Fähigkeiten und sein Engagement die Gelegenheit, eine zur Zeit ihres Bestehens in Deutschland einzigartige Institution nachhaltig zu prägen und einen bedeutenden Beitrag zur Wissenschaftslandschaft der DDR zu leisten.

Bei der Betrachtung des Wirkens von Wissenschaftlern in diktatorischen Systemen wird häufig auf vereinfachende Weise unterstellt, dass „die Wissenschaft" vollständig im Schatten „der Staatsmacht" steht. Zum Beispiel argumentierte man bei der Abwicklung der Sektion Lateinamerikawissenschaften kurz nach der Wende unter anderem mit dem Vorwurf, dass *„auf Kommando der SED nur Ideologie verbreitet worden wäre"*,[190] was der Vorstellung eines reinen Befehlsverhältnisses Vorschub leistet. Dessaus Wirken in Rostock liefert jedoch ein sehr gutes Beispiel für Mitchell G. Ashs These, nach der Wissenschaft und Macht eben *„nicht als feste Größen"* zu sehen sind, man also nicht ohne Weiteres von einer *„Indienstnahme"* des einen Bereichs durch den anderen sprechen kann.[191] Anstatt von *„Wissenschaft als dem Reich der Wahrheit und Politik als dem Reich der Macht auszugehen"*, ist es sinnvoller, die *„Vernetzungen dieser beiden Handlungsfelder"* anhand ihrer gegenseitigen Nutzung von *„Ressourcenensembles"* zu betrachten.[192]

Dessau war Empfänger zahlreicher vom Staat mobilisierter Ressourcen. Die Berufung als junger und noch nicht habilitierter Literaturwissenschaftler zum kommissarischen Direktor einer Einrichtung zur Ausbildung von *„Staatsfunktionäre[n] im Teilsystem Auslandsbeziehungen"*[193] bedeutete die Übertragung eines beträchtlichen symbolischen Kapitals. Dessaus Dienstreisen in das sozialistische und nichtsozialistische Ausland waren zahlreich und wurden stets genehmigt, seine staatlichen Auszeichnungen wurden im Laufe der Zeit immer gewichtiger und seine Vergütung als Professor lag bei seinem Ausscheiden aus dem Universitätsdienst deutlich über dem Durchschnitt.[194]

---

[189] *Jessen*, Elite (wie Anm. 187), 38.

[190] *Ahrendt-Völschow*, Lateinamerikawissenschaften (wie Anm. 71), 41.

[191] *Ash*, Wissenschaft (wie Anm. 40), 32.

[192] Ebd., 33–34.

[193] UAR, SLAW 15, Sektionsrat I, 1968–1973, Ordnung der Sektion vom 02.12.1968.

[194] Während der letzten zehn Jahre an der Universität Rostock wurde Dessaus Gehalt mehrfach erhöht. Im Jahre 1974 erhielt er mit 2950 Mark ziemlich genau das durchschnittliche Einkommen eines Universitätsprofessors (2958 Mark). Kurz vor seinem Tod war sein Ver-

Selbstverständlich profitierte aber auch der Staat von Ressourcen, die Dessau zu mobilisieren wusste. Er lieferte Informationen an das Ministerium für Staatssicherheit, wenn auch in begrenztem Maße und unter Vorbehalt. Er stand für eine Erziehung der Studenten zu „*sozialistischen Persönlichkeiten*" und ihrer Ausbildung zu „*hervorragenden Fachleuten*".[195] In vielen seiner literaturwissenschaftlichen Untersuchungen plädierte er für eine „*realistische Darstellung*" im Sinne der damals vorherrschenden Realismustheorie.[196] Er stellte seine sprachlichen Kenntnisse als Dolmetscher für offizielle Delegationen und seine fachlichen Kenntnisse im Rahmen von Gutachten für das Druckgenehmigungsverfahren zur Verfügung. Im Ausland präsentierte er den SED-Staat stets in einem positiven Licht.

Die beiden oft starr getrennt gedachten Bereiche Wissenschaft und Politik sind also bei der Betrachtung Dessaus nicht auseinander zu denken. Er selbst betrieb Wissenschaft bewusst von einem politischen Standpunkt aus und gestaltete Politik aus der Wissenschaft heraus mit. Er kann deshalb keineswegs als Befehlsempfänger oder Marionette der Politik angesehen werden. Was auch immer man von einer marxistischen (Literatur-)Wissenschaft halten mag, Dessau hat mit seinen Publikationen mehrfach unter Beweis gestellt, dass er zu begründeten Analysen fähig war, die international Beachtung fanden und auf keinen Fall als plumpe politische Propaganda abgetan werden können. Dass Wissenschaft allgemein stets aus dem Wissenschafts- und Wirklichkeitsverständnis seiner Zeit heraus betrachtet werden muss – und Literaturwissenschaft im Besonderen unter Berücksichtigung des zugrundeliegenden Literaturverständnisses – gilt selbstverständlich nicht nur für die DDR.

---

dienst mit 3650 Mark schon weit über dem Durchschnitt (3027 Mark für 1985). Zum Einkommen Dessaus vgl. *UAR*, Personalakte Adalbert Dessau, Band 2, Brief der Sektion Lateinamerikawissenschaften an den Direktor für Kader vom 25.07.1974 sowie Aktennotiz aus dem Monat Mai 1984, zum Durchschnittseinkommen von Professoren in der DDR vgl. *Jessen*, Elite (wie Anm. 187), 221.

[195] *UAR*, Personalakte Adalbert Dessau (wie Anm. 169).

[196] So z.B. in *Adalbert Dessau*, Das Problem des Realismus in den Romanen Mariano Azuelas und die Frage der Originalität der mexikanischen Literatur, in: Wissenschaftliche Zeitschrift der Universität Rostock X, 2, 1961, 279–285.

Über die Autoren

Christian Halbrock, geb. 1963 in Crivitz, Ausbildung beim VEB Schiffselektronik in Rostock, Studium der Geschichte und Europäischen Ethnologie an der Humboldt-Universität zu Berlin von 1993−1998, Promotion über die Pfarrer in der SBZ/DDR und Volksrepublik Polen 1945−1996, Arbeiten zur DDR-Kirchengeschichte und zur Stasi-Zentrale in Berlin-Lichtenberg. Ansonsten Aufsätze zur DDR-Kirchengeschichte, zur Geschichte der Friedens- und Umweltgruppen in der DDR, zur Spionage der DDR in Schweden.
Ausgewählte Publikationen: Evangelische Pfarrer der Kirche Berlin-Brandenburg 1945−1961. Amtsautonomie im vormundschaftlichen Staat? (zugleich Diss.). Berlin 2004; Weggesprengt. Die Versöhnungskirche im Todesstreifen der Berliner Mauer 1961−1985. Berlin 2008; Stasi-Stadt. Die MfS-Zentrale in Berlin-Lichtenberg. 2. Auflage. Berlin 2011; Mielkes Revier. Stadtraum und Alltag rund um die MfS-Zentrale in Berlin-Lichtenberg. 2. Auflage. Berlin 2011

Harald Lönnecker, geb. 1963, studierte nach dem Wehrdienst bei der Marine Geschichte, Rechtswissenschaft, Evangelische Theologie, Geographie, Volkskunde, Lateinische Philologie und Germanistik in Marburg, Gießen, Heidelberg, Freiburg i. Br. und Frankfurt a. M. Er promovierte 1989 mit einer Arbeit über das spätmittelalterliche Notariat zum Dr. phil., vorangegangen war eine Magisterarbeit über den Deutschen Orden. An Staatsexamina und Referendariat schloss sich die Promotion zum Dr. iur. in Rostock mit einem vereinsrechtlichen Thema an. Es folgten Tätigkeiten beim Militärgeschichtlichen Forschungsamt der Bundeswehr in Freiburg i. Br. und bei der Konrad-Adenauer-Stiftung. Seit 1995 ist Lönnecker im Bundesarchiv tätig, erst in Frankfurt a. M., dann in Koblenz, wo er das Archiv und die Bücherei der Deutschen Burschenschaft bzw. der Burschenschaftlichen Historischen Kommission/Gesellschaft für burschenschaftliche Geschichtsforschung e. V. (GfbG) leitet. Er ist Vorstands- und Beiratsmitglied der Stiftung „Dokumentations- und Forschungszentrum des deutschen Chorwesens − Sängermuseum Feuchtwangen" und der Gemeinschaft für deutsche Studentengeschichte e. V. (GDS), Kurator der Stiftung deutsche Studentengeschichte (SDS) sowie des Instituts für deutsche Studentengeschichte (IDS) an der Universität Paderborn. Er nahm mehrere Lehraufträge wahr, zuletzt am Historischen Institut der Universität Paderborn. Lönnecker ist Mitherausgeber des „GDS-Archivs für Hochschul- und Studentengeschichte" und der „Darstellungen und Quellen zur Geschichte der deutschen Einheitsbewegung im 19. und 20. Jahrhundert". Seine Arbeitsbereiche und Forschungsschwerpunkte sind die Geschichte des 19. und 20. Jahr-

hunderts, Wissenschafts-, Universitäts- und Studentengeschichte, Geschichte der Parteien und Verbände, historische Vereinsforschung, Geschichte der Presse und Medien, Musikgeschichte, Historiographiegeschichte, Landes- und Rechtsgeschichte, Historische Hilfswissenschaften und Archivwissenschaft. Rund 400 Veröffentlichungen liegen von ihm vor.
Zuletzt erschienene Publikationen: „... freiwillig nimmer von hier zu weichen ..." Die Prager deutsche Studentenschaft 1867–1945 (Abhandlungen zum Studenten- und Hochschulwesen, 16). Köln 2008; „Das Thema war und blieb ohne Parallel-Erscheinung in der deutschen Geschichtsforschung" – Die Burschenschaftliche Historische Kommission (BHK) und die Gesellschaft für burschenschaftliche Geschichtsforschung e. V. (GfbG) (1898/1909–2009). Eine Personen-, Institutions- und Wissenschaftsgeschichte (Darstellungen und Quellen zur Geschichte der deutschen Einheitsbewegung im neunzehnten und zwanzigsten Jahrhundert, 18). Heidelberg 2009; mit Helma Brunck u. Klaus Oldenhage (Hrsg.): „... ein großes Ganzes ..., wenn auch verschieden in seinen Teilen" – Beiträge zur Geschichte der Burschenschaft (Darstellungen und Quellen zur Geschichte der deutschen Einheitsbewegung im neunzehnten und zwanzigsten Jahrhundert, 19). Heidelberg 2012; „... der deutschen Studentenschaft und unserem Rechtsleben manchen Anstoß geben" – Zwischen Verein und Verbindung, Selbsthilfeorganisation und Studienvereinigung. Juristische Zusammenschlüsse an deutschen Hochschulen ca. 1870–1918 (Rostocker Rechtsgeschichtliche Reihe, 13). Aachen 2013.

Susi-Hilde Michael, geb. 1980, studierte von 2001 bis 2008 an der Philipps-Universität Marburg und an der Universität Rostock Geschichte und Latinistik. Die eben genannten Studienfächer schloss sie 2006 mit dem Grad des Bakkalaureus artium und 2008 mit der Graduierung zum Magister artium ab. Darüber hinaus sammelte Michael Forschungs- und Auslandserfahrungen am Pharmaziehistorischen Institut der Universität Marburg/L. und am Joseph Carlebach Institut der Bar Ilan Universität in Ramat Gan (Israel). Von 2008 bis 2012 promovierte Frau Michael am Historischen Institut der Universität Rostock zu dem Thema: „Recht und Verfassung der Universität Rostock im Spiegel wesentlicher Rechtsquellen 1419-1563". Die Promotion wurde von 2009 bis 2012 durch ein Stipendium der Landesgraduiertenförderung Mecklenburg-Vorpommern gefördert. Von 2912 bis 2014 war Susi-Hilde Michael als wissenschaftliche Mitarbeiterin an der Universitätsbibliothek Rostock tätig. Seit Juli 2014 arbeitet sie als wissenschaftliche Mitarbeiterin am Arbeitsbereich Geschichte der Medizin der Universität Rostock. Zu Michaels Forschungsschwerpunkten zählen neben der Rechts- und Verfassungsgeschichte der Frühen Neuzeit, die Universitätsgeschichte sowie die Jüdische Geschichte. Ausgewählte Publikationen: *Susi-Hilde Michael*, Recht und Verfassung der Universität Rostock im Spiegel wesentlicher Rechtsquellen 1419–1563. Teil 1: Darstellung (Rostocker Studien zur Universitätsgeschichte Bd. 23). Rostock 2013. (Dissertationsschrift); *Susi-Hilde Michael*, Recht und Verfassung der Universität Rostock im Spiegel wesentlicher Rechtsquellen 1419–1563. Teil 2: Quellen (Rostocker Studien zur Universitätsgeschichte Bd. 24). Rostock 2013. (Dissertationsschrift); *Susi-Hilde Michael*, Die Rechts- und Verfassungsgeschichte der Universität Rostock in der Frühen Neuzeit. In: Traditio et Innovatio, Kersten Krüger (Hrsg.), Rostock 2010; *Susi-Hilde Michael*, Das Leben der Hamburger und Altonaer Juden unter dem Hakenkreuz. Anhand ausgewählter Briefe des Dr. Joseph Carlebach. Münster 2009; *Susi-Hilde Michael*, Antijüdische Aussagen im 5. Buch der Historien des P. Cornelius Tacitus. München 2007; *Susi-Hilde Michael*, Das Fach Geschichte vom Ende des Zweiten Weltkrieges bis 1989. In: Kersten Krüger (Hrsg.) Die Universität Rostock zwischen Sozialismus und Hochschulerneuerung. Zeitzeugen berichten. Teil I (Rostocker Studien zur Universitätsgeschichte Bd. 23). Rostock 2007.

Ralf Modlich, M. A., geboren 1983, 2005–2011 Studium der Romanistik und Anglistik/Amerikanistik an der Universität Potsdam, Februar bis September 2011 wissenschaftliche Hilfskraft am Institut für Romanistik der Universität Rostock. Seit Oktober 2011 Promotionsstipendiat des Departments „Wissen – Kultur – Transformation" der Interdisziplinären Fakultät der Universität Rostock. Arbeitstitel des Dissertationsprojektes: „Mariano Azuelas Revolutionsliteratur und die Forschungen Adalbert Dessaus". 2012 Forschungsaufenthalt in Mexiko-Stadt mit einem Stipendium des DAAD.
Ausgewählte Publikationen: *Ralf Modlich*, Conceptos de revolución en la novela de la Revolución Mexicana frente a los conceptos de revolución en la crítica literaria de Este y Oeste, in: Centroamericana 22.1/22.2, 2012, 183–204.

Rostocker Studien zur Universitätsgeschichte

Band 1
Die Universität Rostock zwischen Sozialismus und Hochschulerneuerung.
Zeitzeugen berichten. Teil 1.
Herausgegeben von Kersten Krüger.
Rostock 2007.

Band 2
Die Universität Rostock zwischen Sozialismus und Hochschulerneuerung.
Zeitzeugen berichten. Teil 2.
Herausgegeben von Kersten Krüger.
Rostock 2008.

Band 3
Die Universität Rostock zwischen Sozialismus und Hochschulerneuerung.
Zeitzeugen berichten. Teil 3.
Herausgegeben von Kersten Krüger.
Rostock 2009.

Band 4
Martin Buchsteiner und Antje Strahl
Zwischen Monarchie und Moderne. Die 500-Jahrfeier der Universität Rostock 1919.
Rostock 2008.

Band 5
Kurt Ziegler
Zum 50-jährigen Bestehen der Tropenmedizin an der Universität Rostock.
Rostock 2008.

Band 6
Jobst D. Herzig und Catharina Trost
Die Universität Rostock 1945-1946. Entnazifizierung und Wiedereröffnung.
Herausgegeben von Kersten Krüger.
Rostock 2008.

Band 7
Anita Krätzner
Mauerbau und Wehrpflicht. Die politischen Diskussionen am Rostocker Germanistischen Institut in den Jahren 1961 und 1962.
Herausgegeben von Kersten Krüger.
Rostock 2009.

Band 8
Tochter oder Schwester – die Universität Greifswald aus Rostocker Sicht
Referate der interdisziplinären Ringvorlesung des Arbeitskreises „Rostocker Universitäts- und Wissenschaftsgeschichte" im Wintersemester 2006/07.
Herausgegeben von Hans-Uwe Lammel und Gisela Boeck.
Rostock 2010.

Band 9
Frauenstudium in Rostock: Berichte von und über Akademikerinnen.
Herausgegeben von Kersten Krüger.
Rostock 2010.

Band 10
Maik Landsmann
Die Universitätsparteileitung der Universität Rostock von 1946 bis zur Vorbereitung der Volkswahlen der DDR 1954.
Herausgegeben von Kersten Krüger.
Rostock 2010.

Band 11
Juliane Deinert
Die Studierenden der Universität Rostock im Dritten Reich.
Herausgegeben von Kersten Krüger.
Rostock 2010.

Band 12
Wissen im Wandel – Disziplinengeschichte im 19. Jahrhundert. Referate der interdisziplinären Ringvorlesung des Arbeitskreises „Rostocker Universitäts- und Wissenschaftsgeschichte" im Wintersemester 2007/08.
Herausgegeben von Gisela Boeck und Hans-Uwe Lammel.
Rostock 2011.

Band 13
Angela Hartwig
Das Universitätsarchiv Rostock von 1870 bis 1990.
Herausgegeben von Kersten Krüger.
Rostock 2010.

Band 14
Angela Hartwig, Bettina Kleinschmidt
Bestandsübersicht des Universitätsarchivs Rostock.
Herausgegeben von Kersten Krüger.
Rostock 2010.

Band 15
Universitätsgeschichte und Zeitzeugen. Die Verwaltung der Universität Rostock und Nachträge.
Herausgegeben von Kersten Krüger.
Rostock 2011.

Band 16
Frauen in der Wissenschaft. Referate der interdisziplinären Ringvorlesung des Arbeitskreises „Rostocker Universitäts- und Wissenschaftsgeschichte" im Wintersemester 2008/09
Herausgegeben von Gisela Boeck und Hans-Uwe Lammel.
Rostock 2011.

Band 17
Gert Haendler
Erlebte Kirchengeschichte. Erinnerungen an Kirchen und Universitäten zwischen Sachsen und den Ostseeländern.
Herausgegeben von Hermann Michael Niemann und Heinrich Holze.
Rostock 2011

Band 18
Wie schreibt man Rostocker Universitätsgeschichte?
Referate und Materialien der Tagung am 30. Januar 2010 in Rostock.
Herausgegeben von Hans-Uwe Lammel und Gisela Boeck.
Rostock 2011.

Band 19
Benjamin Venske
Das Rechenzentrum der Universität Rostock 1964-2010.
Rostock 2012.

Band 20
Rostocker gelehrte Köpfe, Referate der interdisziplinären Ringvorlesung des Arbeitskreises „Rostocker Universitäts- und Wissenschaftsgeschichte" im Wintersemester 2009/2010.
Herausgegeben von Hans-Uwe Lammel und Gisela Boeck.
Rostock 2012.

Band 21
Die Universität Rostock in den Jahren 1933-1945.
Referate der interdisziplinären Ringvorlesung des Arbeitskreises „Rostocker Universitäts- und Wissenschaftsgeschichte" im Sommersemester 2011.
Herausgegeben von Gisela Boeck und Hans-Uwe Lammel.
Rostock 2012.

Band 22
Die Universitätsbibliothek Rostock. Aufbruch und Umbruch seit 1972.
Direktoren berichten.
Herausgegeben von Kersten Krüger.
Rostock 2013.

Band 23
Susi-Hilde Michael
Recht und Verfassung der Universität Rostock.
Im Spiegel wesentlicher Rechtsquellen 1419−1563.
Teil 1: Darstellung
Rostock 2013.

Band 24
Susi-Hilde Michael
Recht und Verfassung der Universität Rostock.
Im Spiegel wesentlicher Rechtsquellen 1419−1563.
Teil 2: Quellen.
Rostock 2013.

Band 25
Henning Rohrmann
Forschung, Lehre, Menschenformung.
Studien zur „Pädagogisierung" der Universität Rostock in der Ulbricht-Ära.
Rostock 2013.

Band 26
Daniel Lehmann
Zwischen Umbruch und Erneuerung.
Die Universität Rostock von 1989 bis 1994.
Rostock 2013.

Band 27
Von Rechtsquellen und Studentenverbindungen, Lateinamerikanistikpionieren und politisch Unangepassten.
Facetten Rostocker Universitätsgeschichtsschreibung (1).
Herausgegeben von Gisela Boeck und Hans-Uwe Lammel.
Rostock 2014.

Band 28
Jüdische kulturelle und religiöse Einflüsse auf die Stadt Rostock und ihre Universität.
Herausgegeben von Hans-Uwe Lammel und Gisela Boeck.
Rostock 2014.

Band 29
Denkmale – Statuten – Zeitzeugen.
Facetten Rostocker Universitätsgeschichtsschreibung (2).
Herausgegeben von Gisela Boeck und Hans-Uwe Lammel.
Rostock 2015.

Band 30
Das Hauptgebäude der Universität Rostock 1870-2016.
Herausgegeben von Kersten Krüger und Ernst Münch.
Rostock 2016.

Band 31
25 Jahre Konzil der Universität Rostock 1990-2015.
Hochschulerneuerung im akademischen Parlament.
Herausgegeben von Kersten Krüger.
Rostock 2016.

Bezugsmöglichkeiten bis Band 22: Universität Rostock, Universitätsarchiv, Universitätsplatz 1, 18051 Rostock, Telefon: +49-381 498 8621; Fax: +49-381 498 8622, ab Band 22 im Buchhandel und Buch Shop BoD http://www.bod.de/bod-shop.html.